元脱脱等撰

宋史

第七册

卷八五至卷九七（志）

中華書局

宋史卷八十五

志第三十八

地理一

京城　京畿路　京東路　京西路

唐室既衰，五季迭興，五十餘年，更易八姓，寓縣分裂，莫之能一。宋太祖受周禪，初有州百一十一，縣六百三十八，戶九十六萬七千三百五十三。建隆四年，取荆南，得州、府三，江陵府，歸、峽。縣一十七，戶一十四萬二千三百；平湖南，得州一十五，監一，潭、衡、邵、郴、道、永、全、岳、澧、朗、蔣、辰、錦、溪、敘，桂陽監。縣六十六，戶九萬七千三百八十八。乾德三年，平蜀，得州、府四十六，益、彭、眉、嘉、邛、蜀、緜、漢、資、簡、梓、遂、黎、雅、陵、戎、瀘、維、茂、昌、榮、果、閬、渠、合、龍、普、利、興、文、巴、劍、蓬、壁、夔、忠、萬、集、開、渝、涪、黔、施、達、洋，興元府。縣一百九十八，戶五十三萬四千三十九。開寶四年，平廣南，得州六十，廣、韶、潮、循、封、端、英、連、雄、龔、惠、康、恩、春、瀧、勤、新、高、潘、雷、羅、辯、桂、賀、昭、梧、蒙、恭、象、富、融、宜、柳、嚴、思唐、邕、澄、貴、巒、橫、賓、欽、潯、容、牢、白、廉、黨、繡、鬱林、藤、竇、義、禺、順、瓊、崖、儋、萬安〔一〕、振。縣二百一十四，戶一十七萬二百六十三。八年，平江南，得州一十九，軍三，昇、宣、歙、池、洪、潤、常、鄂、筠、饒、信、虔、吉、袁、撫、江、汀、建、劍，江陰、雄遠、建昌軍。縣一百八，戶六十五萬五千六十五。計其末年，凡有州二百九十七，縣一千八十六，戶三百九萬五百四。太宗太平興國三年，陳洪進獻地，得州二，漳、泉。縣十四，戶十五萬一千九百七十八；錢俶入朝，得州十三，軍一，杭、蘇、越、湖、衢、婺、台、明、溫、秀、睦、福、處，衣錦。縣八十六，戶五十五萬六百八十。四年，平太原，得州十，軍一，并、汾、嵐、憲、忻、代、遼、沁、隆、石，寶興。縣四十，戶三萬五千二百二十。七年〔二〕，李繼捧來朝，得州四，夏、銀、綏、宥。雍熙元年，復以四州授繼捧，自後不復領於職方〔三〕。縣八。雍熙中，天下上閏年圖，州、府、軍、監幾於四百。至是，天下既一，疆理幾復漢、唐之舊，其未入職方氏者，唯燕、雲十六州而已。

至道三年，分天下爲十五路，天聖析爲十八，元豐又析爲二十三：曰京東東、西，曰京西南、北，曰河北東、西，曰永興，曰秦鳳，曰河東，曰淮南東、西，曰兩浙，曰江南東、西，曰荊湖南、北，曰成都、梓、利、夔，曰福建，曰廣南東、西。東南際海，西盡巴僰，北極三關，東西六千四百八十五里，南北萬一千六百二十里。崇寧四年，復置京畿路。大觀元年，別置黔南路。三年，并黔南入廣西，以廣西黔南爲名。四年，仍舊爲廣南西路。當是時，天下有戶二千八十八萬二千二百五十八，口四千六百七十三萬四千七百八十四，天下主客戶：自至道末四百一十三萬二千五百七十六，天禧五年，主戶六百三萬九千三百三十一，客戶不預焉。至嘉祐八年，主戶一千二百四十六萬二千三百一十一，口二千六百四十二萬一千六百五十一。至治平三年，天下主客戶一千四百一十八萬一千四百八十六，口二千五十萬六千九百八十。熙寧十年，戶一千四百二十四萬五千二百七十，口三千八十萬七千二百十一。元祐元年，戶一千七百九十五萬七千九十二，口四千七萬二千六百六。紹聖元年，戶一千九百一十二萬九百二十一，口四千二百五十六萬六千二百四十三。元符三年，戶一千九百九十六萬八百一十二，口四千四百九十一萬四千九百九十一。崇寧元年，戶二千二十六萬四千三百七，口四千五百三十二萬四千一百五十四。各府、州下戶口與總數少異，姑兩存之。視西漢盛時蓋有加焉。隋、唐疆理雖廣，而戶口皆有所不及。迨宣和四年，又置燕山府及雲中府路，天下分路二十六，京府四，府三十，州二百五十四，監六十三，縣一千二百三十四，可謂極盛矣。

大抵宋有天下三百餘年，繇建隆初訖治平末，一百四年，州郡沿革無大增損。熙寧始務闢土，而种諤先取綏州，韓絳繼取銀州，王韶取熙河，章惇取懿、洽，謝景温取徽、誠，熊本取南平，郭逵取廣源，最後李憲取蘭州，沈括取葭蘆、米脂、浮圖、安疆等砦。雖嘗以河東邊界七百里地與遼人，當時王安石議，蓋曰：「吾將取之，寧姑與之也。」迨元祐更張，葭蘆等四砦給賜夏人，而分畫久不能定。紹聖遂罷分畫，督諸路各乘勢攻討進築。自三年秋八月訖元符二年冬，凡陝西、河東建州一，西安〔四〕。軍二，晉寧、綏德。關三，龍平、會寧、金城。城九，安西、平夏、威戎、興平、定邊、威羌、金湯、白豹、會川。砦二十八〔五〕，平羌、平戎、殄羌、暖泉、米脂、克戎、安疆、横山、綏遠、寧羌、靈平、高平、西平、新泉、盪羌、通峽、天都、臨羌、定戎、龕谷、大和、通秦、寧河、彌川、寧遠、神泉、烏龍。堡十，開光、通塞、石門、通會、大和、通秦〔六〕、寧河、彌川、寧川、三交。又取青唐、鄯。邈川、湟。寧塞、廓。龍支宗哥。等城。建中靖國悉還吐蕃故壤，稍紓民力。崇寧亟變前議，專以紹述爲事，蔡京始任童貫、王厚，更取湟、鄯、廓三州二十餘壘。陶節夫、鍾傳、邢恕、胡宗回、曾孝序之徒，又相與鑿空駕虛，馳騖於元符封域之表。訖於重和，既立靖夏、涇原。制戎、鄜延。制羌西寧。三城，雖夏人浸衰，而民力亦弊。西事甫定，北釁旋起。蓋自崇寧以來，益、梓、夔、黔、廣西、荆湖南北迭相視效，斥大土宇，靡有寧歲，凡所建州、軍、關、城、砦、堡，紛然莫可勝紀。厥後建燕山、雲中兩路，粗閱三歲，禍變旋作，中原版蕩，故府淪沒，職方所記，漫不可攷。

高宗蒼黄渡江，駐蹕吳會，中原、陝右盡入于金，東畫長淮，西割商、秦之半，以散關爲界，其所存者兩浙、兩淮、江東西、湖南北、西蜀、福建、廣東、廣西十五路而已，有戶一千二百六十六萬九千六百八十四。此寧宗嘉定十一年數。建國江左又百五十年，迨德祐丙子，遂併歸于我皇元版圖，而天下始復合爲一焉。

今據元豐所定，併京畿爲二十四路，首之以京師，重帝都也，終之以燕、雲，以其既得而旋失，故附見于後。而凡四京之城闕宮室，及南渡行在之所，其可考者冠于篇首。爲地理志云。

東京，汴之開封也。梁爲東都，後唐罷，晉復爲東京，宋因周之舊爲都。建隆三年，廣皇城東北隅，命有司畫洛陽宮殿，按圖修之，皇居始壯麗矣。雍熙三年，欲廣宮城，詔殿前指揮使劉延翰等經度之，以居民多不欲徙，遂罷。宮城周迴五里。南三門：中曰乾元，宋初，依梁、晉之舊，名曰明德，太平興國三年改丹鳳，大中祥符八年改正陽，明道二年改宣德。雍熙元年改今名。東曰左掖，西曰右掖。東西面門曰東華、西華。舊名寬仁、神獸，開寶三年改今名。熙寧十年，又改東華門北曰謻門。北一門曰拱宸。舊名玄武，大中祥符五年改今名。熙寧十年，改門內西橫門曰臨華。乾元門內正南門曰大慶，東西橫門曰左、右升龍。左右北門內各二門曰左、右長慶，熙寧間，改左、右長慶隔門曰左、右嘉肅。左、右銀臺。東華門內一門曰左承天祥符，乾德六年賜名，大中祥符元年正月，天書降其上，詔加「祥符」二字而增葺之。西華門內一門曰右承天。左承天門內道北門曰宣祐。舊名光天，大中祥符八年改大寧，明道元年改今名。

正南門內正殿曰大慶，東西門曰左、右太和。宋初曰日華、月華，大中祥符八年改今名。正衙殿曰文德，宋初曰文明，雍熙元年改今名。熙寧間，改南門曰端禮。兩掖門曰東、西上閤，東西門曰左、右嘉福。宋初曰左、右勤政，明道元年十月改今名。大慶殿舊名崇元，乾德四年重修，改曰乾元，太平興國九年改朝元，大中祥符八年改天安，明道三年〔七〕改今名。北有紫宸殿，舊名崇德，明道元年改。視朝之前殿也；西有垂拱殿，舊名長春，明道元年改。常日視朝之所也；次西有皇儀殿，開寶四年，賜名滋福，明道元年十月改。又次西有集英殿，舊名廣政，開寶三年曰大明，淳化間曰含光，大中祥符八年名會慶，明道元年十月改今名。宴殿也；殿後有需雲殿，舊名玉華，後改瓊華，熙寧初改今名。東有昇平樓，舊名紫雲，明道元年改。宮中觀宴之所也； 宮後有崇政殿，舊名簡賢講武，太平興國二年改今名。熙寧間，改北橫門曰通極。閱事之所也；殿後有景福殿，殿西有殿北向，曰延和，便坐殿也。大中祥符七年，建後苑東門，洎北向便殿成，賜名宣和門、承明殿，明道元年改端明，二年改今名。凡殿有門者，皆隨殿名。

宮中又有延慶、舊名萬歲，大中祥符七年改。安福、觀文、舊名集聖，明道二年改肅儀，慶曆八年改今名。清景、慶雲、玉京等殿，壽寧堂，舊名清淨，明道元年改。延春閣。舊名萬春，寶元元年改。福寧殿即延慶，明道元年改。東西有門曰左、右昭慶。觀文殿西門曰延眞，其東眞君殿曰積慶，前建感眞閣。又有龍圖閣，下有資政、崇和、宣德、述古四殿。天章閣下有羣玉、蘂珠二殿，後有寶文閣，即壽昌閣，慶曆元年改。閣東西有嘉德、延康二殿，前有景輝門。後苑東門曰寧陽，即宜和門，明道元年改。苑內有崇聖殿、太清樓，其西又有宜聖、化成、即玉宸殿，明道元年改。金華、西涼、清心等殿，翔鸞、儀鳳二閣，華景、翠芳、瑤津三亭。延福宮有穆清殿，延慶殿北有柔儀殿，初有殿無名，章獻太后名曰崇徽，明道元年改寶慈，景祐二年改今名。崇徽殿北有欽明殿。舊名天和，明道元年改觀文，又改清居，治平三年改今名。延福宮北有廣聖宮，天聖二年建，名長寧，景祐二年改。內有太清、玉清、冲和、集福、會祥五殿，建流盃殿於後苑。明道元年八月，修文德殿成。是夜，禁中火，延燔崇德、長春、滋福、會慶、延慶、崇徽、天和、承明八殿，命宰相呂夷簡爲修葺大內使，樞密副使楊崇勳副之，發京東西、河北、淮南、江東西路工匠給役，內出乘輿物，左藏庫易緡錢二十萬助其費，以故改諸殿名。

又有慈德殿，楊太后所居，景祐元年賜名〔八〕。觀稼殿，在後苑，觀種稻，景祐二年創建。延義閣〔九〕，在崇政殿西。邇英閣，在崇政殿西南，蓋侍臣講讀之所也，與延義同，景祐三年賜名。隆儒殿，邇英閣後小殿，皇祐三年始賜名。慈壽殿，皇太后所居，治平元年賜名。慶壽宮，保慈宮，熙寧二年建。玉華殿，在後苑。基春殿，熙寧七年建，在玉華殿後。睿思殿，八年建。承極殿，元豐三年建。崇慶、隆祐二宮，元祐元年建。睿成宮，神宗所居東宮，紹聖二年賜名。宣和殿，在睿思殿後，紹聖二年四月殿成，其東側別有小殿曰凝芳，其西曰瓊芳，前曰重熙，後曰環碧。元符三年廢，崇寧初復作。大觀三年，徽宗製記刻石，實蔡京爲之。聖瑞宮，皇太妃所居，因以名宮。顯謨閣，元符元年建，藏神宗御集，建中靖國元年，改曰熙明，尋復舊。玉虛殿，元符初建。玉華閣，大觀初建，在宣和殿後。親蠶宮，政和元年建。燕寧殿，在延福北，奉安仁宗慈聖光獻皇后御容。延福宮，政和三年春，新作於大內北拱辰門外。舊宮在後苑之西南，今其地乃百司供應之所，凡內酒坊、裁造院、油醋柴炭鞍轡等庫，悉移它處，又遷兩僧寺、兩軍營，而作新宮焉。始南向，殿因宮名曰延福，次曰蕊珠，有亭曰碧琅玕。其東門曰晨暉，其西門曰麗澤。宮左復列二位。其殿則有穆清、成平、會寧、睿謨、凝和、崑玉、羣玉，其東閣則有蕙馥、報瓊、蟠桃、春錦、疊瓊、芬芳、麗玉、寒香、拂雲、偃蓋、翠葆、鉛英、雲錦、蘭薰、摘金，其西閣有繁英、雪香、披芳、鉛華、瓊華、文綺、絳萼、穠華、綠綺、瑤碧、清陰、秋香、叢玉、扶玉、絳雲。會寧之北，疊石爲山，山上有殿曰翠微，旁爲二亭：曰雲巋，曰層巘。凝和之次閣曰明春，其高踰一百一十尺。閣之側爲殿二：曰玉英，曰玉澗。其背附城，築土植杏，名杏岡，覆茅爲亭，脩竹萬竿，引流其下。宮之右爲佐二閣，曰宴春，廣十有二丈，舞臺四列，山亭三峙。鑿圜池爲海，跨海爲二亭〔10〕，架石梁以升山，亭曰飛華，橫度之四百尺有奇，縱數之二百六十有七尺。又疏泉爲湖，湖中作隄以接亭，隄中作梁以通湖，梁之上又爲茅亭、鶴莊、鹿砦、孔翠諸柵，蹄尾動數千，嘉花名木，類聚區別，幽勝宛若生成，西抵麗澤，不類塵境。初，蔡京命童貫、楊戩、賈詳、藍從熙、何訢等分任宮役，五人者因各爲制度，不務沿襲，故號「延福五位」。東西配大內，南北稍劣。其東直景龍門，西抵天波門，宮東西二橫門，皆視禁門法，所謂晨暉、麗澤者也，而晨暉門出入最多。其後又跨舊城修築，號「延福第六位」。跨城之外浚壕，深者水三尺，東景龍門橋，西天波門橋，二橋之下疊石爲固，引舟相通，而橋上人物外自通行不覺也，名曰景龍江。其後又闢之，東過景龍門至封丘門。○景龍江北有龍德宮。初，元符三年，以懿親宅潛邸爲之，及作景龍江，江夾岸皆奇花珍木，殿宇比比對峙，中塗曰壺春堂，絕岸至龍德宮。其地歲時次第展拓，後盡都城一隅焉，名曰擷芳園，山水美秀，林麓暢茂，樓觀參差，猶艮岳、延福也。宮在舊城，因附見此。保和殿，政和三年四月作，九月殿成，總爲屋七十五間。玉淸神霄宮，政和三年建，舊名玉淸和陽，在福寧殿東，七年改今名。上淸寶籙宮，政和五年作，在景龍門東，對景暉門。旣又作仁濟、輔正二亭於宮前，命道士施民符藥，徽宗時登皇城下視之。又開景龍門，城上作複道，通寶籙宮，以便齋醮之路，徽宗數從複道上往來。是年十二月，始張燈於景龍門上下，名曰「預賞」。其明年，乃有期門之事。萬歲山艮嶽。政和七年，始於上淸寶籙宮之東作萬歲山。山周十餘里，其最高一峯九十步，上有亭曰介，分東西二嶺，直接南山。山之東有萼綠華堂，有書館、八仙館、紫石巖、棲眞嶝、覽秀軒、龍吟堂。山之南則壽山兩峯並峙，有雁池、噰噰亭，北直絳霄樓。山之西有藥寮，有西莊，有巢雲亭，有白龍沜、濯龍峽，蟠秀、練光、跨雲亭，羅漢巖。又西有萬松嶺，半嶺有樓曰倚翠，上下設兩關，關下有平地，鑿大方沼，中作兩洲：東爲蘆渚，亭曰浮陽；西爲梅渚，亭曰雪浪。西流爲鳳池，東出爲雁池，中分二館，東曰流碧，西曰環山，有閣曰巢鳳，堂曰三秀，東池後有揮雪廳。復由嶝道上至介亭，亭左復有亭曰極目，曰蕭森，右復有亭曰麗雲、半山。北俯景龍江，引江之上流注山間。西行爲漱瓊軒，又行石間爲煉丹、凝觀、圜山亭，下視江際，見高陽酒肆及淸澌閣。北岸有勝筠庵、躡雲臺、蕭閒館、飛岑亭。支流別爲山莊，爲回溪。又於南山之外爲小山，橫亙二里，曰芙蓉城，窮極巧妙。而景龍江外，則諸館舍尤精。其北又因瑤華宮火，取其地作大池，名曰曲江，池中有堂曰蓬壺，東盡封丘門而止。其西則自天波門橋引水直西，殆半里，江乃折南，又折北。折南者過閶闔門，爲複道，通茂德帝姬宅。折北者四五里，屬之龍德宮。宣和四年，徽宗自爲艮嶽記，以爲山在國之艮，故名艮嶽；蔡條謂初名鳳凰山，後神降，其詩有「艮嶽排空霄」，因改名艮嶽。宣和六年，詔以金芝產于艮嶽之萬壽峯，又改名壽嶽；

蔡絛謂南山成，又改名壽嶽。嶽之正門名曰陽華，故亦號陽華宮。自政和訖靖康，積累十餘年，四方花竹奇石，悉聚于斯，樓臺亭館，雖略如前所記，而月增日益，殆不可以數計。宣和五年，朱勔於太湖取石，高廣數丈，載以大舟，挽以千夫，鑿河斷橋，毀堰拆牐，數月乃至，賜號「昭功敷慶神運石」，是年，初得燕地故也。勔緣此授節度使。大抵羣閹興築不肯已。徽宗晚歲，患苑囿之衆，國力不能支，數有厭惡語，由是得稍止。及金人再至，圍城日久，欽宗命取山禽水鳥十餘萬，盡投之汴河，聽其所之；拆屋爲薪，鑿石爲砲，伐竹爲笓籬；又取大鹿數百千頭殺之，以啗衞士云。

舊城周廻二十里一百五十五步。東二門：北曰望春，宋初名和政。南曰麗景。南面三門：中曰朱雀，東曰保康，大中祥符五年創建。西曰崇明。西二門：南曰宜秋，北曰閶闔。北三門：中曰景龍，東曰安遠，西曰天波。以上宋初仍梁、晉舊名，至太平興國四年，改今名。

新城周廻五十里百六十五步。大中祥符九年增築，元豐元年重修，政和六年，詔有司度國之南展築京城，移置官司軍營。舊城周四十八里二百三十三步，周顯德三年築。南三門：中曰南薰，東曰宣化，西曰安上。東二門：南曰朝陽，北曰含輝。太平興國四年改寅賓，後復。西二門：南曰順天，北曰金耀。北四門：中曰通天，天聖初改寧德，後復。東曰長景，次東曰永泰，西曰安肅。初號衞州門。以上皆因周舊名，至太平興國四年，改今名。汴河上水門，南曰大通，太平興國四年賜名，天聖初，改順濟，後復今名。北曰宣澤。舊南北水門皆曰大通，熙寧十年改。汴河下，南曰上善，北曰通津。天聖初，改廣津，熙寧十年復。惠民河，上曰普濟，下曰廣利。廣濟河，上曰咸豐，下曰善利，舊名咸通。上南門曰永順。熙寧十年賜名。其後又於金耀門南置開遠門。舊名通遠。以上皆太平興國四年賜名，天聖初，改今名。

西京。唐顯慶間爲東都，開元改河南府，宋爲西京，山陵在焉。宮城周迴九里三百步。城南三門：中曰五鳳樓，東曰興教，西曰光政。因隋、唐舊名。東一門，曰蒼龍。西一門，曰金虎。北一門，曰拱宸。舊名玄武，大中祥符五年改。五鳳樓內，東西門曰左、右永泰，門外道北有鸞和門，太平興國三年，以車輅院門改。右永泰門西有永福門。興教、光政門內各三門，曰：左、右安禮，左、右興善，左、右銀臺。蒼龍、金虎門內第二隔門曰膺福、千秋。膺福門內道北門曰建禮。

正殿曰太極，舊名明堂，太平興國三年改。殿前有日、月樓，日華、月華門，又有三門，曰太極殿門。後有殿曰天興，次北殿曰武德，西有門三重，曰：應天、乾元、敷教〔二〕。內有文明殿，旁有東上閤門、西上閤門，前有左、右延福門。後又有殿曰垂拱，殿北有通天門，柱廊北有明福門，門內有天福殿，殿北有寢殿曰太清，第二殿曰思政，第三殿曰延春。東又有廣壽殿，視朝之所也。北第二殿曰明德，第三殿曰天和，第四殿曰崇徽。天福殿西有金鸞殿，對殿南廊有彰善門。殿北第二殿曰壽昌，第三殿曰玉華，第四殿曰長壽，第五殿曰甘露，第六殿曰乾陽，第七殿曰善興。西有射弓殿。千秋門內有含光殿。拱宸門內西偏有保寧門，門內有講武殿，北又有殿相對。內園有長春殿、淑景亭、十字亭、九江池、砌臺、娑羅亭。宮城東西有夾城，各三里餘。東二門：南曰賓曜，北曰啓明。西二門：南曰金曜，北曰乾通。宮室合九千九百九十餘區。夾城內及內城北，皆左右禁軍所處。

皇城周廻十八里二百五十八步。南面三門：中曰端門，東西曰左、右掖門。東一門，曰宣仁。西三門：南曰麗景，與金曜相直；中曰開化，與乾通相直；北曰應福。內皆諸司處之。

京城周五十二里九十六步。隋大業元年築，唐長壽二年增築。南三門：中曰定鼎，東曰長夏，西曰厚載。東三門：中曰羅門，南曰建春，北曰上東。西一門，曰關門。北二門：東曰安喜〔三〕，西曰徽安。政和元年十一月，重修大內，至六年九月畢工。朱勝非言：「政和間，議朝謁諸陵，敕有司預爲西幸之備，以蔡攸妻兄宋昪爲京西都漕，修治西京大內，合屋數千間，盡以眞漆爲飾，工役甚大，爲費不貲。而漆飾之法，須骨灰爲地，科買督迫，灰價日增，一斤至數千。於是四郊冢墓，悉被發掘，取人骨爲灰矣。」

南京。大中祥符七年，建應天府爲南京。宮城周二里三百一十六步。門曰重熙、頒慶。殿曰歸德。元豐六年，賜度僧牒修外城門及西橋等。京城周廻一十五里四十步。東二門：南曰延和，北曰昭仁。西二門：南曰順成，北曰回鑾。南一門，曰崇禮。北一門，曰靜安。中有隔城，又有門二：東曰承慶，西曰祥輝。其東又有關城，南北各一門。

北京。慶曆二年，建大名府爲北京。宮城周三里一百九十八步，即眞宗駐蹕行宮。城南三門：中曰順豫，東曰省風，西曰展義。東一門，曰東安。西一門，曰西安。順豫門內東西各一門，曰左、右保成。次北班瑞殿，殿前東西門二：東曰凝祥，西曰麗澤。殿東南時巡殿門，次北時巡殿，次靖方殿，次慶寧殿。時巡殿前東西門二：東曰景清，西曰景和。京城周四十八里二百六步，門一十七。熙寧九年，改正南南河門曰景風，南塼曰亨嘉，鼓角曰阜昌；正北北河門曰安平，北塼曰耀德；正東冠氏門曰華景，冠氏第二重曰春祺，子城東曰泰通；正西魏縣門曰寶成，魏縣第二重曰利和，子城西曰宣澤；東南朝城門曰安流，朝城第二重曰巽齊；西南觀音門曰安正，觀音第二重曰靜方；上水關曰善利，下水關曰永濟。內城創置北門曰靖武。○元豐七年，廢善利、永濟關。

行在所。建炎三年閏八月，高宗自建康如臨安，以州治爲行宮。宮室制度皆從簡省，不尚華飾。垂拱、大慶、文德、紫宸、祥曦、集英六殿，隨事易名，實一殿。重華、慈福、壽慈、壽康四宮，重壽、寧福二殿，隨時異額，實德壽一宮。延和、崇政、復古、選德四殿，本射殿也。慈寧殿，紹興九年，以太后有歸期建。欽先孝思殿，十五年建，在崇政殿東。翠寒堂，孝宗作。損齋、紹興末建，貯經史書，爲燕坐之所。東宮，在麗正門內，孝宗、莊文、景獻、光宗皆常居之。講筵所，資善堂。在行宮門內，因書院而作。天章、龍圖、寶文、顯猷、徽猷、敷文、煥章、華文、寶謨九閣，實天章一閣。

京畿路。皇祐五年，以京東之曹州，京西之陳、許、鄭、滑州爲輔郡，隸畿內，幷開封府，合四十二縣，置京畿路轉運使及提點刑獄總之。至和二年，罷京畿路轉運使、提點刑獄，其曹、陳、許、鄭、滑各隸本路，爲輔郡如故。崇寧四年，京畿路復置轉運使及提點刑獄。先是，改開封府界爲京畿路，是年，又於京畿四面置四輔郡：潁昌府爲南輔，鄭州爲西輔，澶州爲北輔，建拱州於開封襄邑縣爲東輔，並屬京畿。大觀四年，罷四輔，許、鄭、澶州還隸京西及河北路，廢拱州，復以襄邑縣隸開封府。政和四年，襄邑縣復爲拱州，後與潁昌府、鄭州、開德府復爲東南西北輔。宣和二年，罷四輔，潁昌府、鄭州、開德府各還舊隸，拱州隸京東西路，舊開封府界依舊爲京畿。

開封府。崇寧戶二十六萬一千一百一十七，口四十四萬二千九百四十。貢方紋綾、方紋紗、蔗席、麻黃、酸棗仁。縣十六：開封，赤。祥符，赤。東魏浚儀縣。大中祥符二年改。尉氏，畿。陳留，畿。雍丘，畿。封丘，畿。中牟，畿。宣和三年，改紂王城爲青陽城。陽武，畿。延津，畿。舊酸棗縣，政和七年改。長垣，隋匡城縣。建隆元年，改爲鶴丘，後又改。東明，畿。本東明鎮〔三〕，乾德元年置。扶溝，畿。鄢陵，畿。考城，畿。崇寧四年，與太康同隸拱州，大觀四年，廢拱州，二縣復來隸。太康，畿。宣和二年，復隸拱州，六年，仍隸京畿。咸平。畿。舊通許鎮，隸陳留，咸平五年置縣。

京東路。至道三年，以應天、兗徐曹青鄆密齊濟沂登萊單濮濰淄、淮陽軍廣濟軍淸平軍宣化軍、萊蕪監利國監爲京東路。熙寧七年，分爲東西兩路：以青淄濰萊登密沂徐州、淮陽軍爲東路；鄆兗齊濮曹濟單州、南京爲西路。元豐元年，割西路齊州屬東路〔四〕，割東路徐州屬西路。元祐元年，諸提點刑獄不分路，京東西路、京東東路並爲京東路；京西南路、京西北路並爲京西路，秦鳳等路、永興軍等路並爲陝府西路，河北西路、河北東路並爲河北路，淮南西路、淮南東路並爲淮南路，其後仍分爲兩路。

東路。府一，濟南。州七：青，密，沂，登，萊，濰，淄。軍一，淮陽。縣三十八。

青州，望，北海郡，鎮海軍節度。建隆三年以北海縣置軍。淳化五年，改軍名。慶曆二年，初置京東東路安撫使。崇寧戶九萬五千一百五十八，口一十六萬二千八百三十七。貢仙紋綾、梨、棗。縣六：益都，望。壽光，望。臨朐，緊。博興，上。千乘，上。臨淄。上。

密州，上。本防禦州。建隆元年，復爲防禦。開寶五年，升爲安化軍節度〔三五〕。後降防禦。六年，復爲節度。崇寧戶一十四萬四千五百六十七，口三十二萬七千三百四十。貢絹、牛黃。縣五：諸城，望。安丘，望。唐輔唐〔三六〕，梁改安丘，晉膠西縣。開寶四年，復今名。莒，望。高密，上。

膠西。元祐三年，以板橋鎮爲膠西縣，兼臨海軍使。

濟南府，上，濟南郡，興德軍節度。本齊州。先屬京東路。咸平四年，廢臨濟縣。元豐元年，割屬京東東路。政和六年，升爲府。崇寧戶一十三萬三千三百二十一，口二十一萬四千六十七。貢綿、絹、陽起石、防風。縣五：歷城，緊。禹城，緊。章丘，中。景德三年，以章丘縣置清平軍。熙寧三年廢軍，即縣治置軍使。長清，中。至道二年，徙城於刺榆。臨邑。中。建隆元年，河決公乘渡口，壞城。三年，移治孫耿鎮。政和元年，升爲望。

沂州，上，琅琊郡，防禦。崇寧戶八萬二千八百九十三，口一十六萬五千二百三十。貢仙靈脾、紫石英、茯苓、鍾乳石。縣五：臨沂，望。承，望。沂水，望。費，望。新泰。中。

登州，上，東牟郡，防禦。崇寧戶八萬一千二百七十三，口一十七萬三千四百八十四。

貢金、牛黃、石器。縣四：蓬萊，望。文登，中。黃，望。牟平。緊。有乳山、閻家口二砦。

萊州，中，東萊郡，防禦。崇寧戶九萬七千四百二十七，口一十九萬八千九百八。貢牛黃、海藻、牡礪、石器。縣四：掖，望。萊陽，望。膠水，望。卽墨。中。

濰州，上，團練。建隆三年，以青州北海縣建爲北海軍，置昌邑縣隸之。乾德三年，升爲州，又增昌樂縣。崇寧戶四萬四千六百七十七，口一十萬九千五百四十九。貢綜絲素絁。縣三：北海，望。昌邑，望。本隋都昌縣，後廢。建隆三年，復置。昌樂。緊。本唐營丘縣，後廢。乾德中，復置安仁縣，俄又改。

淄州，上，淄川郡，軍事。崇寧戶六萬一千一百五十二，口九萬八千六百一十。貢綾、防風、長理石。縣四：淄川，望。長山，中。鄒平，中下。景德元年，移治濟陽廢縣。高苑。下。景德三年，以縣置宣化軍。熙寧三年，廢軍爲縣，隸州，卽縣治置軍使。

淮陽軍，同下州。太平興國七年，以徐州下邳縣建爲軍，幷以宿遷來屬。崇寧戶七萬六千八百八十七，口一十五萬四千一百三十。貢絹。縣二：下邳，望。宿遷。中。

西路。府四：應天，襲慶，興仁，東平。州五：徐，濟，單，濮，拱。軍一，廣濟。縣四十三。

應天府，河南郡，歸德軍節度。本唐宋州。至道中，爲京東路。景德三年，升爲應天府。大中祥符七年，建爲南京。熙寧七年，分屬西路。崇寧戶七萬九千七百四十一，口一十五萬七千四百四。貢絹。縣六：寧陵，畿。與楚丘同隸拱州。大觀四年，復來隸。政和四年，又撥隸拱州。宣和六年，復來隸。宋城，赤。穀熟，畿。下邑，畿。虞城，畿。楚丘。畿。

襲慶府，魯郡，泰寧軍節度。本兗州。大中祥符元年，升爲大都督。政和八年，升爲府。崇寧戶七萬一千七百七十七，口二十一萬七千七百三十四。貢大花綾、墨、雲母、紫石英、防風、茯苓。縣七：瑕，上。大觀四年，以瑕丘縣爲瑕縣。奉符，上。本漢乾封縣。開寶五年，移治岱岳鎭。大中祥符元年改。泗水，上。龔，上。大觀四年，以龔丘縣爲龔縣。仙源，中上。魏曲阜縣。大中祥符五年改。萊蕪，中。鄒。下。熙寧五年，省爲鎭，入仙源。元豐七年復。監一，萊蕪。主鐵冶。

徐州，大都督，彭城郡，武寧軍節度。本屬京東路。元豐元年，割屬京東西路。崇寧戶六萬四千四百三十，口一十五萬二千二百三十七。貢雙絲綾、紬、絹。縣五：彭城，望。沛，望。蕭，望。滕，緊。豐。緊。監二：寶豐，元豐六年置，鑄銅錢，八年廢。利國。主鐵冶。

興仁府，輔，濟陰郡，彰信軍節度。本曹州。建中靖國元年，改賜軍額曰興仁。崇寧元年，升曹州爲興仁府，復還舊節。大觀二年，以拱州爲東輔，升督府。政和元年，罷督府，復爲輔郡。崇寧戶三萬五千九百八十，口六萬六千九百三十一。貢絹、葶藶子。縣四：濟陰，望。宛亭，望。元祐元年，改宛句縣爲宛亭。乘氏，緊。南華。上。

東平府，東平郡，天平軍節度。本鄆州。慶曆二年，初置京東西路安撫使。大觀元年，升大都督府。政和四年，移安撫使於應天府。宣和元年，改爲東平府。崇寧戶一十三萬三百五，口三十九萬六千六十三。貢絹、阿膠。縣六：須城，望。陽穀，望。景德三年，徙孟店。中都，緊。壽張，上。東阿，緊。平陰。上。監一，東平。宣和二年復置。政和三年罷〔一七〕。

濟州，上，濟陽郡，防禦。戶五萬七百一十八，口一十五萬九千一百三十七。貢阿膠。縣四：鉅野，望。任城，望。金鄉，望。鄆城。望。

單州，上，碭郡，建隆元年，升爲團練。崇寧戶六萬一千四百九，口一十一萬六千九百六十九。貢蛇床、防風。縣四：單父，望。碭山，望。成武，緊。魚臺。上。

濮州，上，濮陽郡，團練。崇寧戶三萬一千七百四十七，口五萬二千六百八十一。貢絹。縣四：鄄城，望。雷澤，緊。臨濮，上。范。上。

拱州，保慶軍節度。本開封府襄邑縣。崇寧四年，建爲州，賜軍額，爲東輔。以開封之考城、太康，南京之寧陵、楚丘、柘城來隸。大觀四年，廢拱州，復爲襄邑縣，還隸開封。政和四年，復爲州，又復爲輔郡。宣和二年，罷輔郡，仍隸京東西路，以襄邑、太康、寧陵爲屬縣，餘歸舊隸。六年，又以寧陵歸南京，太康歸開封，復割柘城來隸。縣二：襄邑畿〔一八〕，柘城。畿。

廣濟軍。乾德元年，置發運務。開寶九年，改轉運司。太平興國二年，建爲軍。四年，割曹、澶、濮、濟四州地，復置縣以隸焉。熙寧四年，廢軍，以定陶縣隸曹州。元祐元年，復爲軍。縣一，定陶。上。

開封府，京東路，分爲東西兩路，得兗、豫、青、徐之域，當虛、危、房、心、奎、婁之分，西抵大梁，南極淮、泗，東北至于海，有鹽鐵絲石之饒。其俗重禮義，勤耕紝，洓郊處四達之會，故建爲都。政教所出，五方雜居。睢陽當漕舟之路，定陶乃東運之衝，其後河截清水，頗涉艱阻。兗、濟山澤險迥，盜或隱聚。營丘東道之雄，號稱富衍，物產尤盛。登、萊、高密負海之北，楚商兼湊，民性愎戾而好訟鬥。大率東人皆朴魯純直，甚者失之滯固，然專經之士爲多。下邳俗尙頗類淮楚焉。

京西路。舊分南北兩路，後併爲一路。熙寧五年，復分南北兩路。

南路。府一，襄陽。州七：鄧，隨，金，房，均，郢，唐。軍一，光化。縣三十一。

襄陽府，望，襄陽郡，山南東道節度。本襄州。宣和元年，升爲府。崇寧戶八萬七千三百七，口一十九萬二千六百五。貢麝香、白穀、漆器。縣六：襄陽，緊。鄧城，望。穀城，緊。宜城，中下。中盧，中下。隋義清縣。太平興國元年改，紹興五年，省入南漳。南漳。中下。

鄧州，望，南陽郡，武勝軍節度。舊爲上郡。政和二年，升爲望郡。建隆初，廢臨瀨縣。崇寧戶一十一萬四千一百二十七，口二十九萬七千五百五十。貢白菊花。縣五：穰，上。南陽，中下。慶曆四年，廢方城縣爲鎭入焉；元豐元年，改爲縣，隸唐州。內鄉，中下。順陽。中下。太平興國六年，升順陽鎭爲縣。淅川。中下(一九)。

隨州，上，漢東郡，崇信軍節度。乾德五年，升爲崇義軍節度。太平興國元年，改今名。崇寧戶三萬八百四，口六萬七千二十一。貢絹、綾、葛、覆盆子。縣三：隨，上。熙寧元年，廢光化縣爲鎭入焉。唐城，中下。棗陽。中下。

金州，上，安康郡，乾德五年，改昭化軍節度。崇寧戶三萬九千六百三十六，口六萬五千六百七十四。貢麩金、麝香、枳殼實、杜仲、白膠香、黃糵。縣五：西城，下。洵陽，中。乾德四年，廢淯陽縣入焉。漢陰，中。石泉，下。平利。下。熙寧六年，省爲鎭，入西城。元祐復。

房州，下，房陵郡，保康軍節度。開寶中，廢上庸、永淸二縣。雍熙三年幷爲軍。崇寧戶三萬三千一百五十一，口四萬七千九百四十一。貢麝香、紵布、鍾乳石、笋。縣二：房陵，上。竹山。下。

均州，上，武當郡，武當軍節度。本防禦。乾德六年，移入上州防禦。宣和元年，賜軍額。崇寧戶三萬一百七，口四萬四千七百九十六。貢麝香。縣二：武當，上。鄖鄉。上。

郢州，上，富水郡，防禦。崇寧戶四萬七千二百八十一，口七萬八千七百二十七。貢白紵。縣二：長壽，上。京山。下。

唐州，上，淮安郡，建隆元年，升爲團練。開寶五年，廢平氏縣。崇寧戶八萬九千九百五十五，口二十萬二千一百七十二。貢絹。縣五：泌陽，中下。湖陽，中下。有銀場。比陽，中下。桐栢，下。開寶六年，移治淮瀆故廟。方城。下。後魏縣。慶曆四年，廢爲鎭入鄧州南陽縣，元豐元年，復爲縣，隸州。

光化軍，同下州。乾德二年，以襄州陰城鎭建爲軍，析穀城縣三鄉，置乾德縣隸焉。熙寧五年，廢軍，改乾德爲光化縣，隸襄州。元祐初，復爲軍。縣一，乾德。望。

北路。府四：河南，潁昌，淮寧，順昌。州五：鄭，滑，孟，蔡，汝。軍一，信陽。縣六十三。

河南府，洛陽郡，因梁、晉之舊爲西京。熙寧五年，分隸京西北路。崇寧戶一十二萬七千七百六十七，口二十三萬三千二百八十。貢蜜、蠟、甆器。縣十六：河南，赤。洛陽，赤。熙寧五年，省入河南，元祐二年復。永安，赤。奉陵寢。景德四年，升鎮爲縣。偃師，畿。慶曆三年廢，四年復，熙寧五年，省入緱氏，八年，復置，省緱氏縣爲鎮隸焉。潁陽，畿。慶曆三年，廢爲鎮，四年，復。熙寧二年，省入登封，元祐二年，復置。鞏，畿。密，畿。崇寧四年，割隸鄭州，宣和二年，還隸府。新安，畿。福昌，畿。熙寧五年，省入壽安，元祐元年，復爲縣。伊陽，畿。熙寧二年，割欒川冶鎮〔一〇〕入虢州盧氏縣。五年，廢伊闕縣爲鎮入河南，六年，改隸伊陽。澠池，畿。景祐四年，改鐵門鎮曰延禧。永寧，畿。長水，畿。壽安，畿。慶曆三年，廢爲鎮，四年，復。河清，畿。開寶元年，移治白波鎮。熙寧八年閏四月，置鐵監。登封。畿。監一，阜財。熙寧七年置，鑄銅錢。

潁昌府，次府，許昌郡，忠武軍節度。本許州。元豐三年，升爲府。崇寧四年，爲南輔，隸京畿。大觀四年，罷輔郡。政和四年，復爲輔郡，隸京畿。宣和二年，復罷輔郡，依舊隸京西北路。崇寧戶六萬六千四十一，口一十六萬一百九十三。貢絹、藨席。縣七：長社，次赤。熙寧四年，省許田縣爲鎮入焉。郾城，次畿。陽翟，次畿。長葛，次畿。臨潁，次畿。舞陽，次畿。郟，中。元隸汝州，崇寧四年來隸。

鄭州，輔，滎陽郡，奉寧軍節度。熙寧五年，廢州，以管城、新鄭隸開封府；省滎陽、滎澤縣爲鎮入管城，原武縣爲鎮入陽武。元豐八年，復州。元祐元年，還舊節；復以滎陽、滎

澤、原武爲縣，與滑州並隸京西路。崇寧四年，建爲西輔。大觀四年，罷輔郡。政和四年，
又復。宣和二年，又罷。崇寧戶三萬九百七十六，口四萬一千八百四十八。貢絹、麻黃。
縣五：管城，望。滎澤，中。原武，上。新鄭，上。滎陽。緊。

滑州，輔，靈河郡，太平興國初，改武成軍節度。熙寧五年，廢州，縣並隸開封府。元豐
四年，復舊，縣復來隸。元祐元年，還舊節度。崇寧戶二萬六千五百二十二，口八萬一千九
百八十八。貢絹。縣三：白馬，中。熙寧三年，廢靈河縣隸焉。韋城，望。胙城。緊。

孟州，望，河陽三城節度。政和二年，改濟源郡。崇寧戶三萬三千四百八十一，口七萬
一百六十九。貢粱米。縣六：河陽，望。濟源，望。温，望。汜水，上。熙寧五年，省入河陰。元豐二年
復置。大中祥符四年，改武牢關曰行慶。河陰，中。王屋。中。熙寧五年，自河南來隸。

蔡州，緊，汝南郡，淮康軍節度。崇寧戶九萬八千五百二，口十八萬五千一十三。貢
綾。縣十：汝陽，上。上蔡，上。新蔡，中。褒信，中。遂平，中。新息，中。確山，中。隋朗山縣。大中
祥符五年改。眞陽，中。西平，中。平輿。中〔三〕。

淮寧府，輔，淮陽郡，鎭安軍節度。本陳州。政和二年，改輔爲上。宣和元年，升爲府。
崇寧戶三萬二千九十四，口一十五萬九千六百一十七。貢紬、絹。縣五：宛丘，緊。項城，
上。商水，中。西華，中。南頓。中。熙寧六年，省爲鎭，入商水、項城二縣。元祐元年復。

順昌府，上，汝陰郡，舊防禦，後爲團練。開寶六年，復爲防禦。元豐二年，升順昌軍節度。舊潁州，政和六年，改爲府。崇寧戶七萬八千一百七十四，口一十六萬六百二十八。貢紬、絁、綿。縣四：汝陰，望。開寶六年，移治於州城東南十里。泰和，望。潁上，緊。沈丘。緊。

汝州，輔，臨汝郡，陸海軍節度。本防禦州。政和四年，賜軍額。崇寧戶四萬一千五百八十七，口一十七萬一千四百九十五。貢絁、絹。縣五：梁，中。襄城，緊。葉，上。魯山，中。寶豐。中。舊名龍興，熙寧五年，省爲鎮，入魯山。元祐元年復。宣和二年，改爲寶豐縣。

信陽軍，同下州。開寶九年，降爲義陽軍，廢鍾山縣。太平興國元年，改爲信陽軍。崇寧戶九千九百五十四，口二萬五十，貢紵布。縣二：信陽，中下。羅山。中下。開寶九年廢，雍熙二年復置。

京西南、北路，本京西路，蓋禹貢冀、豫、荆、兗、梁五州之域，而豫州之壤爲多，當井、柳、星、張、角、亢、氐之分。東暨汝、潁，西被陝服，南略鄢、郢，北抵河津。絲、枲、漆、纊之所出。而洛邑爲天地之中，民性安舒，而多衣冠舊族。然土地褊薄，迫於營養。盟津、滎陽、滑臺、宛丘、汝陰、潁川、臨汝在二京之交，其俗頗同。唐、鄧、汝、蔡率多曠田，蓋自唐季之亂，土著者寡。太宗遷晉、雲、朔之民於京、洛、鄭、汝之地，墾田頗廣，民多致富，亦由儉嗇而然乎！襄陽爲汴南巨鎭，淮安、隨、棗陽、西城、武當、上庸、東梁、信陽，其習俗近荆楚。

校勘記

〔一〕僋萬安　原作「僋萬萬安」。按廣南無萬州，上「萬」字衍，據通考卷三一五輿地考刪。

〔二〕七年　原作「五年」，據本書卷四太宗紀、長編卷二三、編年綱目卷三改。

〔三〕自後不復領於職方　「於」字原脫，據通考卷三一五輿地考補。

〔四〕西安　原作「安西」，據本書卷八七地理志、長編卷五〇八、宋會要方域五之四二改。

〔五〕砦二十八　按此下所列砦名僅二十七；通考卷三一五輿地考云「寨二十六」，而所列寨名與本卷同，疑此處「八」字爲「七」之誤。

〔六〕通秦　原作「通泰」。按本書卷八六地理志，晉寧軍通秦堡地名精移堡，元符二年同通泰砦賜名。「通泰」當爲「通秦」之誤，據長編卷五一四、宋會要方域二〇之三改。

〔七〕明道三年　按明道只有二年，「三年」顯誤。宋會要方域一之三、玉海卷一六〇作「景祐元年正月」，玉海同卷、長編卷一一三又作「明道二年十二月甲寅」。

〔八〕楊太后所居景祐元年賜名　按宋會要方域一之五：「章惠太后所居，初係嘉慶殿，景祐四年改今名。」玉海卷一六〇：「景祐元年初名保慶，章惠太后居之，四年，改慈德。」

〔九〕延義閣　按本書卷一〇仁宗紀：「景祐二年正月癸丑，置邇英、延義二閣。」宋會要方域一之六、玉海卷一六三也作「延義閣」。「義」字誤。

〔一〇〕跨海爲二亭　袁褧楓窗小牘卷上作「跨海爲亭」，下文所列又僅飛華一亭，此處「二」字疑衍。

〔一一〕敷教　宋會要方域一之九、三之三七和玉海卷一五八都作「敷政」，疑「教」爲「政」字之誤。

〔一二〕安喜　「喜」原作「善」，據宋會要方域一之七、玉海卷一七〇改。

〔一三〕東明鎮　原作「東昏鎮」，據九域志卷一、隆平集卷一改。

〔一四〕割西路齊州屬東路　「西路」原作「京西路」。按上文齊州屬京東西路，不屬京西路，「京」字衍，據刪。

〔一五〕升爲安化軍節度　「節度」二字原脱，據九域志卷一、宋會要方域五之一三補。

〔一六〕輔唐　原作「輔郡」，據宋會要方域五之一三、輿地廣記卷六改。

〔一七〕宣和二年復置政和三年罷　按此句前後倒置，應作「政和三年罷，宣和二年復置」。

〔一八〕襄邑畿　「畿」字原脱，據九域志卷一、輿地廣記卷七補。

〔一九〕淅川中下　四字原脱，據上文和九域志卷一、輿地廣記卷八補。

〔二〇〕欒川冶鎮　「冶」原作「治」，據宋會要方域一二之一五、食貨二三之八改。下同。

〔三〕平輿中　「中」字原脫，據九域志卷一、輿地廣記卷九補。

宋史卷八十六

志第三十九

地理二

河北路　河東路

河北路。舊分東西兩路，後併爲一路。熙寧六年，再分爲兩路。

東路。府三：大名，開德，河間。州十一：滄，冀，博，棣，莫，雄，霸，德，濱，恩，清。軍五：德清，保順，永靜，信安，保定。縣五十七。

大名府，魏郡。慶曆二年，建爲北京。八年，始置大名府路安撫使，統北京、澶懷衞德博濱棣、通利保順軍。熙寧以來並因之，六年，分屬河北東路。崇寧戶一十五萬五千二百五十三，口五十六萬八千九百七十六。貢花紬、綿紬、平紬、紫草。縣十二：元城，赤。熙寧六年，省大名縣爲鎮入焉。莘，畿。大名，次赤。熙寧六年，省入元城。紹聖三年復。政和六年，徙治南樂鎮。內黃，畿。成安，畿。熙寧六年，省洹水縣爲鎮入焉。魏，次畿。館陶，畿。熙寧五年，省永濟縣爲鎮入焉，尋復舊〔一〕。臨清，次畿。夏津，畿。清平，畿。宋初，自博州來隸。熙寧二年，又割博平縣明靈砦隸焉，本縣移置明靈。冠氏，畿。宗城。畿。熙寧五年，省臨清縣爲鎮入焉。當年復舊，尋以永濟隸臨清。熙寧六年，又省經城縣爲鎮入焉。

開德府，上，澶淵郡，鎮寧軍節度。本澶州。崇寧四年，建爲北輔。五年，升爲府。宣和二年，罷輔郡，仍隸河北東路。崇寧戶三萬一千八百七十八，口八萬二千八百二十六。貢莨莠蓆、南粉。縣七：濮陽，中。觀城，望。皇祐元年，省入濮陽、頓丘。四年，復置。臨河，緊。清豐，中。慶曆四年，徙清豐縣治德清軍，即縣置軍使，隸州。熙寧六年，省頓丘縣入清豐。衞南，中。朝城，畿。舊隸大名府，崇寧四年，與南樂來隸。南樂。畿。德清軍。見上。

滄州，上，景城郡，橫海軍節度。崇寧戶六萬五千八百五十二，口一十一萬八千二百一十八。貢大絹、大柳箱。縣五：清池，望。熙寧四年，省饒安縣爲鎮入清池。有乾符、巷姑、三女、泥姑、小南河五砦。政和三年，改巷姑曰海清，三女曰三河，泥姑曰河平。無棣，望。治平中，徙無棣縣治保順軍，即縣治置軍使，隸州。鹽山，緊。樂陵，緊。熙寧二年，徙治咸平鎮。南皮。中。熙寧六年，省臨津縣入焉。

保順軍。周置軍於滄州無棣縣南二十里。開寶三年，又以滄、棣二州界保順、吳橋二鎮之地益焉，仍隸滄州。

冀州，上，信都郡，舊團練。慶曆八年，升安武軍節度。崇寧戶六萬六千二百四十四，口一十萬一千三十。貢絹。縣六：信都，望。蓨，上。南宮，上。皇祐四年，升新河鎮爲縣，廢南宮。六年，省新河爲鎮入焉〔二〕。棗強，上。熙寧元年，省爲鎮入信都。十年，復置。武邑，上。衡水。中。

河間府，上，河間郡，瀛海軍節度。至道三年，以高陽隸順安軍。舊名關南，太平興國七年〔三〕，改名高陽關。慶曆八年，始置高陽關路安撫使，統瀛莫雄貝冀滄、永靜保定乾寧信安一十州軍。本瀛州，防禦。大觀二年升爲府，賜軍額。崇寧戶三萬一千九百三十，口六萬二百六。貢絹。縣三：河間，望。雍熙中，即縣西置平虜砦，景德二年，改爲肅寧城。樂壽，望。至道三年，自深州來隸。熙寧六年，省景城爲鎮入焉。束城。上。熙寧六年，省爲鎮入河間，元祐元年復。

博州，上，博平郡，防禦。淳化三年，河決，移治於孝武渡西。崇寧戶四萬六千四百九十二，口九萬一千三百二十三。貢平絹。縣四：聊城，望。高唐，望。堂邑，望。博平。緊。熙寧二年，割明靈砦隸北京清平。

棣州，上，樂安郡，防禦。建隆二年，升爲團練，俄爲防禦。大中祥符八年，移治陽信縣界八方寺。崇寧戶三萬九千一百三十七，口五萬七千二百三十四。貢絹。縣三：厭次，上。商河，中。陽信。下。

莫州，上，文安郡，防禦。熙寧六年，省長豐縣爲鎮，又省莫縣〔四〕入任丘。元祐二年，復莫縣，尋又罷爲鎮。崇寧戶一萬四千五百六十，口三萬一千九百九十二。貢綿。縣一：任丘。上。有馬村王家二砦。政和三年，改馬村砦曰定安，王家砦曰定平。

雄州，中，防禦。本唐涿州瓦橋關。政和三年，賜郡名曰易陽。崇寧戶一萬三千一十三，口五萬二千九百六十七。貢紬。縣二：歸信，中。有張家、木場、三橋、雙柳、大渦、七姑垣、紅城、新垣八砦。容城。中。建隆四年復置。

霸州，中，防禦。本唐幽州永淸縣地，後置益津關。周置霸州，以莫之文安、瀛州之大城來屬。政和三年，賜郡名曰永淸。崇寧戶一萬五千九百一十八，口二萬一千五百一十六。貢絹。縣二：文安，上。景祐二年，廢永淸縣入焉。有劉家渦、刁魚、莫金口、阿翁、雁頭、黎陽、喜渦、鹿角八砦。元豐四年，割鹿角砦隸信安軍。政和三年，改劉家渦砦曰安平，阿翁曰仁孝，雁頭曰和寧，喜渦曰喜安。大城。上。

德州，上，平原郡，軍事。宋初，省歸化縣。景祐二年，廢安陵縣入將陵，後割屬永靜軍。熙寧六年，省德平縣爲鎮，入安德。崇寧戶四萬四千五百九十一，口八萬二千二十五。貢絹。縣二：安德，望。平原。緊。

濱州，上，軍事。大觀二年，賜渤海郡名。大中祥符五年，廢蒲臺縣。崇寧戶四萬九千九百九十一，口一十一萬四千九百八十四。貢絹。縣二：渤海，望。招安。上。慶曆二年，升招安鎮爲縣。熙寧六年，省爲鎮入渤海。元豐二年復爲縣。

恩州，下，清河郡，軍事。唐貝州，晉永清軍節度，周爲防禦。宋初，復爲節度。慶曆八年，改州名，罷節度。崇寧戶五萬一千三百四十二，口八萬五千九百八十六。貢絹、白氈。縣三：清河，望。端拱元年，徙治永寧鎮。淳化五年徙今治。熙寧四年，省清陽縣入焉。武城，望。歷亭。緊。至和元年，廢漳南縣入焉。

永靜軍，同下州。唐景州。太平興國六年，以軍直屬京。淳化元年，以冀州阜城來屬。景德元年，改軍名。崇寧戶三萬四千一百九十三，口三萬九千二十二。貢簟、絹。縣三：東光，緊。將陵。望。景祐元年，移治于長河鎮。阜城。中。嘉祐八年，省爲鎮入東光。熙寧十年復爲縣。

清州，下，本乾寧軍。幽州蘆臺軍之地，晉陷契丹。周平三關，置永安縣，屬滄州。太平興國七年置軍，改縣曰乾寧，隸焉。大觀二年，升爲州。政和三年，賜郡名曰乾寧。崇寧戶六千六百一十九，口一萬二千七十八。貢絹。縣一：乾寧。熙寧六年省爲鎮。元符二年復。崇寧三年再省。政和五年又復。砦六。釣臺、獨流北、獨流東、當城、沙渦、百萬。

信安軍，同下州。太平興國六年，以霸州淤口砦建破虜軍。景德二年，改爲信安。崇寧戶七百一十五，口一千四百三十七。貢絹。砦七。周河、刁魚、田家、狼城、佛聖渦、鹿角、李詳。元豐四年，霸州鹿角砦始隸軍。

保定軍，同下州。太平興國六年，以涿州新鎭建平戎軍。景德元年，改爲保定軍。景祐元年，析霸州文安、大城二縣五百戶隸軍。宣和七年，廢保定軍爲保定縣，隸莫州。知縣事仍兼軍使，尋依舊。崇寧戶一千二十九，口二千四百八十四。貢絁。砦二：桃花，父母。政和三年，改父母砦曰安寧。

西路。府四：眞定，中山，信德，慶源。州九：相，濬，懷，衞，洺，深，磁，祁，保。軍六：天威，北平，安肅，永寧，廣信，順安。縣六十五。

眞定府，次府，常山郡，唐成德軍節度。本鎭州，漢以趙州之元氏、欒城二縣來屬。開寶六年，廢九門、石邑二縣。端拱初，以鼓城隸祁州。淳化元年，以束鹿隸深州〔五〕。慶曆八年，初置眞定府路安撫使，統眞定府、磁相邢趙洺六州。崇寧戶九萬二千三百五十三，口一十六萬三千一百九十七。貢羅。縣九：眞定，次赤。稾城，次畿。欒城，次畿。元氏，次畿。井陘，次畿。熙寧六年，省入獲鹿、平山。八年復置，徙治天威軍〔六〕，即縣治置軍使，隸府。有天威軍、小作口、王家谷三砦。獲鹿，次畿。平山，次畿。有甘泉、嵐州、沂州、檀明、夫婦、柏嶺、黃岡、烘山、赤箭、抱兒、石虎、中子、雕栱、東臨山、西臨山十五砦。行唐，次畿。靈壽。次畿。熙寧六年，省爲鎭入行唐。八年復〔七〕。有赤陘、飛吳二砦。

砦一：北砦。咸平二年置。熙寧八年，析行唐縣二鄉隸砦。天威軍。見上。

相州，望，鄴郡，彰德軍節度。崇寧戶三萬六千三百四十，口七萬一千六百三十五。貢暗花牡丹花紗、知母、胡粉、絹。縣四：安陽，緊。熙寧五年，省永和縣入焉。湯陰，緊。宣和二年，以湯陰縣隸濬州，尋復來隸。臨漳，緊。熙寧五年，省鄴縣入焉。林慮。中。

中山府，次府，博陵郡。建隆元年，以易北平並來屬〔八〕。太平興國初，改定武軍節度。本定州。慶曆八年，始置定州路安撫使，統定保深祁、廣信安肅順安永寧八州。政和三年，升爲府，改賜郡名曰中山。崇寧戶六萬五千九百三十五，口一十八萬六千三百五。貢羅、大花綾。縣七：安喜，緊。無極，緊。曲陽，上。唐，上。望都，中。新樂，中。北平。中下。砦一：軍城。隸曲陽縣。北平軍。慶曆二年，以北平砦建軍。四年復隸州，即北平縣治置軍使，隸州。

信德府，次府，鉅鹿郡。後唐安國軍節度。本邢州。宣和元年，升爲府。崇寧戶五萬三千六百一十三，口九萬五千五百五十二。貢絹、白磁盞、解玉砂。縣八：邢臺，上。宣和二年，改龍岡縣爲邢臺。沙河，上。任，中。堯山，中。平鄉，上。熙寧六年，省平鄉縣爲鎭入鉅鹿。元祐元年復。內丘，上。熙寧六年，省堯山縣入焉，元祐元年復。南和，中。熙寧五年，省任縣爲鎭入焉，元祐元年復。鉅鹿，上。

濬州，平川軍節度。本通利軍。端拱元年，以滑州黎陽縣爲軍。天聖元年，改通利爲安利。四年，以衞州衞縣隸軍。熙寧三年廢爲縣，隸衞州。元祐元年復爲軍。政和五年升爲州，號濬川軍節度，改今額。崇寧戶三千一百七十六，口三千二百二。縣二：衞，上。熙寧六年，廢爲鎭入黎陽。後復。黎陽。中。

懷州，雄，河內郡，防禦。建隆元年，升爲團練，俄爲防禦。崇寧戶三萬二千三百一十一，口八萬八千一百八十五。貢牛膝、皂角。縣三：河內，緊。熙寧六年，省武德縣爲鎭入焉。修武，上。熙寧六年，省爲鎭入武陟。元祐元年復。武陟。中。

衞州，望，汲郡，防禦。崇寧戶二萬三千二百四，口四萬六千三百六十五。貢絹、綿。縣四：汲，中。新鄉，緊。熙寧六年，廢爲鎭入汲。元祐二年復。獲嘉，上。天聖四年，自懷州來隸。共城。中。監一：黎陽。熙寧七年置，鑄銅錢。

洺州，望，廣平郡，建隆元年，升爲防禦。熙寧三年，省曲周縣爲鎭，入雞澤。六年，省臨洺縣爲鎭，入永年。元祐二年，曲周、臨洺復爲縣，尋復爲鎭。四年，曲周、雞澤依舊別爲兩縣。崇寧戶三萬八千八百一十七，口七萬三千六百。貢紬。縣五：永年，上。肥鄉，望。平恩，緊。雞澤，中。曲周。中。

深州，望，饒陽郡，防禦。雍熙四年，廢陸澤縣。崇寧戶三萬八千三十六，口八萬三千七百一十。貢絹。縣五：靜安，望。本漢下博縣，周置靜安軍，以縣隸，俄復焉。太平興國七年，又隸靜安軍。

雍熙二年軍廢，還屬〔九〕，三年廢，四年復置，改今名。束鹿，望。淳化中，自眞定來屬。安平，望。饒陽，望。武強。望。

磁州，上，滏陽郡，團練。舊名慈，政和三年改作磁〔一〇〕。崇寧戶三萬六千四百九十一，口九萬六千九百二十二。貢磁石。縣三：滏陽，上。熙寧六年，省昭德縣爲鎭入焉。邯鄲，上。武安。上。有固鎭、永安、黃澤、梅回四砦。

祁州，中，蒲陰郡，團練。端拱初，以鎭州鼓城來屬。景德元年，移治於定州蒲陰，以無極隸定。熙寧六年，省深澤縣爲鎭，入鼓城。元祐元年復。崇寧戶二萬四千四百八十四，口四萬九千九百七十五。貢花絁。縣三：蒲陰，望。鼓城，緊。深澤。中。

慶源府，望，趙郡，慶源軍節度。本趙州，軍事。大觀三年，升爲大藩。崇寧四年，賜軍額。宣和元年，升爲府。崇寧戶三萬四千一百四十一，口六萬一百三十七。貢絹、綿。縣七：平棘，望。寧晉，望。臨城，上。唐縣。熙寧六年，省隆平縣爲鎭入焉，元祐元年復。高邑，中。熙寧五年，省柏鄉、贊皇二縣爲鎭入焉，元祐元年皆復。隆平，中。柏鄉，中。贊皇。下。

保州，下，軍事。本莫州淸苑縣。建隆初，置保塞軍。太平興國六年，建爲州。政和三年，賜郡名曰淸苑。崇寧戶二萬七千四百五十六，口二十三萬二百三十四。貢絹。縣一：保塞。望。太平興國六年，析易州滿城之南境入焉。

安肅軍，同下州。本易州遂城縣。太平興國六年，建爲靜戎軍，析易州遂城三鄉置靜戎縣隸焉。景德元年併縣，改安肅軍〔二〕。宣和七年，廢軍爲安肅縣。知縣事仍兼軍使，尋依舊。崇寧戶七千一百九十七，口一萬四千七百五十一。貢素絁。縣一：安肅。中。

永寧軍，同下州。雍熙四年，以定州博野縣建寧邊軍。景德元年，改永寧軍〔三〕。宣和七年，廢爲博野縣。知縣事仍兼軍使，尋依舊。縣一：博野。望。

廣信軍，同下州。太平興國六年，改易州遂城縣爲威勇軍〔三〕。景德元年，改廣信軍。崇寧戶四千四百四十五，口八千七百三十八。貢紬、粟。縣一：遂城。中。

順安軍，同下州。本瀛州高陽關砦。太平興國七年，置唐興砦。淳化三年，建爲順安軍。至道三年，以瀛州高陽來屬。熙寧六年，省高陽縣爲鎮。十年，復爲縣。崇寧戶八千六百五，口一萬六千五百七十八。貢絹。縣一：高陽。中。

河北路，蓋禹貢兗、冀、青三州之域，而冀、兗爲多。當畢、昴、室、東壁、尾、箕之分。南濱大河，北際幽、朔，東瀕海，西壓上黨。繭絲、織紝之所出。人性質厚少文，多專經術，大率氣勇尚義，號爲強忮。土平而近邊，習尚戰鬭。有河漕以實邊用，商賈貿遷，芻粟峙積。宋初募置鄉義，大修戰備，爲三關，置方田以資軍廩。契丹數來侵擾，人多去本，及荐修戎好，益開互市，而流庸復來歸矣。大名、澶淵、安陽、臨洺、汲郡之地，頗雜斥鹵，宜於畜牧。浮陽際海，多鬻鹽之利。其控帶北地，鎮、魏、中山皆爲雄鎮云。

河東路。府三：太原，隆德，平陽。州十四：絳，澤，代，忻，汾，遼，憲，嵐，石，隰，慈，麟，府，豐。軍八：慶祚，威勝，平定，岢嵐，寧化，火山，保德，晉寧。縣八十一。

太原府，太原郡，河東節度。太平興國四年，平劉繼元，降爲緊州，軍事；毀其城，移治於榆次縣。又廢太原縣，以平定、樂平二縣屬平定軍，交城屬大通監。七年，移治唐明監。舊領河東路經略、安撫使。元豐爲次府，大觀元年升大都督府。崇寧戶一十五萬五千二百六十三，口一百二十四萬一千七百六十八。貢大銅鑑、甘草、人參、礬石。縣十：陽曲，次赤。有百井、陽興二砦。太谷，次畿。榆次，次畿。壽陽，次畿。盂，次畿。交城，次畿。寶元二年，自大通監來隸(四)。文水，次畿。祁，次畿。清源，次畿。平晉。中。熙寧三年，廢入陽曲。政和五年復。監二：大通，永利。

隆德府，大都督府，上黨郡，昭義軍節度。太平興國初，改昭德。舊領河東路兵馬鈐轄，兼提舉澤晉絳州、威勝軍屯駐泊本城兵馬巡檢事。本潞州。建中靖國元年，改爲軍。崇寧三年，升爲府，仍還昭德舊節。崇寧戶五萬二千九百九十七，口一十三萬三千一百四十六。貢人參、蜜、墨。縣八：上黨，望。屯留，上。襄垣，上。潞城，上。壺關，中。長子，中。涉，中。黎城。中。天聖三年，徙治涉之東南白馬驛。熙寧五年，省入潞城縣。元祐元年復。

平陽府，望，平陽郡，建雄軍節度。本晉州，政和六年，升爲府。崇寧戶七萬五千九百八，口一十八萬三千二百五十四。貢蜜、蠟燭。縣十：臨汾，望。洪洞，緊。襄陵，緊。熙寧五年，廢慈州鄉寧縣分隸焉。有鵰掌、豹尾二砦。神山，上。有韓買、安國、史壁、壘頭等堡。趙城，上。熙寧五年，省爲鎮隸洪洞。元豐三年復爲縣。汾西，中。有厚裔、青岸、石橋、青山、邊柏五砦。霍邑，中。冀氏，中。有府城、永興二砦，陶川、白練、當谷、横嶺四堡。岳陽，中下。和川。中下。太平興國六年，廢沁州，以縣來屬。熙寧五年，省爲鎮入冀氏。元祐元年復爲縣。務二：煉礬、礬山。

慶祚軍。政和三年，以趙城造父始封之地升爲軍，以軍事領之。

絳州，雄，絳郡，防禦。崇寧戶五萬九千九百三，口九萬四千二百三十七。貢防風、蠟燭、墨。縣七：正平，望。曲沃，望。太平，望。熙寧五年，廢慈州，以鄉寧縣分隸太平、稷山。翼城，上。稷山，中。絳，中。有中山、花崖、華山三砦。垣曲。下。有銅錢一監。

澤州，上，高平郡。崇寧戶四萬四千一百三十三，口九萬一千八百五十二。貢白石英、禹餘糧、人參。縣六：晉城，緊。高平，上。陽城，上。端氏，中。陵川，中。沁水。中下。關一：雄定。舊天井關，屬晉城縣。靖康元年改今名。

代州，上，雁門郡，防禦。景德二年，廢唐林縣。舊置沿邊安撫司。崇寧戶三萬三千二百五十八，口一十五萬九千八百五十七。貢麝香、靑、碌。縣四：雁門，中下。有西陘、胡谷、雁門三砦。崞，中下。有樓板、陽武、石峽、土墱四砦。五臺，中下。繁畤。下。有繁畤、茹越、大石、義興冶、寶興軍、瓶形、梅回、麻谷八砦。

忻州，下，定襄郡，團練。崇寧戶一萬八千一百八十六，口四萬二千二百三十二。貢解玉砂、麝。縣二：秀容，緊。熙寧五年，省定襄入焉。元祐元年，定襄復爲縣。有石嶺關、忻口、雲內、徒合四砦。定襄。中下。

汾州，望，西河郡，軍事。崇寧戶五萬一千六百九十七，口一十八萬五千六百九十八。貢土絁、石膏。縣五：西河，望。有永利西監。平遙，望。介休，上。靈石，中。有陽涼南關、陽涼北關。孝義。上。太平興國元年，改爲中陽，後復爲孝義。熙寧五年，省爲鎭入介休。元祐元年復。

遼州，下，樂平郡。熙寧七年州廢，省平城、和順二縣爲鎭，入遼山縣，隸平定軍；省榆社縣爲鎭，入威勝軍武鄉縣。元豐八年，復置州，縣鎭並復來隸。元祐元年，復置和順、榆社、平城縣。崇寧戶七千三百一十五。貢人參。縣四：遼山，下。有黃澤砦。和順，下。榆社，中下。平城。中。

憲州，中，汾源郡，軍事。初治樓煩，咸平五年，移治靜樂軍、縣，遂廢軍，又廢樓煩改隸嵐州〔三〕。熙寧三年，廢憲州，以靜樂縣隸嵐州。十年，復憲州，仍領靜樂縣。政和五年，賜郡名。崇寧戶二千七百二十二，口七千四百四十四。貢麝香。縣一：靜樂。中。咸平五年，廢天池、玄池二縣入焉。

嵐州，下，樓煩郡，軍事。太平興國五年，以嵐谷隸岢嵐軍。崇寧戶一萬三千二百六十九，口六萬六千二百二十四。貢麝香。縣三：宜芳，中。有飛鳶堡。合河，中下。有乳浪砦。樓煩。下。咸平五年，自憲州來隸。

石州，下，昌化郡，軍事。舊帶嵐、石、隰三州都巡檢使。元豐五年，置葭蘆、吳堡二砦，隸州，因置二砦沿邊都巡檢使，遂令三州各帶沿邊都巡檢使。初領縣五，元符二年，升葭蘆砦爲晉寧軍，以州之臨泉縣隸焉。大觀三年，復以定胡縣隸晉寧軍。崇寧戶一萬五千八百九，口七萬二千九百二十九。貢蜜、蠟。縣三：離石，中。平夷，中。有伏落津砦。方山。下。

隰州，下，大寧郡，團練。熙寧五年，廢慈州，以吉鄉縣隸州，卽縣治置吉鄉軍使，仍省文城縣爲鎭，隸焉。元祐元年，復慈州。七年，以州之上平、永寧兩關俯逼西界，以州爲次邊。崇寧戶三萬八千二百八十四，口一十三萬八千四百三十九。貢蜜、蠟。縣六：隰川，上。温泉，上。有礬一務，水頭、白壁、先鋒三砦。蒲，中。大寧，中。石樓，中。有上平、永寧二砦。永和，中。

慈州，下，團練。舊領吉鄉、文城、鄉寧三縣。熙寧五年廢州，以吉鄉隸隰州，即縣治置吉鄉軍使，仍省文城爲鎮，隸焉。又以鄉寧隸晉州襄陵縣。元祐元年，復吉鄉軍爲慈州。戶口闕。縣一：吉鄉。中。

麟州，下，新秦郡。乾德初，移治吳兒堡。五年，升建寧軍節度。端拱初，改鎮西軍節度。崇寧戶三千四百八十二，口八千六百八十四。貢柴胡。縣一：新秦。上。政和四年，廢銀城、連谷二縣入焉。有神堂、靜羌二砦，惠寧、鎮川二堡。銀城有屈野川，五原塞，銀城、神木、建寧三砦，肅定、神木、通津、闌干四堡。連谷有屈野川、橫陽堡。大和砦，地名大和谷，元符二年進築，賜名。東至神木砦五十五里，南至彌川砦三十里，西至饒咩浪界堠七十里，北至淸水谷二十里。大和堡。地名麻乜娘，元符二年進築，賜名。東至肅定堡界二十五里，南至淸水谷二十里，西至松木骨堆界六十五里，北至銀城砦二十五里。

府州，中，靖康軍節度。本永安軍。崇寧元年，改軍額。政和五年，賜郡名曰榮河。舊置麟府路軍馬司，以太原府代州路鈐轄領之。崇寧戶一千二百四十二，口三千一百八十五。貢甘草。縣一：府谷。下。有安豐、寧府、百勝三砦，河濱、斥堠、靖安〔二六〕、西安四堡〔二七〕。寧川堡，府州安豐砦外第九砦，元符元年賜名。東至斥堠堡三十五里，南至安豐砦界四十五里，西至豐州寧豐砦四十里，北至青浚怒川界堠一百五十里。寧邊砦，地名端正平，元符二年進築，賜今名。東至寧府砦界三十里，南至靖化堡界三十里，西至吳厖烽一十五里，北至保寧砦界三十里。寧疆堡，宣和六年，獨移莊嶺建堡，賜名寧疆。震威城。宣和六年，鐵爐骨堆建砦，賜名。

豐州，下。慶曆元年，元昊攻陷州地。嘉祐七年，以府州蘿泊川掌地復建爲州。今軍事。政和五年，賜郡名寧豐。崇寧戶一百五十三，口四百一十一。貢甘草、柴胡。砦二：永安，保寧。

威勝軍，同下州。太平興國三年，於潞州銅鞮縣亂柳石圍中建爲軍。崇寧戶一萬九千九百六十二，口三萬七千七百二十六。貢土絁。縣四：銅鞮，中。太平興國初，與武鄉自潞州來隸。武鄉，上。熙寧七年廢遼州，以榆社縣爲鎭入焉。元豐八年，復置遼州，以榆社往隸。沁源，中下。太平興國六年廢沁州，以縣來隸。綿上。中下。寶元二年，自大通監來隸。慶曆六年，徙治軍西北大覺寺地。

平定軍，同下州。太平興國二年，以鎭州廣陽砦建爲軍。四年，以幷州平定、樂平二縣來屬。崇寧戶九千三百六，口二萬八千六百七。貢絹。縣二：平定，中。唐廣陽縣，太平興國四年改。有故井陘關、百井砦。樂平。中。有靜陽砦。

岢嵐軍，同下州。太平興國五年，以嵐州嵐谷縣建爲軍。崇寧戶二千九百一十七，口六千七百二十。貢絹。縣一：嵐谷。下。熙寧三年廢，元豐六年復置。有永和、洪谷等六砦。

寧化軍，同下州。崇寧戶一千七百一十八，口三千八百二十一。貢絹。縣一：寧化。熙寧三年廢，元祐元年復；崇寧三年又廢爲鎮。有西陽、腦子、細腰、窟谷四砦。

火山軍，同下州。本嵐州之地。太平興國七年，建爲軍。治平四年，置火山縣，熙寧四年，廢之〔六〕。崇寧戶五千四十五，口九千四百八十。貢柴胡。砦一：下鎮。火山軍舊領雄勇、偏頭、董家、橫谷、桔槔、護水六砦。慶曆初，置下鎮砦。嘉祐六年，廢偏頭砦。熙寧元年，廢桔槔砦。元豐九域志：領砦一。

保德軍，同下州。淳化四年，析嵐州地置定羌軍。景德元年改。崇寧戶九百六十三，口四千五十。貢絹。津二。大堡、沙谷。

晉寧軍，本西界葭蘆砦。元豐五年收復，六月，并吳堡砦並隸石州。元祐四年，以葭蘆砦給賜西人。紹聖四年收復。元符二年，以葭蘆砦爲晉寧軍，割石州之臨泉隸焉。知軍領嵐石路沿邊安撫使，兼嵐、石、隰州都巡檢使。大觀三年，復以石州定胡縣來隸。東至剋胡砦隔河五里，南至吳堡砦一百七十里，西至神泉砦二十五里，北至通秦砦二十里。領縣二：定胡，中。舊領定胡、天渾津、吳堡三砦。按吳堡砦元豐四年收復，東至黃河，南至綏德軍白草砦九十里，西至綏德軍義合砦六十里，北至晉寧軍一百七十里。臨泉。中下。舊領剋胡、葭蘆二砦。按葭蘆砦乃元豐五年收復，後爲晉寧軍。神泉砦，地名榆木川，在廢葭蘆砦北。元符元年賜今名。東至晉寧軍二十五里，南至烏龍砦二十五里，西至隔祚嶺界堠五十里，北至通秦砦四十里。三交堡，地名三交川嶺。元符元年，神泉砦築堡畢工，賜名。烏龍砦，元符二年，進築賜名。東至神泉砦二十五里，南至暖泉砦二十里，西至暖泉砦三十里，北至女萌烽一十七里。通秦砦，地名昇曪嶺，元符二年賜今名。東至黄河二十九里，南至神泉砦四十二里，西至女萌骨堆界堠五十里，北至通秦堡一十七里。寧河砦，地名窟薛嶺，元符二年賜名。東至黄河三十里，南至通秦堡一十七里，西至尹遇合一十三里，北至章堡二十五里。彌川砦，地名彌勒川，元符二年賜名。東至黄河六十里，南至彌川堡十五里，西至砦浪骨堆界堆七十里，北至麟州大和砦三十里。通秦堡，地名精移堡，元符二年，同砦賜名。東至黄河一十七里一百二十步，南至通秦砦一十七里，西至龍移川界堠五十里，北至寧河砦一十一里。寧河堡，地名哥崖嶺，元符二年，同砦賜名。彌川堡，地名小紅崖，元符二年，同砦賜名。東至黄河四十里，南至寧河砦一十五里，西至祖平四十里，北至秦平堡一十里。靖川堡。東至黄河三十里，南至寧河砦十四里，西至界首立子谷四十五里，北至彌川堡一十三里。

河東路，蓋禹貢冀、雍二州之域，而冀州爲多。當觜、參之分。其地東際常山，西控党項，南盡晉、絳，北控雲、朔，當太行之險地，有鹽、鐵之饒。其俗剛悍而朴直，勤農織之事業，寡桑柘而富麻苧。善治生，多藏蓄，其靳嗇尤甚。朔方、樓煩，馬之所出，歲增貿市以充監牧之用。太宗平太原，慮其恃險，徙州治焉。然猶爲重鎮，屯精兵以控邊部云。

校勘記

〔一〕尋復舊　按永濟縣自省爲鎭後，未復置。按下文和九域志卷一、宋會要方域五之一二都作「尋改隸臨清」。此處應作「尋改隸臨清」。

〔二〕皇祐四年升新河鎭爲縣廢南宮六年省新河爲鎭入焉　按南宮縣皇祐四年未廢。本卷及九域志卷二、輿地廣記卷一〇，冀州都有南宮縣，「廢南宮」三字衍。又據九域志同卷、宋會要方域五之二八，熙寧六年廢新河縣爲鎭，隸南宮。此處「六年」上當脫「熙寧」二字。

〔三〕太平興國七年　「七年」原作「元年」，據本書卷四太宗紀、九域志卷二、隆平集卷一、長編卷二三改。

〔四〕莫縣　「莫」原作「鄚」。按新唐書卷三九地理志：莫州，本鄚州，「開元十三年，以鄚、鄭相類，更名」；又莫縣，本鄚縣，與州同時更名。九域志卷二、輿地廣記卷一〇都作「莫州」、「莫縣」，據改。下同。

〔五〕淳化元年以束鹿隸深州　「元年」原作「九年」。按淳化無「九年」，九域志卷二、輿地廣記卷一一都作「淳化元年」，通考卷三一六輿地考作「淳化初」。此處「九年」當爲「元年」之誤。

〔六〕天威軍　原作「天武軍」，據下文和宋會要方域五之三一、九域志卷二改。

〔七〕熙寧六年省爲鎮入行唐八年復　按宋會要方域五之三一、輿地廣記卷一一作熙寧八年省縣爲鎮入行唐，元祐二年復。疑此處有誤。

〔八〕以易北平並來屬　按宋會要方域五之三一、九域志卷二都說北平縣自易州來隸，此處「並」字當衍。

〔九〕雍熙二年軍廢還屬　「軍」字原脫，據九域志卷二、輿地廣記卷一一補。

〔一〇〕舊名慈政和三年改作磁　按寰宇記卷五六，唐天祐三年慈州改爲惠州，十三年復爲舊磁字。宋相沿未改，此處誤。

〔一一〕景德元年併縣改安肅軍　按輿地廣記卷一二：「景德元年，改軍與縣皆爲安肅。」九域志卷二、宋會要方域五之三四所記與輿地廣記同。此處誤。

〔一二〕景德元年改永寧軍　按十朝綱要卷三：景德元年改寧邊軍曰永定；卷四：天聖七年九月改永定軍爲永寧軍。九域志卷二同。此處「景德元年」下當有脫文。

〔一三〕威勇軍　宋會要方域五之三四、九域志卷二、輿地廣記卷一二都作「威虜軍」，此處誤。

〔一四〕寶元二年自大通監來隸　「寶元二年」原作「開寶元年」。按：開寶時，交城尚屬北漢。九域志卷四作「寶元二年，交城縣復隸府」，宋會要方域六之四同。長編卷一二五：寶元二年十一月「甲午，以河東大通監隸幷州，仍命京朝官爲知監兼交城縣事。」「開寶元年」爲「寶元二年」之誤，據改。

〔一五〕又廢樓煩改隸嵐州　據宋會要方域六之六、九域志卷四，此處「廢」字當爲「以」之誤。

〔一六〕靖安　下文和宋會要方域二〇之一一、武經總要前集卷一七皆作「靖化」，此誤。

〔一七〕四堡　原作「三堡」。按：上列堡名爲四。據九域志卷四改。

〔一八〕熙寧四年廢之　「熙寧」二字原脫，據九域志卷四補。

宋史卷八十七

志第四十

地理三

陝西

陝西路。慶曆元年，分陝西沿邊爲秦鳳、涇原、環慶、鄜延四路。熙寧五年，以熙河洮岷州、通遠軍爲一路，置馬步軍都總管、經略安撫使。又以熙、河等五州軍爲一路，通舊鄜延等五路，共三十四州軍，後分永興保安軍、河中、陝府、商解同華耀虢鄜延丹坊環慶邠寧州爲永興軍等路，轉運使於永興軍、提點刑獄於河中府置司；鳳翔府、秦階隴鳳成涇原渭熙河洮岷州、鎭戎德順通遠軍爲秦鳳等路，轉運使於秦州、提點刑獄於鳳翔府置司；仍以永興、鄜延、環慶、秦鳳、涇原、熙河分六路，各置經略、安撫司。

永興軍路。府二：京兆，河中。州十五：陝，延，同，華，耀，邠，鄜，解，慶，虢，商，寧，坊，丹，環。軍一：保安。縣八十三。其後延州、慶州改爲府，又增銀州、醴州及定邊、綏德、清平、慶成四軍。凡府四，州十五，軍五，縣九十。

京兆府，京兆郡，永興軍節度。本次府，大觀元年升大都督府。舊領永興軍路安撫使。宣和二年，詔永興軍守臣等銜不用軍額，稱京兆府。崇寧戶二十三萬四千六百九十九，口五十三萬七千二百八十八。貢鞾氈、蠟、席、酸棗仁、地骨皮。縣十三：長安，次赤。樊川，次赤。舊萬年縣，宣和七年改。鄠，次畿。藍田，次畿。咸陽，次畿。涇陽，次畿。櫟陽，次畿。高陽，次畿。興平，次畿。臨潼，次畿。唐昭應縣〔一〕，大中祥符改。醴泉，次畿。武功，次畿。政和八年，同醴泉撥入醴州。乾祐。次畿。監二。熙寧四年置，鑄銅錢；八年置，鑄鐵錢。

河中府，次府，河東郡，護國軍節度。舊兼提舉解州、慶成軍兵馬巡檢事。大中祥符中，以榮河爲慶成軍。崇寧戶七萬九千九百六十四，口二十二萬七千三百三十。貢五味子、龍骨。縣七：河東，次赤。隋縣。熙寧三年，省河西縣〔二〕，六年，省永樂縣爲鎮入焉。臨晉，次畿。猗氏，次畿。虞鄉，次畿。萬泉，次畿。龍門，次畿。元祐二年，置鑄錢監二。榮河。次畿。舊隸慶成軍，熙寧元年廢，以榮河隸府，即縣治置軍使。慶成軍。見上。

解州，中，防禦。崇寧戶三萬二千三百五十六，口一十一萬三千三百二十一。貢鹽花。縣三：解，中。聞喜，望。安邑。緊。

陝州，大都督府，陝郡。太平興國初，改保平軍，舊兼提舉商、虢州兵馬巡檢事。崇寧戶四萬七千八百六，口一十三萬五千七百一。貢紬、絁、括蔞根、柏子仁。縣七：陝，中。熙寧六年，省硤石縣爲石壕鎮入焉。平陸，上。夏，上。靈寶，上。熙寧四年，省湖城縣入焉。芮城，中下。湖城，中下。元豐元年，復置縣。閿鄉。中下。太平興國三年，自虢州與湖城二縣來隸。監二。熙寧三年置，鑄銅錢；八年置，鑄鐵錢。

商州，望，上洛郡，軍事。崇寧戶七萬三千一百二十九，口一十六萬二千五百三十四。貢麝香、枳殼實。縣五：上洛，中。商洛，中下。洛南，中下。豐陽，中。上津。中下。

虢州，雄，虢郡，軍事。崇寧戶二萬二千四百九十，口四萬七千五百六十三。貢麝香、地骨皮、硯。縣四：盧氏，中。熙寧二年，以西京伊陽縣欒川冶鎮隸焉。虢略，中。唐弘農縣。建隆初，改常農。至道三年，改今名。熙寧四年，省玉城縣爲鎮入焉。朱陽，中。乾德六年，廢入常農，太平興國七年，復置。欒川。元祐二年，以欒川冶爲鎮，崇寧三年，改爲縣。

同州，望，馮翊郡，定國軍節度。崇寧戶八萬一千一十一，口二十三萬三千九百六十五。貢白蒺蔾、生熟乾地黃。縣六：馮翊，緊。澄城，緊。朝邑，緊。郃陽，上。熙寧四年，省夏陽縣爲鎭入焉。白水，中。韓城。中。元祐二年，置鑄錢監。監一：沙苑。

華州，望，華陰郡。建隆初，爲鎭國軍節度。皇祐五年，改鎭潼軍節度。崇寧戶九萬四千七百五十，口二十六萬九千三百八十。貢茯苓、細辛、茯神。縣五：鄭，上。下邽，望。蒲城，望。唐奉先縣。開寶四年改。建隆中，自京兆隸同州。天禧四年，自同州來隸。華陰，緊。渭南。上。熙寧六年，省爲鎭入鄭。元豐元年，復爲縣。舊自京兆府來隸。監二。熙寧四年置，鑄銅錢；八年置，鑄鐵錢。

耀州，緊，華原郡。開寶五年，爲感義軍節度。太平興國初，改感德軍。崇寧戶一十萬二千六百六十七，口三十四萬七千五百三十五。貢瓷器。縣六：華原，上。富平，望。三原，望。雲陽，上。同官，上。美原。中。

清平軍。本鳳翔府盩厔縣清平鎭。大觀元年，升爲軍，復置終南縣，隸京兆府。清平軍使兼知終南縣，專管勾上清太平宮。縣一：終南。

延安府，中，都督府，延安郡，彰武軍節度。本延州。元祐四年，升爲府。舊置鄜延路經略、安撫使，統延州鄜州丹州坊州、保安軍，四州一軍；其後增置綏德軍，又置銀州，凡五州二軍。銀州尋廢。崇寧戶五萬九百二十六，口一十六萬九千二百一十六。貢黃蠟、麝香。縣七：膚施，中。熙寧五年，省豐林縣爲鎭、金明縣爲砦並入焉。有金明龍安二砦、安塞一堡。元豐四年，又收復塞門砦。宣和二年，改龍安曰德安砦。延川，中。熙寧八年，省延水縣爲鎭入焉。有丹頭、綏平、懷寧、順安、白草、永平六砦，安定、黑水二堡及永寧關。元豐四年收復，置細浮圖、義合、米脂三砦。七年，以米脂、義合、浮圖、懷寧、順安、綏平六城砦隸綏德城。元符二年，廢順安、白草、丹頭三砦。延長，中。門山，中。臨眞，中。敷政，中。有招安、萬安二砦。元符二年，廢招安砦爲驛。甘泉。中下。城二：治平四年，收復綏州。熙寧中，改爲綏德城。四年，置囉兀城、撫寧賓草二堡，尋廢。元豐五年，置永樂城，賜名銀川砦，尋廢。青澗城，元符二年，隸綏德城。綏德城。元符二年，改爲軍。監一。熙寧八年置，鑄鐵錢。塞門砦，延州北蕃部舊砦，至道後與蘆關、石堡、安遠砦俱廢。元豐四年收復，仍隸延州膚施縣。東至殄羌砦五十里，西至平戎砦六十里，南至安塞堡四十里，北至烏延口九十里。平羌砦，地本克胡山砦，紹聖四年賜名。東至安定堡六十里，西至安塞堡三十五里，南至龍安砦五十四里，北至殄羌砦六十里。威戎城，地本昇平塔〔三〕，紹聖四年賜名。東至臨夏砦〔四〕四十里，西至威羌砦七十里，南至黑水堡六十里，北至界臺七十里。平戎砦，地本杏子河東山，紹聖四年賜名。東至塞門砦六十里，西至順寧砦七十里，南至園林堡五十一里，北至杏子堡四十里。開光堡，紹聖四年修築。元符元年賜名，二年，隸綏德城。殄羌砦，地名那娘山，元符元年進築，賜名。東至威羌砦四十里，西至塞門砦五十里，南至平羌砦六十里，北至御謀城三十五里。威羌砦，地名白洛觜，元符元年進築，賜名。東至威戎城七十里，西至殄羌砦四十里，南至安定堡七十里，北至蘆移堡七十里。御謀城，崇寧三年進築，賜名。東至蘆移堡三十五里，西至界臺三十五里，南至殄羌砦三十五里，北至界臺二十里。石堡砦，崇寧三年進築，賜名威德軍，五年復爲砦。國初嘗置城，至道後廢之，地在延州北。制戎城，政和八年，賜鄜延路天降山新城改今名。新砦，蘆移堡，東至屈丁堡五十里，西至御謀城三十五里，南至威羌砦七十里，北至界壕一十三里。屈丁堡，萬安堡，東至威戎城六十里，西至蘆移堡四十里，南至威羌砦四十里，北至屈丁堡五十一里。丹頭堡，青石崖堡，窟囉堡。

鄜州〔五〕，上，洛交郡，保大軍節度。崇寧戶三萬五千四百一，口九萬二千四百一十五。貢麝香，今改貢蠟燭。縣一：宜川。上。後魏義川縣。太平興國中改名，以鄜州廢咸寧縣入焉。熙寧三年省汾川縣、七年省雲巖縣爲鎭、八年析同州韓城縣新封鄉並入焉。

坊州，上，中部郡，軍事〔六〕。崇寧戶一萬三千四百八，口四萬一百九十一。貢弓弦麻、席。縣二：中部，緊。宜君。中。熙寧元年，省昇平縣爲鎭入焉。有礬場。

保安軍，同下州。崇寧戶二千四十二，口六千九百三十一。貢毛段、蓯蓉。砦二：德靖，東至保安軍八十里，西至慶州荔原堡六十里，南至慶州平戎鎭五十里，北至金湯城六十里。順寧。東至平戎砦七十里，西至金湯城九十里，南至保安軍四十里，北至萬全砦四十里。堡一：園林。東至安塞堡七十里，西至保安軍四十里，南至招安驛七里，北至平戎堡五十一里。金湯城，舊金湯砦，在德靖砦西南，元符二年進築。東至順寧砦九十里，西至慶州白豹城四十里，南至德靖砦六十里，北至通慶城六十里。威德軍。保安軍之北，兩界上有洑流名藏底河，夏人近是築城，爲要害必爭之地。政和三年，賈炎乞進築，不果。七年，知慶州姚古克之，卽威德軍。

綏德軍。唐綏州。熙寧二年，收復廢爲城，隸延州〔七〕，在州東北三十里〔八〕。元豐七年，以延州米脂、義合、浮圖、懷寧、順安、綏平六城砦隸綏德城。元符二年，改爲軍，幷將暖泉米脂開光義合懷寧克戎臨夏綏平砦、青澗城、永寧關、白草順安砦並隸軍。暖泉砦，元符二年進築，賜名。東至河東烏龍砦二十里，西至米脂砦四十五里，南至義合砦八十里，北至清邊砦七十里。米脂砦，本西夏砦，元豐四年收復，爲米脂城，後復爲砦，隸延州延川縣。七年，改隸綏德城。元祐四年，給賜夏人。元符元年收復，仍賜舊名。東至暖泉砦四十五里，西至克戎城六十里，南至開光堡三十里，北至嗣武城二十里。開光堡，紹聖四年修築。元符元年賜名。二年，自延安府來屬。東至暖泉砦六十里，西至克戎砦五十里，南至綏德軍三十里，北至米脂砦三十里。義合砦，本夏人砦，元豐四年收復，隸延州延川縣。七年，改隸綏德城。東至晉寧軍六十里，西至綏德軍四十里，南至順安驛六十里，北至暖泉砦八十里。懷寧砦，延州延川縣舊砦。東至綏德軍四十里，西至綏平砦四十里，南至青澗城七十里，北至克戎砦六十里。克戎砦，本西人細浮圖砦，元豐四年收復，隸延州延川縣。七年，改隸綏德城。元祐四年，給賜夏人。紹聖四年收復，賜名。東至綏德軍六十里，西至臨夏砦三十里，南至懷寧砦六十里，北至鎮邊砦六十五里。臨夏砦，地名囉巖谷嶺，元符元年築城，賜今名。東至克戎砦三十里，西至威戎城四十里，南至綏平砦六十里，北至界堠八十二里。綏平砦，延州延川縣舊砦，元符二年，割隸綏德軍。東至懷寧砦四十里，南至黑水堡四十里，西至丹頭驛四十里，北至臨夏砦六十里。青澗城，延州舊城。東至永寧縣七十里，西至來平砦七十里，南至延川縣四十里，北至懷寧軍七十里。永寧關，延州延川縣舊關。白草砦，延州延川縣舊砦，元符二年廢，後復置。順安砦，延州延川縣舊砦，元符二年廢，後復置。嗣武砦，舊囉兀城，屬延州，元豐四年置，尋廢。崇寧三年修復，賜名。東至清邊砦二十里，西至鎮邊砦二十里，南至米脂砦三十里，北至龍泉砦二十里。龍泉砦，宣和二年，改名通泉，尋復故。東至清邊砦二十里，西至鎮邊砦四十里，南至嗣武城二十里，北至中山堡八里。清邊砦，東至河東界五十里，西至龍泉砦二十里，南至暖泉砦七十里，北至生界堠一十三里。以下砦堡，凡不書年月者，皆未詳建置本末。鎮邊砦，東至龍泉砦四十里，西至大蟲坑二十五里，南至克戎砦六十五里，北至生界堠二十五里。龍安砦，本屬延安府膚施縣，不詳何年來屬。東至安定堡八十里，西至招安驛四十里，南至金明驛三十五里，北至御安堡四十里。海末堡，海末至柏林十六堡。黑水、安定、安塞本延安舊堡。窟兒堡，大厥堡，花佛嶺堡，臨川堡，定遠堡，馬欄堡，中山堡，黑水堡，安定堡，佛堂堡，唐推堡，雙林堡，安塞堡，浮圖堡，柏林堡。

銀州，銀川郡。領儒林、撫寧、眞鄉、開光四縣。五代以來爲西夏所有，熙寧三年收復，尋棄不守。元豐四年收復。五年，即永樂小川築新城，距故銀州二十五里，前據銀州大川，賜名銀川砦，旋被西人陷沒。崇寧四年收復，仍爲銀州。五年，廢爲銀川城。

慶陽府，中，安化郡，慶陽軍節度。本慶州。建隆元年，升團練。乾德元年，復爲軍事。政和七年，升爲節度，軍額曰慶陽。宣和七年，改慶州爲府。舊置環慶路經略、安撫使，統慶州、環州、邠州、寧州、乾州，凡五州。其後廢乾州，置定邊軍，已而復置醴州，凡統三州一軍。崇寧戶二萬七千八百五十三，口九萬六千四百三十三。貢紫茸白花氊、麝香、黃蠟。

縣三：安化，中。有大順一城，府城、東谷、柔遠、人順〔九〕四砦。元豐四年，廢府城砦、金村堡、平戎鎮。五年，收復礓詐砦，賜名安疆砦。元祐元年，復平戎鎮。合水，望。熙寧四年始置，省華池、樂蟠二縣爲鎮。七年，改華池鎮爲華池砦。有東華池、西華池二砦，荔原一堡。彭原。熙寧三年，自寧州來隸。安疆砦，本西人礓詐砦，元豐五年收復，賜名。元祐四年，給賜夏人。紹聖四年修復。東至德靖砦九十里，西至東谷砦六十里，南至大順城四十里，北至白豹城四十里。又隸定邊軍。橫山砦，地名西擦哆，元符元年進築，賜名。東至東谷砦界擦哆四十五里，西至寧羌砦七十里，南至通塞堡三十里，北至定邊軍三十里。通塞堡，元符元年進築。東至東谷砦二十里，西至西谷口砦二十里，南至懷安鎮四十里，北至橫山砦三十里。定邊城，元符二年修築，後別爲定邊軍。白豹城，舊屬西界，元符二年修復，賜舊名。東至安疆砦四十里，西至東谷砦二十里，南至柔遠砦五十里，北至勝羌堡五十里。別見定邊軍。綏遠砦，地本駱駝巷，元符二年進築，賜名。東至定邊軍二十里，西至寧羌砦六十里，南至橫山砦五十里，北至神堂砦約五十里。寧羌砦，地本萌門三岔，元符元年進築，賜名。東至綏遠砦六十里，西至安塞砦五十里，南至西谷砦三十里，北至王佝原界堠五十里。鎮安城，政和六年進築。東至鄜延路通慶城三十里，西至九陽堡二十里，南至威邊砦三十里，北至西界地名蒼雞二十里。麥川堡，本名麥經嶺，政和六年賜名。係環慶路，未詳屬何州軍，姑附于此。東至懷威砦二十里，西至矜戎堡二十里，南至威邊砦一十五里，北至鎮安城一十里。威寧堡，本名衙家堡，政和六年賜名。係環慶路，未詳屬何州軍，姑附于此。東至九陽堡一十五里，西至定邊軍一十五里，南至矜戎堡一十里，北至七逋哆移塔五里。矜戎堡，東至懷威堡四十里，西至定邊軍約二十里，南至胡博川二十里，北至通祖盧門城砦五十里。府城砦，元豐二年已廢，不知何年修復。金村堡，同上。勝羌堡，東至洛河川二十里，西至通塞堡約五十里，南至白豹城五十里，北至威邊砦二十里。定戎堡，東至啓祖峯二十里，西至那丁原五里，南至興平城二十里，北至清平關一十里。威邊砦，東至洛河川二十里，西至横山砦三十五里，南至勝羌堡二十里，北至鎮安城三十里。懷威堡。東至鄜延路通慶城十五里，西至羚戎堡約四十里，南至威寧砦約二十里，北至西界羅輕觜約五十里。

環州，下，軍事。舊降爲通遠軍，淳化五年復爲州。崇寧戶七千一百八十三，口一萬五千五百三十二。貢甘草。縣一：通遠。上。有烏崙、肅遠、洪德、永和、平遠、定邊、團堡、安塞八砦。興平城，地名灰家觜，元符元年築，賜名。東至賀子兒一十里，西至流井堡四十里，南至洪德砦二十里，北至清平關三十里。清平關，地名之字平，元符二年進築，賜名。東至鬼通砦二十五里，西至安邊城四十里，南至興平城三十里，北至陷道口鋪二十七里。安邊城，地名徐丁臺，崇寧五年築，賜名。東至清平關四十里，西至折薑和市賊砦八十里，南至廢肅遠砦一百餘里，北至牛圈界堠二十里。羅溝堡，朱灰臺至綏遠砦中路，地名火羅溝及阿原烽，政和三年建築，賜名。東南至綏遠砦約二十里，西南至寧羌砦約六十里，南至阿原堡約四十里，西至朱臺堡約一十五里。阿原堡，地名見「羅溝堡」，政和三年賜名。東至綏遠砦三十里，西至寧羌砦三十里，南至西谷砦四十里，北至羅溝堡約四十里。朱臺堡，本朱灰臺，政和三年建築，賜名。東至雞觜堡約一十八里，西至木瓜堡約五十里，南至阿原堡約四十里，北至菱毛觜約二百步。安邊砦，大拔砦，元豐二年已廢，不知何年復修。方渠砦，流井堡，東至興平城四十里，西至安邊城三十里，南至党羅原五里，北至萌井約五十餘里。歸德堡，東至木瓜堡五十里，西至定戎堡約三十里，南至洪德砦四十里，北至蝦蟆和市賊砦約四十里。木瓜堡，東至寧羌砦二十五里，西至歸德堡五十里，南至惠丁堡四十里，北至界堠裏羅節硯五里。鏖香堡，東至龍札谷五里，西至打米谷八里，南至木瓜原一十五里，北至烏丁原二十里。通歸堡，東至歸德堡二十里，西至興平城約三十餘里，南至洪德砦二十里，北至堡子谷約一十里。惠丁堡。東至寧羌砦約四十里，西至鏖香堡約三十里，南至安塞砦約三十五里，北至木瓜堡四十里。

邠州，緊，新平郡，靜難軍節度。崇寧戶五萬八千二百五十五，口一十六萬二千一百六十一。貢火筯、蓽豆、剪刀。縣五：新平，望。宜祿，望。三水，上。定平，緊。熙寧五年，隸寧州。政和七年，自寧州來隸。淳化。中。淳化四年，升耀州雲陽黎國鎮爲縣。熙寧八年，置鑄錢監，元豐三年廢。宣和元年，自耀州來隸。

寧州，望，彭原郡，興寧軍節度。本軍事州，宣和元年賜軍額。崇寧戶三萬七千五百五十八，口一十二萬二千四十一。貢菴閭、荊芥、硯、席。縣三：定安，緊。襄樂，上。眞寧。下。

醴州。本京兆府奉天縣。舊置乾州，熙寧五年廢，以奉天還隸府。政和七年，復以縣爲州，更名醴。八年，割屬環慶路。縣五：奉天，次畿。永壽，下。乾德三年，自邠州來隸。熙寧五年，廢乾州，永壽及麻亭、常寧二砦，俱隸邠州。政和八年復來隸。武功，醴泉，二縣本屬京兆府，政和八年三月，割屬醴州。好畤。本屬鳳翔府，政和八年三月，割屬醴州。

定邊軍。元符二年，環慶路進築定邊城，後改爲軍。東至九陽堡三十五里，西至綏遠砦二十里，南至橫山砦三十里，北至通化堡二十里。縣一：定邊。政和六年，陝西、河東路宣撫使童貫奏：「環慶路已進築勒皈臺等處新城，正據控扼，包占邊面，乞依姚古所請，於定邊軍置倚郭一縣。」詔賜今名。白豹城，元符二年進築，賜舊名。已見「慶陽府」。東谷砦，舊砦，已見「慶陽府安化縣」。綏遠砦，地名駱駝巷，元符二年進築，賜名。東至定邊軍二十里，西至寧羌砦六十里，南至橫山砦五十里，北至神堂堡約五十里。神堂堡，大觀二年進築，賜名。東至觀化堡三十里，西至綏遠砦多移嶺界堠十三里，南至綏遠砦三十里，北至勒崖原卓望處三里。觀化堡，東至逋祖嶺界堠約一十五里，西至雞觜堡約三十里，南至通化堡二十里，北至甜井觜約一十里。通化堡，東至逋祖嶺平界堠約三十里，西至綏遠砦二十餘里，南至定邊軍二十里，北至觀化堡二十里。九陽堡，東至鎮安城二十里，西至定邊軍三十五里，南至東谷砦九十里，北至界堠裏乾谷三里。雞觜堡。東至通化堡約二十里，西至多移嶺界堠約一十里，南至綏遠砦一十六里，北至神堂堡約一十四里。

秦鳳路。府一：鳳翔。州十二：秦，涇，熙，隴，成，鳳，岷，渭，原，階，河，蘭。軍三：鎮戎，德順，通遠。縣三十八。其後增積石、震武、懷德三軍，西寧、樂、廓、西安、洮、會六州，又改通遠軍爲鞏州。凡府一，州十九，軍五，縣四十八。

秦州，下府，天水郡，雄武軍節度。舊置秦鳳路經略、安撫使，統秦州、隴州、階州、成州、鳳州、通遠軍，凡五州一軍，其後割通遠軍屬熙河，凡統州五。崇寧戶四萬八千六百四十八，口一十二萬三千二十二。貢席、芎藭。縣四：成紀，上。有渭水、三陽、上蝸牛、下蝸牛、堡子、伏歸、小三陽、照川、土門、四顧、平戎、赤崖湫、西青、遠近湫、定西、小定西、下硤、注鹿原、上硤、圓川、伏羌、得勝、榆林、大像、菜園、探長、新水谷、舊水谷、櫑林、丙龍、石人舖、駞項、永寧、鹽泉、小永寧、冷水泉、雙泉、新土、舊土三十九砦。隴城，中。有靜戎、永固、定平、長山、白榆林、郭馬、安塞七砦。清水，中。有弓門、鐵窗、斫鞍、堡子、小弓門、坐交、得鐵、冶坊、橋子、李子、古道、永安、四顧、威塞、床穰、鎮邊、和戎、安遠、挾河、定川、中城、東城、西城、靜邊、臨川、德威、廣武、寧遠、長樵二十九砦。天水。上。監一：太平。城二：伏羌，熙寧三年，廢丹山、納迷〔一〇〕、乾川三堡，增伏羌砦爲城，有得勝、榆林、大像、菜園、探長、新水、櫑林、丙龍、石人、駞項、舊水一十一堡。甘谷。熙寧元年置，有吹藏、大甘、隴諸三堡。四年，置尖竿、隴陽二堡。砦七：治平四年，置雞川。熙寧元年，改擦珠堡〔一一〕爲通渭堡。五年，改古渭砦爲通遠軍，廢者達、本當、七麻三堡，改通渭堡爲砦，割永寧、寧遠、威遠、熟羊、來遠並隸軍。尋改綏遠、定邊二砦爲鎮，隸隴州。定西，領寧西、牛鞍、上硤、下硤、注鹿原、圓川六堡。三陽，領渭濱、武安、上下蝸牛、聞喜、伏歸、硤口、照川、土門、四顧、平戎、赤崖湫、西青、遠近湫十四堡。弓門，領東鞍、安人、斫鞍、上下鐵窗、坐交、得鐵、冶坊七堡〔一二〕。靜戎，領白榆林、長山、郭馬、靜塞、定平、永固、邦蹉、寧塞、長燋九堡。安遠，隴城，雞川。堡三：熙寧三年，改床穰爲鎮。五年，改冶坊砦爲冶坊堡。八年，改床穰鎮爲堡。床穰，領白石、古道、中城、東城、西城、定戎、定安、雄邊、臨川、德威、廣武、定川、挾河、鎮邊一十四堡。冶坊，領橋子、古道、永安、博望、威塞、李子六堡。達隆。堡川城，政和六年，於秦鳳東西川口進築，賜名。東至甘泉堡一十八里，西至熙河路安西城管下龜兒鎮一十二里，南至甘谷城一百一十里，北至會川城一百二十里。甘泉堡，東至涇原路第十七堡五十里，西至堡川城一十八里，南至涇原路治平砦一百五十里，北至涇原路通安砦一百五十里。別見「渭州」。安遠砦，吏部通用酬賞格：秦州又有安遠等五砦，定邊、綏遠二砦。熙寧八年，廢爲鎭，屬隴州，其後，復爲砦。定邊砦，綏遠砦，小落門砦，保安砦，弓鍾砦，董哥平堡。

鳳翔府，次府，扶風郡，鳳翔軍節度。乾德初，置崇信縣。淳化中，割崇信屬儀州。熙寧五年，廢乾州，以好畤縣來隸。政和八年，又以好畤隸醴州。崇寧戶一十四萬三千三百七十四，口三十二萬二千三百七十八。貢蠟燭、榛實、席。縣九：天興，次赤。岐山，次畿。扶風，次畿。盩厔，次畿。大觀元年，以縣清平鎭置軍。郿，次畿。有鐵冶務。寶雞，次畿。虢，次畿。麟遊，次畿。普潤。次畿。監一：司竹。

隴州，上，汧陽郡，防禦。崇寧戶二萬八千三百七十，口八萬九千七百五十。貢席。縣四：汧源，望。有古道銀場。熙寧八年，改秦州定邊砦爲隴西鎭，隸縣。汧陽，緊。吳山，中。隴安。中。開寶二年，析汧陽縣四鄉置縣。

成州，中下，同谷郡。開寶六年，升爲團練。崇寧戶一萬二千九百六十四，口三萬三千九百九十五。貢蠟燭、鹿茸。縣二：同谷，上。有骨鹿、馬邑、赤土、平泉、滔山、胡桃六砦。栗亭。中。

鳳州，下，河池郡，團練。本防禦，乾德元年，降爲團練。崇寧戶三萬七千七百九十六，口六萬一千一百四十五。貢蜜、蠟燭。縣三：梁泉，上。河池，緊。開寶五年，移治固鎭。有水銀務。兩當。上。至道元年，移治廣鄕鎭〔一三〕。監一：開寶。建隆三年，於兩當縣置銀冶。開寶五年，升爲監。治平元年罷置官，以監隸兩當縣，元豐六年廢。

階州，中下，武都郡，軍事。本唐武州。陷西戎，後復其地改置焉。崇寧戶二萬六百七十四，口四萬九千五百二十。貢羚羊角、蠟燭。縣二：福津，中下。領峯貼硤〔四〕武平沙灘三砦、團城堡、平定關。將利。中下。砦一：故城。本故城鎮，不知何年建爲砦。

渭州，下，隴西郡，平涼軍節度。本軍事，政和七年，升爲節度。舊置涇原路經略、安撫使，涇州原州渭州儀州、德順軍鎮戎軍皆屬。熙寧五年，廢儀州。元符二年，增置西安州。崇寧三年，又以熙河路會州來屬。大觀二年〔五〕，又增置懷德軍。凡統五州三軍。崇寧戶二萬六千五百八十四，口六萬三千五百一十二。貢絹、蓯蓉。縣五：平涼，中。有瓦亭砦。潘原，中。安化，中。熙寧七年，廢制勝關，移縣於關地，以舊地爲鎮。崇信，中。華亭。中下。熙寧五年，廢儀州，與安化、崇信同來隸。靖夏城，政和六年，賜涇原路席葦平新城名曰靖夏。未詳屬何軍州，姑附此。甘泉堡。崇寧五年，涇原路經略司於甜井子修築守禦，賜名。未詳屬何州軍，姑附此。別見「秦州」。

涇州，上，安定郡。太平興國元年，改彰化軍節度。崇寧戶二萬八千四百一十一，口八萬八千六百九十九。貢紫茸、毛毼段。縣四：保定，望。有長武砦。靈臺，上。良原，上。長武。望。咸平四年，升長武鎮爲縣。五年，省爲砦，屬保定縣。大觀二年，復以砦爲縣。

原州，望，平涼郡，軍事。崇寧戶二萬三千三百三十六，口六萬三千四百九十九。貢甘草。

縣二：臨涇，中。彭陽。中。唐豐義縣〔一六〕，太平興國初改。至道三年，自寧州來隸。鎮一：新城，熙寧三年，廢截原砦入焉。柳泉。領耳朵城一砦。砦五：開邊，熙寧三年，廢新門砦入焉。西壕，平安，綏寧，領羌城、南山、顚倒三堡。靖安。領中普〔一七〕、吃囉岔、中嶺、張嵒、常理、新勒、雞川、立馬城、殺獐川九堡。安羌堡，新城堡。

德順軍，同下州。慶曆三年，即渭州隴干城建爲軍。崇寧戶二萬九千二百六十九，口一十二萬六千二百四十一。貢甘草。縣一：隴干。元祐八年，以外底堡置。城一：水洛。領王家城、石門堡。砦五：靜邊，別見「鎮戎軍」。得勝，領開邊堡。隆德，通邊〔一八〕，治平。治平四年置，領牧龍堡。懷遠砦，東至鎮戎砦六十里，西至得勝砦三十里，南至張義堡四十里，北至鎮羌砦二十七里。中安堡，威戎堡。東至章川堡三十里，西至同家堡二十五里，南至治平砦四十里，北至靜邊砦三十里。

鎮戎軍，同下州。本原州平高縣〔一九〕之地。至道三年，建爲軍。崇寧戶一千九百六十一，口八千五百五十七。貢白氈。城一：彭陽。砦七：治平四年，置信岔堡、涼棚堡。熙寧元年，置熙寧砦、硝坑堡、東西水口堡。元豐四年，廢東水口堡。六年，置故砦堡。東山，乾興，天聖，有信岔、涼棚二堡。三川，高平，有故砦堡。定川，熙寧。有硝坑堡。堡二：開遠，張義。熙寧四年，廢安邊堡入開遠。五年，置張義。平夏城，舊石門城，紹聖四年賜名。大觀二年，升爲懷德軍。靈平砦，舊好水砦，紹聖四年賜名。大觀二年，割屬懷德軍。鎮羌砦，紹聖四年賜名。東至三川堡二十一里，西至寺子岔堡二十五里，南至懷遠砦二十七里，北至九羊砦二十五里。高平堡，元符元年修復，賜舊砦名。威川砦，政和七年賜名，本密多臺。飛泉砦，政和七年賜名，本飛井堝。飛井堡，乾興砦管下。狼井堡，熙寧砦管下狼井、安遠、寶信、梅谷、開疆，凡五堡。安遠堡，寶信岔堡，梅谷堡，開疆堡，李家堡，肅遠堡，墶地平堡，鎮西堡，水口堡，懷遠城，別見「德順軍」。德靖砦，保安軍舊有德靖砦，自屬鄜延路。靜邊砦。天禧舊砦，屬德順軍。東至德順軍七十里，西至第十七堡三十五里，南至威戎堡三十里，北至隆德砦五十里。

會州。元豐五年，熙河路加「蘭會」二字，時未得會州。元符二年，始進築，割安西城〔10〕以北六砦隸州。崇寧三年，置倚郭縣曰敷文，又以會州隸涇原路。縣一：敷文。安西城，舊名汝遮，紹聖三年進築，賜名，屬熙河路。東至秦鳳路界六十二里，西至原川子一百里，南至定西砦二十七里，北至平西砦三十三里。平西砦，紹聖四年賜名，地本青石硤，屬熙河路。東至秦鳳路界三十餘里，西至勝如堡一百一十里，南至安西城三十三里，北至會寧關四十四里。會寧關，舊名顚耳關，元符元年建築，賜名通會，未幾改今名，屬秦鳳路。東至涇原路元和市七里，西至熙河路定遠城分界五十里，南至熙河路平西砦四十里，北至黃河南岸古烽臺一百餘里。會川城，舊名青南訥心，元符二年建築，賜名，屬秦鳳路。東至涇原路通安砦六十里，西至熙河路定遠城一百五十里，南至會寧關六十里，北至新泉砦四十里。新泉砦，舊名東北冷牟，元符元年賜名，屬秦鳳路。東至懷戎堡界白草原三十里，西至會川城界鹼兒原三十五里，南至會川城三十里，北至會州四十里。懷戎堡，崇寧二年築，屬秦鳳路。東至涇原路分界定戎砦地分二十二里半，西至本堡管下水泉堡二十里，由香谷至會州共六十里，南至會川城分界三十五里，北至柔狼山界堠四十里，係與夏國西壽監軍地對境，經由枯柴谷至柔狼山，有險隘去處。德威城，政和六年，築清水河新城，賜名，屬秦鳳路。東至麻累山二十五里，西至黃河四里，河北倚卓囉監軍地分，水賊作過去處，南至囉迷谷口新移正川堡二十五里，北至北浪口至馬練賊城約二十餘里。靜勝堡，政和六年，賜清水河新城接應堡名靜勝，會川城管下。新修築靜勝堡，不係守禦處，在黃河南石觜上，至本城一百二十里，河北岸與夏國卓囉監軍地分相對。通泉堡，屬秦鳳路新泉砦管下，不係守禦處，在黃河南嶺上，至本砦四十里，與河北岸夏國卓囉監軍地分相對。水泉堡，係懷戎堡管下，距本堡二十里，不係守禦處。正川堡。係德威城管下，囉迷谷口新移正川堡距本處二十五里，不係守禦處。

懷德軍。本平夏城。紹聖四年建築。大觀二年，展城作軍，名曰懷德，以盪羌、靈平、通峽、鎮羌、九羊、通遠、勝羌、蕭關隸之，增置將兵，與西安、鎮戎互爲聲援應接。蕭關初名威德，又改今名。東至結溝堡一十五里，西至石門堡一十八里，南至靈平砦一十二里，北至通峽砦一十八里。盪羌砦，故沒煙後峽，元符元年進築，賜名。東至通峽砦一十八里，西至正原堡四十里，南至石門堡三十里，北至蕭關一百三十五里。通峽砦，故沒煙前峽，元符元年建築，賜名。東至東彎堡七里，西至盪羌砦一十八里，南至懷德軍一十八里，北至勝羌砦八十里。靈平砦，故好水砦，紹聖四年賜名。大觀二年，自鎮戎軍來屬。東至古高平堡一十五里，西至九羊砦三十二里，南至熙寧砦二十八里，北至懷德軍一十二里。硤口堡，東河灣堡，古高平堡，惠民堡，結溝堡，係通峽砦管下五堡。鎮羌堡，東至三川堡二十八里，西至寺子岔堡二十五里，南至懷遠砦二十七里，北至九羊砦二十五里。九羊砦，故九羊谷，元符元年建築，賜名。東至靈平砦三十里，西至寧安砦六十六里，南至三川砦五十里，北至臨羌砦八十里。石門堡，故石門峽東塔子觜，元符元年建築，賜名。通遠砦，東至龍泉谷三十五里，西至臨羌砦六十五里，南至通峽砦五十里，北至勝羌砦三十三里。龍泉堡，通遠砦管下。勝羌砦，東至漫哆口七里，西至甯韋堡四十里，南至通峽砦八十里，北至蕭關六十里。蕭關，崇寧四年建築。東至葫蘆河一十五里，西至綏寧堡三十里，南至勝羌砦六十里，北至臨川堡一十八里。臨川堡，通關堡，山西堡。係蕭關管下。

西安州。元符二年，以南牟會新城建爲西安州。東至天都砦二十六里，西至通會堡五十五里，南至寧安砦一百里，北至囉沒寧堡三十五里。盪羌砦，地名沒烟峽，元符元年進築，賜名，後屬懷德軍。通會堡，元符元年賜名，係熙河蘭會路修築，地名祭廝堅谷口，不知何年撥屬涇原路西安州。天都砦，元符二年，西水平新砦賜名天都。東至臨羌砦二十里，西至西安州二十六里，南至天都山一十里，北至綏戎堡六十五里。臨羌砦，元符二年，秋葦平新砦賜名臨羌。東至通遠砦六十五里，西至天都砦二十里，南至定戎砦八十里，北至綏戎砦七十里。橫嶺堡，係天都砦管下。甯韋堡，定戎堡，元符二年賜名，地本鹻隈川。東至山前堡三十里，西至秦鳳路分界堠一十二里，南至通安砦一百里，北至甹通流界堠五十里。甹通川堡，囉沒寧堡，北嶺上堡，山前堡，高峯堡，寧安砦，崇寧五年，武延川峗朱龍山下新砦賜名寧安。東至九羊砦六十六里，西至通安砦六十一里，南至得勝砦九十里，北至西安州一百里。那羅牟堡，寺子岔堡，石棚泉堡，通安砦，崇寧五年，烏雞三岔新砦賜名通安。東至寧安砦六十一里，西至同安堡三十五里，南至甘泉堡一百五里，北至定戎砦一百里。同安堡，係通安砦管下。綏戎堡，管下秋葦川口堡、鍬钁川中路堡、征通谷中路東水泉堡，皆不詳建置始末。東至蕭關三十里，西至山前堡三十五里，南至臨羌砦七十里，北至栟櫚嶺界堠五十里。秋葦川堡，鍬钁川中路堡，征通谷中路東水泉堡。

熙州，上，臨洮郡，鎮洮軍節度。本武勝軍。熙寧五年收復，始改焉。尋爲州。初置熙河路經略、安撫使，熙州、河州、洮州、岷州、通遠軍五州屬焉。後得蘭州，因加「蘭會」字。元祐改熙河蘭會路爲熙河蘭岷路，元符復故。會州既割屬涇原，又改爲熙河蘭廓路，宣和又改爲熙河湟廓路，又改湟州爲樂州，又改爲熙河蘭樂路，尋復改爲熙河蘭廓路。舊統五州軍，蘭廓西寧、震武積石六州軍〔二〕相繼來屬，又改通遠軍爲鞏州，凡統九州、三軍〔三〕。崇寧戶一千八百九十三，口五千二百五十四。貢毛氈段、麝香。縣一：狄道。中下。熙寧六年置，九年省。元豐二年復置。砦一：康樂。熙寧六年，置康樂城爲砦，省馬蹤砦。馬蹤砦舊屬秦州長道縣。堡九：熙寧五年，置慶平、通谷、渭源、北關。六年，改劉家川爲當川，置南關、南川。七年，置結河。元豐七年，置臨洮。通谷，慶平，渭源，結河，南川，當川，南關，北關，臨洮。東至定遠城四十里，西至定羌城界三十五里，南至熙州六十五里，北至阿干堡七十里。安羌城，宣和六年，賜熙河蘭廓路新建溢機堡名爲安羌城，不知屬何州軍，姑附于此。廣平堡。

河州，上，安鄉郡，軍事。熙寧六年收復。崇寧戶一千六十一，口三千八百九十五。貢麝香。縣一：寧河。熙寧六年，置枹罕縣，九年省。崇寧四年，升寧河砦爲縣。舊香子城。城一：定羌。熙寧七年，改河諸城〔三〕爲定羌城。砦一：南川。熙寧七年，置南山堡，尋改爲南川砦。堡四：熙寧七年，置東谷。八年，置閣精。元豐三年，置西原、北河二堡。東谷，閣精，西原，北河。關一：通會。熙寧七年置。循化城，舊一公城，崇寧二年收復，改今名。別見「樂州」。東至懷羌城四十五里，西至積石軍界一百餘里，南至下橋家族地分一百餘里，北至來同堡六十五里。大通城，舊達南城，崇寧二年收復，改今名。別見「樂州」。東至通津堡界十五里，西至菊花河六十里，南至撲水原二十一里，北至寧塞堡界十五里。安疆砦，舊名當標城，崇寧二年收復，改今名。別見「樂州」。東至來同堡三十三里，西至通津堡五十里，南至循化城一百一十里，北至黃河二十里。懷羌城，崇寧三年，王厚收復。東至南川砦六十里，西至循化城六十五里，南至洮州界一百七十餘里，北至安疆砦一百一十七里。來羌城，崇寧三年，王厚收復。東至安鄉關七十里，西至大通城界三十八里，南至南川界四十八里，北至黃河二十里。講朱城，元符二年，洮西安撫司收復河南講朱、一公、錯鑿、當標、彤撤、東迎六城，尋棄之。崇寧二年，再收復。除一公改循化城，當標改安疆砦，餘四城皆未詳。按：講朱、錯鑿、一公、當標皆在河州之南，元符二年，邊廝波結先以此四城來降，未幾，王贍乃進據之。錯鑿城，彤撤城，東迎城，寧河砦，崇寧四年，已升寧河砦爲縣，別有寧河砦。東至定羌城三十里，西至河州四十五里，南至通會關三十里，北至河州界二十里。來同堡，舊名甘撲堡，崇寧三年築，賜今名。東至南川砦九十里，西至安疆砦三十五里，南至懷羌城三十五里，北至來羌城三十里。通津堡，舊名南達堡，崇寧三年賜今名。東至安疆砦四十五里，西至大通城界二十五里，南至循化城一百三十里，北至大通城界二十里。南山堡，元豐九域志屬原州綏寧縣。安鄉關，舊城橋關，元符三年賜名。東至京玉關界四十里，西至臨灘堡四十里，南至河州界三十五里，北至安川堡界一十五里。臨灘堡。東至安鄉關四十里，西至古雞山二十里，南至南川砦界二十里，北至黃河四十里。

鞏州，下。本通遠軍。熙寧五年，以秦州古渭砦爲軍。崇寧三年，升爲州。崇寧戶四千八百七十八，口一萬一千八百五十七。貢麝香。縣三：隴西，元祐五年增置。永寧，寧遠。崇寧三年，升永寧砦爲縣，又升寧遠砦爲縣。城一：定西。元豐四年，以蘭州西使城爲定西城。五年，改定西城爲通遠軍，以汝遮堡爲定西城，屬通遠軍。崇寧二年，廢定西城管下熨斗平堡，通西砦管下榆木岔堡，并安西城。別見「蘭州」。東至龜兒觜鎮六十五里，西至龕谷堡一百一十五里，南至通西砦四十六里，北至安西城二十七里。砦六：熙寧五年，割秦州永寧、寧遠、威遠、通渭、熟羊、來遠六砦隸軍。六年，置鹽川砦。八年，廢威遠砦爲鎮。元豐五年，收通西砦。七年，廢來遠砦爲鎮，屬永寧。崇寧五年，通渭縣復爲砦，未詳何年以砦爲縣。永寧，寧遠，崇寧三年，與永寧同升爲縣。通渭，東至甘泉城五十五里，西至鞏州六十四里，南至來遠鎮一百里，北至甘泉城界六十里。熟羊，鹽川，熙寧六年九月置砦，後改爲鎮。通西。東至甘泉城一百二十里，西至熟羊砦七十里，南至三岔堡四十八里，北至定西砦四十八里。堡七：熙寧五年，割秦州三岔、乜羊、廣吳、渭川、啞兒五堡隸軍。七年，以岷州遮羊堡來隸。元豐元年，遮羊復隸岷州。五年，置榆木岔、熨斗平二砦堡。七年，廢乜羊、廣吳、渭川、啞兒四堡。三岔，舊堡，熙寧四年置。榆木岔，崇寧二年廢〔二四〕。尉斗平，崇寧二年廢〔二五〕。者達堡，秦州，熙寧五年改古渭砦爲通遠軍，廢者達、本當、七麻堡。今通渭乃領七麻堡，不知何年復置者達、本當堡。七麻堡，本當堡，撲麻龍堡。

岷州，下，和政郡，團練。熙寧六年收復。崇寧戶四萬五百七十，口六萬七千七百三十一。貢甘草。縣三：祐川，唐縣。崇寧三年復。大潭，中。建隆三年，合良恭、大潭兩鎮置縣，隸秦州。熙寧七年，自秦州來隸。長道。緊。熙寧七年，自秦州來隸。砦五：秦州臨江砦，熙寧六年，割隸州。七年，置荔川、床川、閭川，又置宕昌。臨江，荔川，床川，閭川，宕昌。堡三：熙寧六年，以秦州馬務堡隸州。七年，置遮羊堡，尋改爲鎮。十年，置鐵城堡。元豐元年，遮羊堡復隸于州。遮羊，穀藏，並熙寧七年置。鐵城。熙寧十年置。監一：滔山。熙寧九年置，鑄鐵錢。

蘭州，下，金城郡，軍事。元豐四年收復。崇寧戶三百九十五，口九百八十一。貢甘草。縣一：蘭泉。崇寧三年置，倚郭。砦一：元豐四年，置龕谷、吹龍二砦。七年，割吹龍屬阿千堡。龕谷。元祐七年廢。紹聖三年，復修爲堡。東至定遠砦一百里，西至阿千堡七十里，南至通谷堡一百二十里，北至定遠城三十里。堡二：元豐四年，置皐蘭堡、罣哥關。五年，置西關、勝如、質孤堡。六年，改罣哥關作東關堡，廢西關、勝如、質孤堡，置阿千堡。七年，廢皐蘭堡。元祐五年，復修勝如、質孤二堡，尋廢。東關，東至質孤堡三十六里，西至蘭州一十八里，南至屈金支山三十里，北至黃河不及里。阿千。有阿千水。東至屈金支山二十五里，西至西關堡界二十里，南至臨洮堡七十里，北至蘭州界三十七里。定西城，元豐四年，以蘭州西使城爲定西城。五年，改定西城爲通遠軍，以汝遮堡爲定西城，屬通遠軍。別見「鞏州」。定遠城，元祐七年築，舊名李諾平，本龕谷砦，因地窄及無水，故廢之，改築爲定遠軍城。東至安西城八十里，西至東關堡五十里，南至龕谷堡三十里，北至黃河一百七里。金城關，紹聖四年進築，南距蘭州約二里。崇寧三年，王厚乞移置斫龍谷口，不行。京玉關，元符三年賜名，本號把拶橋。東至西關堡四十里，西至通川堡四十里，南至臨洮堡一百三十九里，北至乩六嶺分界三十里。通川堡。元符三年，自京玉關至囉兀抹通城中路鏁廝狐川新築堡，賜名，尋棄之。崇寧二年，再收復。東至京玉關四十里，西至通湟砦四十里，南至圓子堡約九里，北至乩六嶺分界八十里。別見「樂州」。

洮州。唐末陷于吐蕃，號臨洮城。熙寧五年，詔以熙河洮岷、通遠軍爲一路，時未得洮州。元符二年得之，尋棄不守。大觀二年收復，改臨洮城仍舊爲洮州。三年，升團練。東至岷州界一百一十三里，西至喬家族生界二百里，南至魯黎族生界一百五里，北至河州界一百二十里。通岷砦。東至鐸龍橋六十七里，西至洮州四十里，南至洮河二十里，北至熙州界五十五里。

廓州。元符二年，以廓州爲寧塞城。崇寧三年棄之，是年收復，仍爲廓州。城下置一縣，五年罷。大觀三年，爲防禦。東至寧塞砦一十七里，西至同波北堡不及里，南至黃河不及里，北至膚公城界十五里。膚公城，舊名結囉城，崇寧三年收復，後改今名。王厚云：結囉城至廓州約三十餘里。東至來賓城界一百三里，西至懷和砦界五十七里，南至同波北堡界一十三里，北至綏平堡界二十五里。綏平堡，舊名保敦谷，崇寧三年興築，賜名。東至保塞砦界二十里，西至清平砦界二十里，南至膚公城界二十里，北至保塞砦界一十七里。米川城，舊米川縣，崇寧三年修築。王厚云：米川沿河西至廓州約六十里，過河取正路至結囉城約三程，本城至廓州約三十餘里。寧塞砦，東至河北堡界四十五里，西至廓州巡檢界一十三里，南至黃河一十五里，北至龍支城界五十里。同波堡。東至廓州巡檢界二十里，西至膚公城界一十五里，南至黃河不及里，北至膚公城一十五里。

樂州。舊邈川城，元符二年收復，建爲湟州，建中靖國元年棄之。崇寧二年又復。三年，置倚郭縣，五年罷。大觀三年，加嚮德軍節度。宣和元年，改爲樂州。東至把拶宗六十里，西至龍支城界六十里，南至來羌城界一百四十里，北至界首賒叱嶺一百一十里。通湟砦，故囉叱抹通城，元符二年收復，三年賜名。東至通川堡四十里，西至湟州三十五里，南至安隴砦二十五里，北至臨宗砦界六十里。別見「蘭州」。寧洮砦，故瓦吹砦，元符二年收復，三年賜名。東至通湟砦四十五里，西至來賓城一十七里，南至來賓城界二十里，北至安隴砦界一十七里。安隴砦，故隴朱黑城，元符二年收復，三年賜名。東至赤沙嶺三十里，西至廝宗山脚二十五里，南至鞏藏嶺三十五里，北至湟州四十五里。安川堡，故臁哥堡，在巴金嶺上，元符二年收復，三年賜名。東至湟州界七十里，西至來賓城界四十里，南至安鄉關三十里，北至寧川堡四十里。寧川堡，元符二年收復，三年賜名，尋棄之。崇寧二年，再收復。綏遠關，舊名洒金平，崇寧二年進築，賜今名。東至湟州二十里，西至勝宗谷口三十里，南至廝宗山脚五十五里，北至丁星原四十里。來賓城，舊名乩當川，崇寧三年賜名。東至安川堡分界七十里，西至青丹谷三十里，南至黃河一十里，北至安隴砦七十里。大通城，舊名達南城，東至通津堡界十五里，西至菊花河六十里，南至撲水原二十一里，北至寧川堡界一十五里。循化城，舊名一公城，別見「河州」。東至懷羌城四十五里，西至積石軍界一百餘里，南至下喬家族地分一百餘里，北至來同堡六十五里。安疆砦，舊名當標砦，與大通、循化皆崇寧二年改。別見「河州」。東至來同堡三十三里，西至通津堡五十里，南至循化城一百一十里，北至黃河二十里。德固砦，舊名勝鐸谷，崇寧三年築五百步城，後賜名德固砦。東至綏遠關界一十里，西至龍支城界二十里，南至渴驢嶺一十里，北至清江山脚二十里。臨宗砦，崇寧三年賜名。南宗堡稍南一十五里乳駱河之西。東至三諸翟哥嶺五十餘里，西至丁星原約三十餘里，南至湟州分界二十一里，北至界首抹牟嶺七十里。通川堡，崇寧二年，王厚收復，係湟州管下。別見「蘭州」。東至京玉關四十里，西至通湟砦四十里，南至圓子堡約九里，北至乩六嶺分界八十里。南宗堡，元符二年，與囉兀抹通城同收復，尋棄之。後再收復。峽口堡。與通川、南宗堡皆崇寧二年王厚收復。

西寧州〔三六〕。舊青唐城。元符二年，隴拶降，建為鄯州，仍為隴右節度，三年棄之。崇寧三年收復，建隴右都護府，改鄯州為西寧州，又置倚郭縣。賜郡名曰西平，升中都督府。三年，加賓德軍節度。五年，罷倚郭縣。東至保塞砦五十七里，西至寧西城四十里，南至清平砦五十里，北至宣威城五十里。龍支城，舊宗哥城，元符二年改今名，尋棄之。崇寧三年收復。東至德固砦界一十八里，西至保塞砦藥邦硤二十二里，南至廓州界分水嶺四十里，北至習令波族分界八十五里。寧西城，舊名林金城，改今名。東至湯厮甘二十里，西至厮哥羅川一百里，南至京鵰嶺二十里，北至金谷崹四十里。清平砦，舊名溪蘭宗堡，後改賜砦名。東至廓州綏平堡界三十五里，西至赤嶺鐵堠子一百二十里，南至懷和砦界二十五里，北至西寧州界二十五里。保塞砦，舊名安兒城。以上城砦皆崇寧三年收復，賜名。東至龍支城界二十二里，西至西寧州界三十里，南至廓州界二十里，北至青歸族一十五里。宣威城，舊名鬈牛城〔三七〕，崇寧三年，改今名。東至綏邊砦四十里，西至寧西城界三十五里，南至西寧州界二十五里，北至南宗嶺九十里。綏邊砦，舊名宗谷，崇寧三年建築，後改今名。東至龍支城界六十里，西至宣威城界三十里，南至西寧州界三十二里，北至乳駱河界南一里。懷和砦，舊名丁令谷，崇寧三年置砦，賜名，又隸積石軍。東至廓州界八十五里，西至青海一百三十餘里，南至順通堡界一十三里，北至清平砦界二十五里。制羌砦。政和八年賜名。地名乩氈嶺，屬西寧州。

震武軍。政和六年，進築古骨龍城，賜名震武城。未幾，改爲震武軍。不見四至，據童貫奏，古骨龍元屬湟州。通濟橋，震武城浮橋，政和六年賜名。善治堡，政和六年，震武城通濟橋堡賜名。大同堡，本名古骨龍城應接堡，政和六年賜名。德通城，本瞎令古城，政和七年，劉法既解震武軍圍，進築，賜名。石門堡。瞎令古城北，地名石門子，政和七年賜名。

積石軍。本溪哥城。元符間，爲吐蕃溪巴温所據。大觀二年，臧征撲哥以城降，即其地建軍。東至廓州界八十里，西至青海一百餘里，南至蓋龍峗八十里，北至西寧州界八十里。懷和砦，已見「西寧州」。東至廓州界八十五里，西至青海一百三十餘里，南至順通堡界一十三里，北至清平砦界二十五里。順通堡，東至臨松堡一十二里，西至本軍一十八里，南至臨松堡二十五里，北至懷和砦界一十二里。臨松堡。東至廓州界五十里，西至順通堡界一十二里，南至把拶公原界約六十里，北至黃河一十五里。

陝西路蓋禹貢雍、梁、冀、豫四州之域，而雍州全得焉。當東井、輿鬼之分，西接羌戎，東界潼、陝，南抵蜀、漢，北際朔方。有銅、鹽、金鐵之產，絲、枲、林木之饒，其民慕農桑，好稼穡。鄠、杜、南山，土地膏沃，二渠灌溉，兼有其利。大抵夸尚氣勢，多游俠輕薄之風，甚者好鬥輕死。蒲、解本隸河東，故其俗頗純厚。被邊之地，以鞍馬、射獵爲事，其人勁悍而質木。梁泉少桑麻之利，布泉、鹽酪資於他郡。上洛多淫祀，申以科禁，故其俗稍變。秦、隴、儀、渭、涇、原、邠、寧、鄜、延、環、慶等皆分兵屯守，以備不虞云。

校勘記

〔一〕昭應縣　「應」原作「德」，據舊唐書卷三八地理志、九域志卷三改。

〔二〕河西縣　原作「西河縣」，據寰宇記卷四六、九域志卷三、宋會要方域五之三八改。

〔三〕昇平塔　長編卷四八七、宋會要方域一八之七都作「聲塔平」。

〔四〕臨夏砦　「砦」原作「城」，據宋會要方域一八之二一和下文綏德軍「克戎砦」、「綏平砦」條改。下同。

〔五〕鄜州　據上文延安府條和九域志卷三、輿地廣記卷一四，本條失載所領洛交、洛川、鄜城、直羅四縣和土貢；所記「貢麝香」以下文字當屬丹州條，該條志文失載。

〔六〕坊州上中部郡軍事　「郡」字原脫，「軍」下原衍「州」字，據九域志卷三、輿地廣記卷一四刪補。

〔七〕熙寧二年收復廢爲城隸延州　「二年」原作「三年」。按本書卷一四神宗紀和十朝綱要卷七、八都說治平四年十月復綏州，熙寧二年十月廢爲綏德城。此處「三年」當爲「二年」之誤，據改；「收復」二字疑衍。

〔八〕在州東北三十里　按寰宇記卷三八：綏州西南至延州三百四十里；九域志卷三：延州東北至本州綏德城三百三十里。此處「三十里」上脫「三百」二字。

〔九〕人順　九域志卷三作「大順」。

〔一〇〕丹山納述　宋會要方域二〇之一、二〇之七和長編紀事本末卷八三都作「山丹、納迷」。

〔一一〕攃珠堡　宋會要方域二〇之一、長編紀事本末卷八都作「擦珠堡」。

〔一二〕領東鞍安人斫鞍上下鐵窟坐交得鐵冶坊七堡　按所記「七堡」，與上列堡數八不符；九域志卷三，弓門領七堡，無「冶坊」；又下文另有冶坊堡，屬秦州。此處「冶坊」二字疑衍。

〔一三〕廣鄉鎮　原作「唐鄉鎮」，據九域志卷三、輿地廣記卷一五改。

〔一四〕峯貼硤　原作「貼峯硤」，據宋會要方域一八之二四、九域志卷三改。

〔一五〕大觀二年　「二年」原作「三年」，據下文懷德軍、鎮戎軍和本書卷二〇徽宗紀、十朝綱要卷一五改。

〔六〕豐義縣　原作「豐業縣」，據新唐書卷三七地理志、宋會要方域五之四二、輿地廣記卷一六改。

〔七〕中普　宋會要方域二〇之二一、九域志卷三都作「中郭普」。

〔八〕通邊　原作「通遠」，據宋會要方域一八之九、九域志卷三改。

〔九〕平高縣　「平」字原脫，據九域志卷三、輿地廣記卷一六補。

〔一〇〕安西城　原作「西安城」，據下文和長編卷五一四、通考卷三二二輿地考改。

〔一一〕六州軍　按此處上面所列僅五州軍，與「六州軍」之數不合。據下文和上文所敍沿革，「蘭廓」下文當脫「樂州」一名。

〔一二〕凡統九州三軍　按本路所統爲九州二軍，此處「三」字當爲「二」之誤。

〔一三〕河諾城　本書卷一五及十朝綱要卷一〇都作「珂諾城」，長編卷二五二作「阿納城」。

〔一四〕崇寧二年廢　「廢」原作「置」。據上文「定西」及「堡七」條改。

〔一五〕崇寧二年廢　「廢」原作「置」。據上文「定西」及「堡七」條改。

〔一六〕西寧州　按本州賜郡名西平，升中都督府，加賓德軍，宋會要方域六之二，繫於大觀二年；同上書方域六之一，加賓德軍又繫於大觀三年，與湟州加嚮德軍節度同時；又大觀無五年，「罷倚郭縣」之「五年」疑當爲崇寧五年。本條所記疑有舛誤。

〔一七〕甃牛城　十朝綱要卷一六作「甃牛城」，長編紀事本末卷一四〇作「甃牛」。

宋史卷八十八

志第四十一

地理四

兩浙　淮南東路　淮南西路　江南東路　江南西路　荆湖南路　荆湖北路

兩浙路。熙寧七年，分爲兩路，尋合爲一；九年，復分；十年，復合。府二：平江，鎮江。州十二：杭，越，湖，婺，明，常，温，台，處，衢，嚴，秀。縣七十九。南渡後，復分臨安平江鎮江嘉興四府、安吉常嚴三州、江陰一軍，爲西路；紹興慶元瑞安三府、婺台衢處四州，爲東路。紹興三十二年，戶二百二十四萬三千五百四十八，口四百三十二萬七千三百二十二。

臨安府，大都督府，本杭州，餘杭郡。淳化五年，改寧海軍節度。大觀元年，升爲帥府。舊領兩浙西路兵馬鈐轄。建炎元年，帶本路安撫使，領杭、湖、嚴、秀四州。三年，升爲府，帶兵馬鈐轄。紹興五年，兼浙西安撫使。崇寧戶二十萬三千五百七十四，口二十九萬六千六百一十五。貢綾、藤紙。縣九：錢塘，望。有鹽監。仁和，望。梁錢江縣。太平興國四年改。紹興中，與錢塘並升赤〔一〕。餘杭，望。臨安，望。錢鏐奏改衣錦軍。太平興國四年，改順化軍，縣復舊名。五年，軍廢。富陽，緊。於潛，緊。新城，上。梁改新登。太平興國四年復。淳化五年，升南新場爲縣；熙寧五年，省南新縣爲鎭入焉。鹽官，上。昌化。中。唐唐山縣。太平興國四年改。有紫溪鹽場。紹興中，七縣並升畿。

紹興府，本越州，大都督府，會稽郡，鎭東軍節度。大觀元年，升爲帥府。舊領兩浙東路兵馬鈐轄。紹興元年，升爲府。崇寧戶二十七萬九千三百六，口三十六萬七千三百九十。貢越綾、輕庸紗、紙。縣八：會稽，望。山陰，望。嵊，望。舊剡縣，宣和三年改〔二〕。諸暨，望。有龍泉一銀坑。餘姚，望。上虞，望。蕭山，緊。新昌。緊。乾道八年，以楓橋鎭置義安縣，淳熙元年省。

平江府，望，吳郡。太平興國三年，改平江軍節度。本蘇州，政和三年，升爲府。紹興初，節制許浦軍。崇寧戶一十五萬二千八百二十一，口四十四萬八千三百一十二。貢葛、蛇床子、白石脂、花席。縣六：吳，望。長洲，望。崑山，望。常熟，望。吳江，緊。嘉定。上。嘉定十五年，析崑山縣置，以年爲名。

鎭江府，望，丹陽郡，鎭江軍節度，開寶八年改。本潤州，政和三年，升爲府。建炎三年，置帥。四年，加大使兼沿江安撫，以浙西安撫復還臨安。崇寧戶六萬三千六百五十七，口一十六萬四千五百六十六。貢羅、綾。縣三：丹徒，緊。有圌山砦〔三〕。丹陽，緊。熙寧五年，省延陵縣爲鎭入焉。金壇。緊。

湖州，上，吳興郡，景祐元年，升昭慶軍節度。寶慶元年，改安吉州。崇寧戶一十六萬二千三百三十五，口三十六萬一千六百九十八。貢白紵、漆器。縣六：烏程，望。歸安，望。太平興國七年，析烏程地置縣。安吉，望。長興，望。德淸，緊。武康。上。太平興國三年，自杭州來隸。

婺州，上，東陽郡，淳化元年，改保寧軍節度。崇寧戶一十三萬四千八十，口二十六萬一千六百七十八。貢綿、藤紙。縣七：金華，望。義烏，望。永康，緊。武義，上。浦江，上。唐浦陽縣，梁錢鏐奏改。蘭溪，望。東陽。望。

慶元府，本明州，奉化郡，建隆元年，升奉國軍節度。本上州，大觀元年，升爲望。紹興初，置沿海制置使。八年，以浙東安撫使兼制司；十一年，罷；隆興元年，復置。淳熙元年，魏惠憲王自宣州移鎭，置長史、司馬。紹熙五年，以寧宗潛邸，升爲府。崇寧戶一十一萬六千一百四十，口二十二萬一十七。貢綾、乾山蕷、烏鰂魚骨。縣六：鄞，望。奉化，望。慈溪，上。定海，上。象山，下。昌國。下。熙寧六年，析鄞縣地置。有鹽監。紹興間，升望。

常州，望，毗陵郡，軍事。崇寧戶一十六萬五千一百一十六，口二十四萬六千九百九。貢白紵、紗、席。縣四：晉陵，望。武進，望。宜興，望。唐義興縣。太平興國初改。無錫。望。

江陰軍，同下州。熙寧四年，廢江陰軍爲縣，隸常州。建炎初，以江陰縣復置軍；紹興二十七年廢，三十一年，復置。縣一：江陰。下。

瑞安府，本溫州，永嘉郡，太平興國三年，降爲軍事〔四〕。政和七年，升應道軍節度。建炎三年，罷軍額。咸淳元年，以度宗潛邸，升府。崇寧戶一十一萬九千六百四十，口二十六萬二千七百一十。貢鮫魚皮、蠲糨紙。縣四：永嘉，緊。有永嘉鹽場。平陽，望。有天富鹽場。瑞安，緊。有雙穗鹽場。樂清。上。唐樂成縣，梁錢鏐改。

台州，上，臨海郡，軍事。崇寧戶一十五萬六千七百九十二，口三十五萬一千九百五十五。貢甲香、金漆、鮫魚皮。縣五：臨海，望。黃巖，望。有于浦、杜瀆二鹽場。寧海，緊。天台，上。仙居。上。唐樂安縣，梁錢鏐改永安。景德四年改今名。

處州，上，縉雲郡，軍事。崇寧戶一十萬八千五百二十三，口一十六萬五百三十六。貢綿、黃連。縣六：麗水，望。龍泉，望。宣和三年，改爲劍川縣。紹興元年復故。有高亭一銀場〔五〕。松陽，上。梁錢鏐奏改長松，錢元瓘奏改白龍。咸平二年復故。遂昌，上。有永豐銀場。縉雲，上。青田。中。南渡後，增縣一：慶元。中。慶元三年，分龍泉松源鄉置縣，因以年紀名。

衢州，上，信安郡，軍事。崇寧戶一十萬七千九百三，口二十八萬八千八百五十八。貢綿、藤紙。縣五：西安，望。禮賢，緊。本江山縣，南渡後改。龍遊，上。唐龍丘縣。宣和三年，改爲盈川縣。紹興初復改。信安，中。本常山縣，咸淳三年改。開化。中。太平興國六年，升開化場爲縣。

建德府，本嚴州，新定郡，遂安軍節度。本睦州，軍事。宣和元年，升建德軍節度；三年，改州名、軍額。咸淳元年，升府。崇寧戶八萬二千三百四十一，口一十萬七千五百一十一。貢白紵、簟。縣六：建德，望。淳安，望。舊青溪縣。宣和初，改淳化，南渡改今名。桐廬，上。太平興國三年，自杭州來隸。分水，中。遂安，中。壽昌。中。監一：神泉。熙寧七年置，鑄銅錢，尋罷。慶元三年復。

嘉興府，本秀州，軍事。政和七年，賜郡名曰嘉禾。慶元元年，以孝宗所生之地，升府。嘉定元年，升嘉興軍節度。崇寧戶一十二萬二千八百一十三，口二十二萬八千六百七十六。貢綾。縣四：嘉興，望。華亭，緊。海鹽，上。有鹽監，沙腰、蘆瀝二鹽場。崇德。中。

兩浙路，蓋禹貢揚州之域，當南斗、須女之分。東南際海，西控震澤，北又濱于海。有魚鹽、布帛、杭稻之產。人性柔慧，尚浮屠之教。俗奢靡而無積聚，厚於滋味。善進取，急圖利，而奇技之巧出焉。餘杭、四明，通蕃互市，珠貝外國之物，頗充於中藏云。

淮南路。舊爲一路，熙寧五年，分爲東西兩路。

東路。州十：揚，亳，宿，楚，海，泰，泗，滁，眞，通。軍二：高郵，漣水。縣三十八。南渡後，州九：揚、楚、海、泰、泗、滁、淮安、眞、通，軍四：高郵、招信、淮安、淸河，爲淮東路，宿、亳不與焉。紹興三十二年，戶一十一萬八百九十七，口二十七萬八千九百五十四。

揚州，大都督府，廣陵郡，淮南節度。熙寧五年，廢高郵軍，並以縣隸州。元祐元年，復高郵軍。舊領淮南東路兵馬鈐轄。建炎元年，升帥府。二年，高宗駐蹕。四年，爲眞、揚鎭撫使，尋罷。嘉定中，淮東制置開幕府於楚州，仍兼安撫。崇寧戶五萬六千四百八十五，口十萬七千五百七十九。貢白苧布、莞席、銅鏡。縣一：江都。緊。熙寧五年，省廣陵縣入焉。南渡後，增縣二：廣陵，緊。泰興。中。舊隸泰州，紹興五年來屬。十年，又屬泰州。十二年，又來隸，以柴墟鎭延冷村隸海陵。二十九年，盡仍舊。

亳州，望，譙郡，本防禦。大中祥符七年，建爲集慶軍節度。南渡後，沒于金。崇寧戶一十三萬一百一十九，口一十八萬三千五百八十一。貢縐紗、絹。縣七：譙，望。城父，望。酇，望。永城，望。衞眞，望。唐眞源縣。大中祥符七年改。鹿邑，緊。蒙城。望〔六〕。

宿州，上，符離郡，建隆元年，升防禦。開寶五年〔七〕，建爲保靜軍節度。元領五縣，紹興中，割虹縣隸楚州，後沒于金。崇寧戶九萬一千四百八十三，口一十六萬七千三百七十九。貢絹。縣四：符離，望。蘄，望。臨渙，緊。大中祥符七年，割隸亳州，天禧元年來隸〔八〕。靈壁。元祐元年，以虹之零壁鎮爲縣，七月，復爲鎮。七年二月，零壁復爲縣。政和七年，改零壁爲靈壁。

楚州，緊，山陽郡，團練。乾德初，以盱眙屬泗州。開寶七年，以鹽城還隸。太平興國二年，又以鹽城監來隸。熙寧五年，廢漣水軍，以漣水縣隸州；元祐二年，復爲漣水軍。建炎四年，置楚泗承州漣水軍鎮撫使、淮東安撫制置使、京東河北鎮撫大使。紹興五年，權廢承州兩縣，和、盧、濠、黃、滁、楚州各一縣，置鎮官。三十二年，漣水復來屬。嘉定初，節制本路沿邊軍馬。十年，制置安撫司公事。寶慶三年，升寶應縣爲州。紹定元年，升山陽縣爲淮安軍。端平元年，改軍爲淮安州。崇寧戶七萬八千五百四十九，口二十萬七千二百二。貢苧布。縣四：山陽，望。建炎間沒于金，紹興元年收復。紹定元年，升淮安軍，改縣爲淮安。鹽城，上。有九鹽場。建炎間入于金，紹興元年隸漣水，三年，又來屬。淮陰，中。紹興五年，廢爲鎮，六年，復。嘉定七年，徙治八里莊。寶應。緊。寶慶三年，升爲寶應州，而縣如故。

海州，上，東海郡，團練。建炎間，入于金，紹興七年復。隆興初，割以畀金，隸山東路，以漣水縣來屬。嘉定十二年復。寶慶末，李全據之。紹定四年，全死，又復。端平二年，徙治東海縣。淳祐十二年，全子瓊又據之，治朐山。景定二年，瓊降，置西海州。崇寧戶五萬四千八百三十，口九萬九千七百五十。貢絹、獐皮、鹿皮。縣四：朐山，緊。懷仁，中。沭陽，中。東海。中。

泰州，上，海陵郡。本團練，乾德五年，降為軍事。建炎三年，入于金，尋復。四年，置通、泰鎮撫使。紹興十年，移治泰興沙上，時泰興隸海陵，復舊治。元領四縣，紹興十二年，割泰興隸揚州。建炎四年，又以興化隸高郵軍。崇寧戶五萬六千九百七十二，口一十一萬七千二百七十四。貢隔織。縣二：海陵，望。如皋。中下。開寶七年，以海陵監移治。

泗州，上，臨淮郡。建隆二年，廢徐城縣。乾德元年，以楚州之盱眙、濠州之招信來屬；建炎四年，復屬濠州。紹興十二年入金，後復。崇寧戶六萬三千六百三十二，口一十五萬七千三百五十一。貢絹。縣三：臨淮，上。虹，中。紹興九年，自宿州來隸。淮平。上。紹興二十一年，地入于金，析臨淮地置今縣。南渡後，有淮平無盱眙，蓋盱眙縣即招信軍也。

滁州，上，永陽郡，軍事。建炎間，置滁、濠鎮撫使，尋廢。嘉熙中，移治王家沙。景定五年，復舊治。崇寧戶四萬二十六，口九萬七千八十九。貢絹。縣三：清流，望。全椒，緊。來安。望。唐永陽縣，南唐改。紹興五年，廢入清流。十八年，復。乾道九年廢為鎮。淳熙二年復。

眞州，望，軍事。本上州。乾德三年，升為建安軍〔九〕。至道二年，以揚州之六合來屬。

大中祥符六年，爲眞州。大觀元年，升爲望。政和七年，賜郡名曰儀眞。建炎三年，入于金，尋復。崇寧戶二萬四千二百四十二，口八萬二千四十三。貢麻紙。縣二：揚子，中。本揚州永正縣之白沙鎭，南唐改爲迎鑾鎭〔一〇〕。建炎元年升軍，四年，廢爲縣。紹興十一年復升軍，十二年，復爲縣。六合。望。

通州，中，軍事。政和七年，賜郡名曰靜海。建炎四年，入于金，尋復。崇寧戶二萬七千五百二十七，口四萬三千一百八十九。貢獐皮、鹿皮、鰾膠。縣二：靜海，望。周屬揚州，析其地爲縣，與海門同來隸。海門。望。監一：利豐。掌煎鹽。太平興國八年，移治於州西南四里。

高郵軍，同下州，高沙郡〔一一〕，軍事。開寶四年，以揚州高郵縣爲軍。熙寧五年，廢爲縣，隸揚州。元祐元年，復爲軍。建炎四年，升承州，割泰州興化縣來屬；置鎭撫使。紹興五年，廢爲縣，復隸揚州，以知縣兼軍使〔一二〕。三十一年，復爲軍，仍以興化來屬。崇寧戶二萬八百一十三，口三萬八千七百五十一。縣一；今縣二：高郵，望。興化。緊。舊隸揚州，改隸泰州。建炎四年來隸。紹興五年廢爲鎭，十九年，復縣，隸泰州。乾道二年還隸，尋又隸泰州，淳熙四年復舊。

安東州，本漣水軍。太平興國三年，以泗州漣水縣置軍。熙寧五年，廢爲縣，隸楚州。元祐二年，復爲軍。紹興五年，廢爲縣；三十二年，復爲軍。紹定元年，屬寶應州。端平元年，復爲軍。景定初，升安東州。崇寧戶一萬九千五百七十九，口四萬七百八十五。縣一：

漣水。望。

招信軍，本泗州盱眙縣，建炎三年，升軍，四年爲縣，隸濠州。紹興二年，復隸泗州。七年，仍舊隸京東。十一年，隸天長軍。十二年，復升軍，以天長來屬。寶慶三年，入于金。紹定四年復，仍爲招信軍。縣二：天長，望。舊天長軍。至道二年軍廢，復爲縣，隸揚州。建炎元年升軍，紹興元年爲縣。十一年，復升軍；十三年，復爲縣，隸。招信。建炎四年，隸濠州。紹興四年復；十一年，隸天長軍；十二年，復來隸。

淮安軍，本泗州五河口。端平二年，金亡，遺民來歸，置隘使屯田。咸淳七年六月，置軍。縣一：五河。咸淳七年置，有澮、溼、沱、漴、淮五河，故名〔一三〕。

清河軍，咸淳九年置。縣一：清河。

西路。府：壽春。州七：廬，蘄，和，舒，濠，光，黃。軍二：六安，無爲。縣三十三。南渡後，府二：安慶、壽春，州六：廬、蘄、和、濠、光、黃，軍四：安豐、鎮巢、懷遠、六安，爲淮西路。

壽春府，壽春郡，緊，忠正軍節度。本壽州。開寶中，廢霍山、盛唐二縣。政和六年，升爲府。八年，以府之六安縣爲六安軍。紹興十二年，升安豐爲軍，以六安、霍丘、壽春三縣來隸。三十二年，升壽春爲府，以安豐軍隸焉。隆興二年，軍使兼知安豐縣事。乾道三年，罷壽春，復爲安豐軍。崇寧戶一十二萬六千三百八十三，口二十四萬六千三百八十二。貢葛布、石斛。縣四：下蔡，緊。安豐，望。霍丘，望。壽春。緊。紹興初，隸安豐，三十二年爲府，乾道三年爲倚郭。

六安軍，政和八年，升縣爲軍。紹興十三年，廢爲縣。景定五年，復爲軍。端平元年，又爲縣，後復爲軍。縣一：六安。中。

廬州，望，保信軍節度。大觀二年，升爲望。舊領淮南西路兵馬鈐轄。建炎二年，兼本路安撫使。紹興初，寄治巢縣。乾道二年，置司于和州。五年，復舊。崇寧戶八萬三千五十六，口一十七萬八千三百五十九。貢紗、絹、蠟、石斛。縣三：合肥，上。舒城，下。梁。中。本愼縣。紹興三十二年，避孝宗諱，改今名。

蘄州，望，蘄春郡，防禦。建炎初，爲盜所據，紹興五年收復。景定元年，移治龍磯。崇寧戶一十一萬四千九十七，口一十九萬三千一百一十六。貢苧布、簟。縣五：蘄春，望。嘉熙元年治宿〔四〕，景定二年，隨州治泰和門外。蘄水，望。廣濟，望。黃梅，上。羅田。元祐八年，以蘄水縣石橋爲羅田縣。

和州，上，歷陽郡，防禦。南渡後，爲姑熟、金陵藩蔽也。淳熙二年，兼管內安撫。崇寧戶三萬四千一百四，口六萬六千三百七十一。貢苧布、練布。縣三：歷陽，緊。有梁山、栅江二砦。含山，中。有東關砦。烏江。中。紹興五年廢爲鎭，七年，復。

安慶府，本舒州，同安郡，德慶軍節度。本團練州。建隆元年，升爲防禦。政和五年，賜軍額。建炎間，置舒、蘄鎭撫使。紹興三年，舒、黃、蘄三州仍聽江南西路安撫司節制。十七年，改安慶軍。慶元元年，以寧宗潛邸，升爲府。端平三年，移治羅刹洲，又移楊槎洲。景定元年，改築宜城。舊屬沿江制置使司。崇寧戶一十二萬八千三百五十，口三十四萬一千八百六十六。貢白朮。縣五：懷寧，上。桐城，上。宿松，上。望江，上。太湖。上。監一：同安。熙寧八年置，鑄銅錢。

濠州，上，鍾離郡，團練。乾道初，移戍藕塘，嘉定四年，始城定遠縣，復舊。崇寧戶六萬四千五百七十，口一十五萬三千四百五十七。貢絹、糟魚。縣二：鍾離，望。定遠。望。

光州，上，弋陽郡，光山軍節度。本軍事州。宣和元年，賜軍額。紹興二十八年，避金太子光瑛諱，改蔣州。嘉熙元年，兵亂，徙治金剛臺，尋復故。崇寧戶一萬二千二百六十八，口一十五萬六千四百六十。貢石斛、葛布。縣四：定城，上。固始，望。光山，中下。同上避諱，改期思，尋復故。仙居。中下。南渡無。

黃州，下，齊安郡，軍事。建炎隸沿江制置副使司。崇寧戶八萬六千九百五十三，口一十三萬五千九百一十六。貢苧布、連翹。縣三：黃岡，望。黃陂，上。端平三年，寓治青山磯。麻城。中。端平三年，治什子山。

無爲軍，同下州。太平興國三年，以廬州巢縣無爲鎭建爲軍，以巢、廬江二縣來屬。建炎二年，入于金，尋復。景定三年，升巢縣爲鎭巢軍。崇寧戶六萬一百三十八，口一十一萬二千一百九十九。貢絹。縣三：無爲，望。熙寧三年，析巢、廬江二縣地置縣。巢，望。至道二年，移治郭下。紹興五年廢，六年，復。十一年，隸廬州，十二年，復來屬。景定三年升軍，屬沿江制置使司。廬江。望。有昆山礬場。

懷遠軍，寶祐五年五月置。縣一：荊山。

淮南東、西路，本淮南路，蓋禹貢荊、徐、揚、豫四州之域，而揚州爲多。當南斗、須女之分。東至于海，西抵灘、渙，南濵大江，北界淸、淮。土壤膏沃，有茶、鹽、絲、帛之利。人性輕揚，善商賈，鄽里饒富，多高貲之家。揚、壽皆爲巨鎭，而眞州當運路之要，符離、譙、亳、臨淮、朐山皆便水運，而隸淮服。其俗與京東、西略同。

江南東、西路。建炎元年，以江寧府、洪州並升帥府，四年，合江東、西爲江南路，以鄂岳來屬。又置三帥：鄂州路，統鄂岳筠袁虔吉州、南安軍；江西路，統江洪撫信州、興國南康臨江建昌軍；建康府路，統建康府、池饒宣徽太平州、廣德軍。紹興初，復分東西，以建康府、池饒徽宣信撫太平州、廣德建昌軍爲江南東路；以江洪筠袁虔吉州、興國南康臨江南安軍爲江南西路。尋以撫州、建昌軍還隸西路，南康軍還隸東路。置帥于池、江二州。未幾，以二州地僻隘，復還建康府、洪州。

東路。府一：江寧。州七：宣，徽，江，池，饒，信，太平。軍二：南康，廣德。縣四十三。南渡後，府二：建康，寧國。州五：徽，池，饒，信，太平。軍二：南康，廣德，爲東路。紹興三十二年，戶九十六萬六千四百二十八，口一百七十二萬四千一百三十七。

江寧府，上，開寶八年，平江南，復爲昇州節度。天禧二年，升爲建康軍節度〔二五〕。舊領江南東路兵馬鈐轄。建炎元年，爲帥府。三年，復爲建康府，統太平宣徽廣德。五月，高宗即府治建行宮。紹興八年，置主管行宮留守司公事；三十一年，爲行宮留守。乾道三年，兼沿江軍，尋省。崇寧戶一十二萬七百一十三，口二十萬二百七十六。貢筆。縣五：上元，次赤。江寧，次赤。句容，次畿。天禧四年，改名常寧。溧水，次畿。溧陽。次畿。

寧國府，本宣州，宣城郡，寧國軍節度。乾道二年，以孝宗潛邸，升爲府。七年，魏惠憲王出鎮，置長史、司馬。崇寧戶十四萬七千四十，口四十七萬七百四十九。貢紵布、黃連、筆。縣六：宣城，望。南陵，望。寧國，緊。旌德，緊。太平，中。涇。緊。

徽州，上，新安郡，軍事。宣和三年，改歙州爲徽州。崇寧戶一十萬八千三百一十六，口一十六萬七千八百九十六。貢白苧、紙。縣六：歙，望。休寧，望。祁門，望。婺源，望。績溪，望。黟。緊。

池州，上，池陽郡，軍事。建炎四年，分江東、西置安撫使，領建康、太平宣徽饒、廣德。後以建康路安撫使兼知池州。崇寧戶一十三萬五千五十九，口二十萬六千九百三十二。貢紙、紅白薑。縣六：貴池，望。青陽，上。開寶末，自昇州與銅陵並來隸。銅陵，上。建德，上。唐至德縣，吳改。石埭，上。東流。中下。太平興國三年，自江州來隸。監一：永豐。鑄銅錢。

饒州，上，鄱陽郡，軍事。崇寧戶一十八萬一千三百，口三十三萬六千八百四十五。貢麩金、竹簟。縣六：鄱陽，望。餘干，望。浮梁，望。樂平，望。德興，緊。安仁。中。開寶八年，以餘干縣地置安仁場，端拱元年，升爲縣。監一：永平。鑄銅錢。

信州，上，上饒郡，軍事。崇寧戶一十五萬四千三百六十四，口三十三萬四千九十七。貢蜜、葛粉、水晶器。縣六：上饒，望。玉山，望。弋陽，望。淳化五年，升弋陽之寶豐場爲縣；景德元年〔一六〕，廢齊豐縣爲鎮，康定中復，慶曆三年又廢。貴溪，望。鉛山，中。開寶八年平江南，以鉛山直屬京，後還隸。永豐。中。舊永豐鎮，隸上饒，熙寧七年爲縣。

太平州，上，軍事。開寶八年，改南平軍。太平興國二年，升爲州。崇寧戶五萬三千二百六十一，口八萬一百三十七。貢紗。縣三：當塗，上。蕪湖，中。開寶末，自建康軍與繁昌同隸宣州。太平興國三年，與繁昌復來隸。繁昌。中。

南康軍，同下州。太平興國七年，以江州星子縣建爲軍。本隸西路，紹興初，來屬。崇寧戶七萬六百一十五，口一十一萬二千三百四十三。貢茶芽。縣三：星子，上。太平興國三年，升星子鎮爲縣。七年，與都昌同來隸。建昌，望。太平興國七年，自洪州來隸。都昌。上。以縣有都村，南接南昌，西望建昌，故名。紹興七年〔一七〕，自江州來隸。

廣德軍，同下州。太平興國四年，以宣州廣德縣爲軍。崇寧戶四萬一千五百，口一十萬七百二十二。貢茶芽。縣二：廣德，望。開寶末，自江寧府隸宣州。建平。望。端拱元年，以郎步鎮爲縣，來隸。

西路。州六：洪，虔，吉，袁，撫，筠。軍四：興國，南安，臨江，建昌。縣四十九。南渡後，府一：隆興。州六：江，贛，吉，袁，撫，筠。軍四：興國，建昌，臨江，南安，爲西路。紹興三十二年，戶一百八十九萬一千三百九十二，口三百二十二萬一千五百三十八。

隆興府，本洪州，都督府，豫章郡，鎭南軍節度。舊領江南西路兵馬鈐轄。紹興三年，以淮西屯兵聽江西節制，兼宣撫舒、蘄、光、黃、安、復州，尋罷。四年，止稱安撫、制置使。八年，復兼安撫、制置大使。隆興三年，以孝宗潛藩，升爲府。崇寧戶二十六萬一千一百五，口五十三萬二千四百四十六。貢葛。縣八：南昌，望。新建，望。太平興國六年置縣。奉新，望。唐新吳縣，南唐改。豐城，望。分寧，望。建炎間，升義寧軍，尋復。武寧，緊。靖安，中。南唐改。進賢。崇寧二年，以南昌縣進賢鎭升爲縣。

江州，上，潯陽郡，開寶八年，降爲軍事。大觀元年〔八〕，升爲望郡。舊隸江南東路。建炎元年，升定江軍節度。二年，置安撫、制置使，以江、池、饒、信爲江州路。紹興元年，復爲二路，本路置安撫大使。嘉熙四年，爲制置副使司治所。咸淳四年，移制置司黃州；十年，還舊治。崇寧戶八萬四千五百六十九，口一十三萬八千五百九十。貢雲母、石斛。縣五：德化，望。唐潯陽縣，南唐改。德安，緊。瑞昌，中。湖口，中。彭澤。中。監一：廣寧。鑄銅錢。

贛州，上。本虔州，南康郡，昭信軍節度。大觀元年，升爲望郡。建炎間，置管內安撫使；紹興十五年罷，復置江西兵馬鈐轄，兼提舉南安軍、南雄州兵甲司公事。二十三年〔九〕，改今名。崇寧戶二十七萬二千四百三十二，口七十萬二千一百二十七。貢白紵。縣十贛，望。有蛤湖銀場。虔化，望。紹興二十三年，改寧都。有寶積鉛場。興國，望。太平興國中，析贛縣之七鄉置。信豐，望。雩都，望。會昌，望。太平興國中，析雩都六鄉於九州鎮置。有錫場〔二〇〕。瑞金，望。有九龍銀場。石城，緊。安遠，上。龍南。中。南唐縣，本名龍南。宣和三年，改虔南。紹興二十三年，改龍南，取百丈龍灘之南為義。

吉州，上，廬陵郡，軍事。崇寧戶三十三萬五千七百一十，口九十五萬七千二百五十六。貢紵布、葛。縣八：廬陵，望。吉水，望。雍熙元年，析廬陵地置縣。安福，望。太和，望。龍泉，望。宣和三年，改泉江，紹興復舊。永新，望。至和元年，徙吉水縣地置永新縣〔二一〕。永豐，望。萬安。望。熙寧四年，以龍泉縣萬安鎮置。

袁州，上，宜春郡，軍事。崇寧戶一十三萬二千二百九十九，口三十二萬四千三百五十三。貢紵布。縣四：宜春，望。分宜，望。雍熙元年置。有貴山鐵務。萍鄉，望。萬載。緊。開寶末，自筠州來屬。宣和三年，改名建城。紹興元年，復今名。

撫州，上，臨川郡，軍事。建炎四年，隸江南東路。紹興四年，復來隸。崇寧戶一十六萬一千四百八十，口三十七萬三千六百五十二。貢葛。縣五：臨川，望。紹興十九年，析惠安、顯秀二鄉入崇仁。崇仁，望。宜黃，望。開寶三年，升宜黃場為縣。金谿，緊。開寶五年，升金谿場為縣〔二二〕。樂安。紹興十九年置，割崇仁、吉水四鄉隸之。二十四年，以雲蓋鄉還隸永豐。

瑞州，上，本筠州，軍事。紹興十三年，改高安郡。寶慶元年，避理宗諱，改今名。崇寧戶一十一萬一千四百二十一，口二十萬四千五百六十四。貢紵。縣三：高安，望。上高，望。新昌。望。太平興國六年，析高安地置縣。

興國軍，同下州。太平興國二年，以鄂州永興縣置永興軍。三年，改興國。崇寧戶六萬三千四百二十二，口一十萬五千三百五十六。貢紵。縣三：永興，望。大冶，緊。南唐縣，自鄂州與通山並來隸。有富民錢監及銅場、磁湖鐵務。通山。中。太平興國二年，升羊山鎮〔三三〕爲縣。紹興四年，又爲鎮，五年復。

南安軍，同下州。淳化元年，以虔州大庾縣建爲軍。崇寧戶三萬七千七百二十一，口五萬五千五百八十二。貢紵。縣三：南康，望。元豐九域志南安軍領縣三〔三四〕，崇寧地理不載南康縣。據元豐志，南康係望縣，有瑞陽錫務，不知併於何時。大庾，中。淳化元年，自虔州與上猶、南康並來隸。上猶。上。有上田鐵務。嘉定四年，改南安。

臨江軍，同下州。淳化三年，以筠州之清江建軍。崇寧戶九萬一千六百九十九，口二十萬二千六百五十六。貢絹。縣三：清江，望。新淦，望。淳化三年，自吉州來隸。新喩。望。淳化三年，自袁州來隸。

建昌軍，同下州。舊建武軍，太平興國四年改。崇寧戶一十一萬二千八百八十七，口一十八萬五千三十六。貢絹。縣二：南城，望。淳化二年，自撫州來隸。有太平等四銀場（三五）。南豐。望。南渡後，增縣二：新城，紹興八年，析南城五鄉置。廣昌。紹興八年，析南豐南境三鄉置。

江南東、西路，蓋禹貢揚州之域，當牽牛、須女之分。東限七閩，西略夏口，南抵大庾，北際大江。川澤沃衍，有水物之饒。永嘉東遷，衣冠多所萃止，其後文物頗盛。而茗荈、冶鑄、金帛、秔稻之利，歲給縣官用度，蓋半天下之入焉。其俗性悍而急，喪葬或不中禮，尤好爭訟，其氣尚使然也。

荆湖南、北路。紹興元年，以鄂岳潭衡永郴道州、桂陽軍爲東路，鄂州置安撫司；鼎澧辰沅靖邵全州、武岡軍爲西路，鼎州置安撫司。二年，罷東、西路，仍分南、北路安撫司，南路治潭州；北路治鄂，尋治江陵。

北路。府二：江陵，德安；州十：鄂，復，鼎，澧，峽，岳，歸，辰，沅，靖。軍二：荆門，漢陽。縣五十六。南渡後，府三：江陵，常德，德安。州九：鄂，岳，歸，峽，復，澧，辰，沅，靖。

軍三：漢陽，荆門，壽昌。紹興三十二年，戶二十五萬四千一百一，口四十四萬五千八百四十四。

江陵府，次府，江陵郡，荆南節度。舊領荆湖北路兵馬鈐轄，兼提舉本路及施、夔州兵馬巡檢事。建炎二年，升帥府。四年，置荆南府、歸峽州、荆門公安軍鎭撫使，紹興五年罷。始制，安撫使兼營田使；六年，爲經略、安撫使；七年罷經略，止除安撫使。淳熙元年，還爲荆南府。未幾，復爲江陵府制置使。景定元年，移治于鄂。咸淳十年，荆湖、四川宣撫使兼江陵府事。崇寧戶八萬五千八百一，口二十二萬三千二百八十四。貢綾、紵、碧澗茶芽、柑橘。縣八：江陵，次赤。公安，次畿。潛江，次畿。乾德三年，升白伏巡爲縣。監利，次畿。至道三年，以玉沙隸復州。熙寧六年，廢復州，以玉沙縣入監利縣，尋復其舊。松滋，次畿。石首，次畿。枝江，次畿。熙寧六年，省入松滋，元祐元年復。建炎四年，江陵寄治，紹興五年還舊。嘉熙元年，移漸、湼洲。咸淳六年，移江南白水鎭下沱市。建寧。次畿。乾德三年，升白舊巡爲縣，并置萬庚縣；萬庚尋廢。熙寧六年，省建寧入石首。元祐元年復。南渡後，省。

鄂州，緊，江夏郡，武昌軍節度。初爲武清軍，至道二年，始改〔三六〕。建炎二年，兼鄂、岳制置使。四年，兼江南鄂州路安撫，尋改鄂州路安撫。紹興二年，改兼荆湖北路安撫。六年，管內安撫；十一年，罷。嘉定十一年，置沿江制置副使。淳祐五年，兼荆湖北路安撫使；九年，罷。景定元年，改荆湖制置使；咸淳七年，罷。崇寧戶九萬六千七百六十九，口二十四萬七千七百六十七。貢銀。縣七：江夏，緊。崇陽，望。唐縣。開寶八年，又改今名。武昌，上。蒲圻，中。咸寧，中。通城，中。熙寧五年，升崇陽縣通城鎮爲縣。紹興五年，廢爲鎮。十七年，復。嘉魚。下。熙寧六年，析復州地入焉。監一：寶泉。熙寧七年置，鑄銅錢。南渡後，升武昌縣爲壽昌軍。

德安府，中，安陸郡，安遠軍節度。本安州。天聖元年(二七)，隸京西路，慶曆元年還本路。宣和元年，升爲府。開寶中，廢吉陽縣。建炎四年，爲安陸、漢陽鎮撫使。紹興三年，復來屬。咸淳中，徙治漢陽城頭山。崇寧戶五萬九千一百八十六，口一十四萬三千八百九十二。貢青紵。縣五：安陸，中。熙寧二年，省雲夢縣爲鎮入焉，元祐元年復。應城，中。孝感，中。建炎間，移治紫脊砦。應山，中下。雲夢。中。紹興七年，移治仵落市；十八年復舊。南渡後，無應山。

復州，上，景陵郡，防禦。建炎四年，置德安、復州、漢陽軍鎮撫使。紹興三年，置荆湖北路安撫使。端平三年，移治沔陽鎮。貢闕。縣二：景陵，緊。晉縣。熙寧六年廢州，以景陵屬安州。元祐元年復。玉沙。下。至道三年(二八)，自江陵來隸。寶元二年，廢沔陽入焉。熙寧六年，又隸江陵府。元祐元年，與景陵皆復。

常德府，本鼎州，武陵郡，常德軍節度。乾德二年，降爲團練。本朗州。大中祥符五年，改今名。熙寧七年，廢桃源、湯口(二九)、白崖三砦。元豐三年，廢白塼、黃石二砦。政和七年，升爲軍。建炎四年，升鼎、澧州鎭撫使。紹興元年，置荆湖北路安撫使，治鼎州，領鼎、澧、辰、沅、靖州；三十二年，罷。乾道元年，以孝宗潛藩，升府。八年，依舊提舉五州。崇寧戶五萬八千二百九十七，口一十三萬八百六十五。貢紵、布、練布。縣三：武陵，望。桃源，望。乾德中，析武陵地置縣。龍陽。中。大觀中，改辰陽。紹興元年〔三〇〕復舊。五年，升軍使，移治黄城砦。三十年，復縣。南渡後，增縣一：沅江。中下。自岳州來隸。乾道中，割隸岳州，今復來隸。

澧州，上，澧陽郡，軍事。建炎四年，寓治陶家市山砦，隨復舊。崇寧戶八萬一千六百七十三，口二十三萬六千九百二十一。貢綾、竹簟。縣四：澧陽，望。安鄉，中下。石門，中下。有臺宜砦。慈利。下。有索口、安福、西牛、武口、澧州五砦。

峽州，中，「峽」字舊從「硤」，今從「山」。夷陵郡，軍事。建炎中，移治石鼻山；紹興五年，復舊。端平元年，徙治于江南縣〔三一〕。崇寧戶四萬九百八十，口一十一萬六千四百。貢五加皮、芒硝、杜若。縣四：夷陵，中。有漢流、巴山、麻溪、魚陽、長樂、梅子六砦，及鉛錫場。宜都，中。長楊，中下。有漢流、飛魚二鹽井。元豐五年，廢新安、長楊二砦。遠安。中下。

岳州，下，巴陵郡，岳陽軍節度。本軍事州。宣和元年賜軍額。建炎間，岳、鄂二州各帶沿江管內安撫司公事。紹興二十五年，改州曰純，改軍曰華容；三十一年，復舊。崇寧戶九萬七千七百九十一，口一十二萬八千四百五十。貢紵。縣四：巴陵，上。華容，望。有古樓砦〔三三〕。平江，上。臨湘。淳化元年，升王朝場爲縣，尋改。

歸州，下，巴東郡，軍事。建炎四年，隸夔路；紹興五年，復。三十一年，又隸夔；淳熙十四年，復。明年，又隸夔。端平三年，徙郡治于南浦〔三四〕。崇寧戶二萬一千五十八，口五萬二千一百四十七。貢紵。縣三：秭歸，下。熙寧五年，省興山縣爲鎭入焉；元祐元年復。有機禮砦、青林鹽井。巴東，下。有折疊砦。興山。下。開寶元年，移治昭君院。端拱二年，又徙香溪北。

辰州，下，盧溪郡，軍事。太平興國七年，置招諭縣。熙寧七年，以麻陽、招諭二縣隸沅州；廢慢水砦、龍門、水浦、銅安、龔溪木砦。九年，廢明溪、豐溪、佘溪、新興、鳳伊、鐵爐、竹平、木樓、烏速、騾子、西溪砦堡。崇寧戶一萬七百三十，口二萬三千三百五十。貢朱砂、水銀。縣四：沅陵，中。漵浦，中下。有懸鼓砦。元豐二年，置龍潭堡。辰溪，下。有龍門、銅安二砦。盧溪。下。城一：會溪。熙寧八年十二月置。砦三：池蓬，鎭溪，黔安。嘉祐三年，置池蓬；熙寧三年，置鎭溪；八年，置黔安。

沅州，下，潭陽郡，軍事。本懿州。熙寧七年收復，以潭陽縣地置盧陽縣，以辰州麻陽、招諭二縣隸州。八年，併錦州砦人戶及廢招諭縣入麻陽，爲一縣。元豐三年，併鎭江砦人戶入黔江城，爲黔陽縣，尋廢鎭江砦爲鋪。五年，升舊渠陽砦爲縣，元祐六年，省爲砦，崇寧二年，復爲縣。崇寧戶九千六百五十九，口一萬九千一百五十七。貢朱砂、水銀。縣四：

盧陽，下。有獎州〔三四〕、西縣、八洲、長宜、迴溪、鎭江、龍門、懷化八鋪。麻陽，下。有錦州砦，龔溪、龍家、竹砦、虎踵、齊天、叉溪六鋪。龔溪砦，熙寧六年賜名，其後爲鋪，未詳。黔陽，下。有竹砦、湮溪、無狀、木州、洪江五鋪。渠陽。砦八：熙寧間，復硤中勝雲鶴繡五州〔三五〕、富錦圓三州。六年，以硤州新城爲安江砦，富州新城爲鎭江砦。七年，廢慢水砦、龍家堡，以辰州龍門、銅安〔三六〕二砦隸州，尋廢爲鋪。宣和元年，復置銅安砦。元豐三年，置托口砦。四年，以古誠州貫保新砦爲貫保砦，奉愛、豐山新堡爲豐山新堡，小由、長渡村堡爲小由砦。安江，有洪江、銅安二鋪。托口，有竹灘一鋪，元豐八年罷。貫保，元豐三年置，六年，隸誠州。元祐六年廢，崇寧二年復置。渠陽，元祐三年，以渠陽軍改，來隸。竹灘，洪江，並元祐五年置，隸黔陽縣。若溪，崇寧三年置。便溪。崇寧三年，以獎州改。

靖州，下，軍事。熙寧九年，收復唐溪洞誠州。元豐四年，仍建爲誠州。五年，沅州貫保砦改爲縣，總治本砦幷托口、小由、豐山四堡砦戶口，以渠陽縣爲名，隸州。六年，移托口、小由兩砦却屬沅州，析邵州蒔竹縣隸州，移渠陽縣爲州治。七年，沅州小由砦復隸州，尋廢小由砦、豐山堡。元祐二年，廢爲渠陽軍。三年，廢軍爲砦，屬沅州。元祐五年，復以渠陽砦爲誠州。崇寧二年，改爲靖州。大觀元年爲望郡。崇寧戶一萬八千六百九十二，口闕。貢白絹。縣三：永平，下。本渠陽縣，崇寧二年，改名，紹興八年，移入州。會同，下。本三江縣，崇寧二年改。通道。下。本羅蒙縣，崇寧二年改。砦四：狠江，收溪，貫保，羅蒙。元豐六年，置收溪，復以沅州貫保來隸。七年，置羅蒙。元祐三年，廢收溪、羅蒙。崇寧二年，又置若水、豐山二砦。堡五：石家，滻村，多星，大由，天村。元豐四年，置石家、漼村；六年，置多星；七年，置大由、天村。元祐三年，廢多星、大由、天村等堡，崇寧三年復置；又置羊鎮堡、木砦堡。大觀二年，又置飛山堡。政和三年，又置零溪堡。八年，又置通平堡。

荆門軍，開寶五年，長林、當陽二縣自江陵來隸。熙寧六年，廢軍，縣復隸江陵府。元祐三年，復爲軍。端平三年，移治當陽縣。縣二：長林，次畿。當陽。次畿。紹興十四年，廢入長林；十六年，復。

漢陽軍，同下州。熙寧四年，廢爲縣，以漢川縣爲鎮，屬鄂州。元祐元年，復置。紹興五年，又廢爲縣；七年，復爲軍。縣二：漢陽，緊。漢川。下。太平興國二年，自德安來隸(三七)。紹興五年廢，七年復。

壽昌軍，下，本鄂州武昌縣。嘉定十五年，升壽昌軍使，續升軍。端平元年，以武昌縣還隸鄂州。縣一：武昌。上。以武昌山爲名。孫權所都。南渡後，爲江州治所，後復故。

南路。州七：潭，衡，道，永，邵，郴，全。軍一：武岡。監一：桂陽。縣三十九。南渡後，增茶陵軍。紹興三十二年，戶九十六萬八千九百三十，口二百一十三萬六千七百六十七。

潭州，上，長沙郡，武安軍節度。乾德元年，平湖南，降爲防禦。端拱元年，復爲軍。舊領荆湖南路安撫使。大觀元年，升爲帥府。建炎元年，復爲總管安撫司。紹興元年，兼東路兵馬鈐轄；二年，復爲安撫司。崇寧戶四十三萬九千九百八十八，口九十六萬二千八百五十三。貢葛、茶。縣十二：長沙，望。開寶中，廢長豐縣入焉。衡山，望。淳化四年，以衡山、岳州湘陰並來隸。有黃簳銀場。安化，望。熙寧六年置，改七星砦爲鎮入焉，廢首溪砦。元祐三年，置博易場。醴陵，緊。攸，上。湘鄉，中。湘潭，中。益陽，中。瀏陽，中。有永興及舊溪銀場。湘陰，中。乾德二年，自鼎州隸岳州，俄而來隸。寧鄉，中。善化。元符元年，以長沙縣五鄉、湘潭縣兩鄉爲善化縣。

衡州，上，衡陽郡，軍事。崇寧戶一十六萬八千九十五，口三十萬八千二百五十三。貢麩金、犀。縣五：衡陽，緊。有熙寧錢監。耒陽，中。常寧，中下。熙寧六年，廢常寧縣獎中砦。有茭源銀場。安仁。中下。乾德二年，升安仁場爲縣。南渡後，升茶陵爲軍。

道州，中，江華郡，軍事。乾德三年，廢大歷縣。熙寧六年，廢揚梅、勝岡、綿田三砦。紹興元年，隸荆湖東路；二年，復舊。崇寧戶四萬一千五百三十五，口八萬六千五百五十三。貢白紵、零陵香。縣四：營道，緊。熙寧五年，省永明縣爲鎮入焉，元祐元年復。江華，緊。有黃富鐵場。寧遠，緊。唐延唐縣。乾德三年改。永明。上。

永州，中，零陵郡，軍事。熙寧六年，廢福田、樂山二砦。八年，廢零陵砦。崇寧戶八萬九千三百八十七，口二十四萬三千三百二十二。貢葛、石燕。縣三：零陵，望。祁陽，中。東安。中。雍熙元年，升東安場爲縣。有東安砦。

郴州，中，桂陽郡，軍事。紹興初，改隸荆湖東路，二年，仍來屬。崇寧戶三萬九千三百九十三，口一十三萬八千五百九十九。貢紵。縣四：郴，緊。有新塘、浦溪二銀坑。桂陽，中。唐義昌縣，後唐改郴義。太平興國初，又改。有延壽銀坑。宜章，中。唐義章縣。太平興國初改。永興。中。舊高亭縣。熙寧六年改。南渡後，增縣二：興寧，嘉定二年，析郴縣資興、程水二鄉置資興縣，後改今名。桂東。本郴縣地。嘉定四年，析桂陽之零陵、宜城二鄉置今縣於上猶砦。

寶慶府，本邵州，邵陽郡，軍事。大觀九年，升爲望郡。寶慶元年，以理宗潛藩，升府。淳祐六年，升寶慶軍節度。崇寧戶九萬八千八百六十一，口二十一萬八千一百六十。貢犀角、銀。縣二：邵陽，望。新化。望。熙寧五年收復梅山，以其地置縣。有惜溪、柘溪、藤溪、深溪、雲溪五砦。

全州，下，軍事。紹興元年，聽廣西路經略安撫司節制。崇寧戶三萬四千六百六十三，口一十萬六千四百三十二。貢葛、零陵香。縣二：淸湘，望。有香煙、祿塘、長烏、羊狀、硤石、磨石、獲源七砦。灌陽。中。有洮水、灌水、吉寧砦。

茶陵軍，紹興九年，升縣爲軍，仍隸衡州。嘉定四年，析康樂、雲陽、常平三鄉置酃縣，亦嘗隸衡州。縣一：酃。下。因酃湖爲名。

桂陽軍，本桂陽監，同下州。紹興元年，隸荆湖東路，二年，復故。三年，升軍、崇寧戶四萬四百七十六，口一十一萬五千九百。貢銀。縣二：平陽，上。隋縣，晉廢。天禧三年置。有大富等九銀坑，熙寧七年復。藍山。中。景德三年，自郴州來隸。南渡後，增縣一：臨武。中。自石晉廢，紹興十六年復〔三八〕。

武岡軍，崇寧五年，以邵州武岡縣升爲軍。縣三：武岡，中。有山塘一砦。熙寧六年，廢白沙砦，置關硤、武陽、城步三砦。元祐四年，置赤木砦。紹聖元年，置神山砦。崇寧二年，置通硤。大觀元年，置峽口砦。綏寧，中。本邵州蒔竹縣地。熙寧九年廢，崇寧九年復。紹興十一年，移治武陽砦，二十五年，還舊。後廢臨岡來入。臨岡。本蒔竹縣。元豐四年，以溪洞徽州爲縣，隸邵州。八年，建臨口砦。崇寧五年，改砦爲縣，隸武岡軍。南渡後，廢臨岡，增新寧。下。漢夷地。紹興二十五年，於水頭江北立今縣。

荊湖南、北路，蓋禹貢荊州之域。當張、翼、軫之分。東界鄂渚，西接溪洞，南抵五嶺，北連襄漢。唐末藩臣分據，宋初下之。鄂、岳本屬河南，安、復中土舊地，今以壤制而分隸焉。江陵國南亘鎮，當荊江上游，西控巴蜀。澧、鼎、辰三州，皆旁通溪洞，置兵戍守。潭州爲湘、嶺要劇，鄂、岳處江、湖之都會，全、邵屯兵，以扼蠻獠。大率有材木、茗荈之饒，金鐵、羽毛之利。其土宜穀稻，賦入稍多。而南路有袁、吉壤接者，其民往往遷徙自占，深耕穊種，率致富饒，自是好訟者亦多矣。北路農作稍惰，多曠土，俗薄而質。歸、峽信巫鬼，重淫祀，故嘗下令禁之。

校勘記

〔一〕紹興中與錢塘並升赤　「與」，原作「興」。據輿地紀勝卷二，紹興中，先後以錢塘、仁和比擬開封府祥符縣；本書卷八五地理志說祥符是赤縣。「興」字顯爲「與」字之訛。據改。

〔二〕宣和三年改　「三年」原作「八年」。按宣和無八年，據宋會要方域六之二二、剡錄卷一改。

〔三〕圖山砦　「圖山」原作「圜山」。按至順鎮江志卷七，圖山在丹徒縣東北六十里。九域志卷五，丹徒縣有「圖山一寨」，「圜」字顯爲「圖」字之訛，據改。

〔四〕降爲軍事　「事」字原脫，據宋會要方域六之二三、九域志卷五補。

〔五〕有高亭一銀場　「銀」，原作「鹽」。據宋會要食貨三三之一、九域志卷五改。

〔六〕望　原脫，據九域志卷五、輿地廣記卷二〇補。

〔七〕開寶五年　「五年」原作「元年」。據本書卷三太祖紀、九域志卷五改。

〔八〕天禧元年來隸　「元年」原作「七年」。按天禧無七年，據宋會要方域六之一〇至一一、九域志卷五改。

〔九〕乾德三年升爲建安軍　當作「乾德二年升迎鑾鎮爲建安軍」。見隆平集卷一、九域志卷五、十朝綱要卷一。

〔一〇〕南唐改爲迎鑾鎮　按通鑑卷二九四注：「迎鑾鎮，本唐之白沙也。吳主楊溥至白沙，閱舟師，徐溫自金陵來見，因以白沙爲迎鑾。」此處「南唐」二字誤。

〔一一〕高沙郡　「郡」字原脫，據輿地紀勝卷四三補。

〔一二〕以知縣兼軍使　「軍」下原衍「事」字，據下文「壽春府」條「軍使」例和宋會要方域六之一四刪。

〔一三〕有澮溼沱濉淮五河故名　水經淮水注：「淮水又東至巉石山，潼水注之。」嘉慶一統志：「五河故城在縣南，以淮、濉、澮、沱、潼五河合流而名。」疑此處「溼」當作「潼」。

〔一四〕嘉熙元年治宿　按宿州屬淮南東路，據嘉慶一統志蘄春故城條，此處「宿」字當爲「鴻宿州」之誤。

〔一五〕開寶八年平江南復爲昇州節度天禧二年升爲建康軍節度　按宋會要方域六之二四、寰宇記卷九〇、九域志卷六、十朝綱要卷三，「昇州」下「節度」二字衍，「升爲」下應有「江寧府」三字。

〔一六〕景德元年　當作「景祐二年」，見九域志卷六、輿地廣記卷二四。

〔一七〕紹興七年　據上文「星子」條和宋朝事實卷八，此處「紹興」當爲「太平興國」之誤。

〔一八〕大觀元年　原作「大觀三年」，據宋會要方域六之二四、輿地紀勝卷三〇改。

〔一九〕二十三年　「三」原作「二」，據本書卷三一高宗紀、宋會要方域六之二五至二六改。

〔一〇〕錫場　原作「銀場」，據九域志卷六、宋會要食貨三三之二五改。

〔一一〕至和元年徙吉水縣地置永新縣　按新唐書卷四一地理志，吉州永新縣，顯慶二年置。據九域志卷六、輿地紀勝卷三一，至和二年，以吉水報恩鎮置永豐縣。此處「元年」當作「二年」，「永新」當作「永豐」，全句當係永豐縣下注文。

〔一二〕開寶五年升金谿場爲縣　按寰宇記卷一一〇，太平興國時金谿場尚未升縣。據隆平集卷一、九域志卷六，此處「開寶」當作「淳化」。

〔一三〕羊山鎮　原作「羊頭鎮」，據宋會要方域六之二七、輿地紀勝卷三三改。

〔一四〕元豐九域志南安軍領縣三　「三」原作「二」，據九域志卷六改。

〔一五〕淳化二年自撫州來隸有太平等四銀場　按九域志卷六「建昌軍」條，太平興國四年改建昌，治南城。南城不是淳化二年來隸。同書「縣二」條，淳化二年以撫州南豐縣隸軍；又南豐條，有太平四銀場。此處文字當係南豐縣下注文。

〔一六〕至道二年始改　當作「太平興國三年始改」，見九域志卷六、宋會要方域五之六。

〔一七〕天聖元年　原作「天聖六年」，據九域志卷六、輿地紀勝卷七七改。

〔一八〕至道三年　原作「至道二年」，據上文江陵府「監利縣」條、九域志卷六、宋會要方域六之三四改。

〔一九〕湯口　原作「陽口」，據宋會要方域一八之一六、武經總要前集卷二〇改。

〔三〇〕紹興元年　原作「紹興三年」，據宋會要方域六之三四、輿地紀勝卷六八引皇朝郡縣志改。

〔三一〕江南縣　按元史卷五九地理志「夷陵」條：「宋末遷治不常，歸附後，復歸江北舊治。」方輿紀要卷七八：「夷陵廢縣條」：「端平初，又徙治于江南岸，元還舊治。」此處「縣」字疑衍。

〔三二〕古樓砦　原作「占樓砦」，據宋會要方域一八之二六、九域志卷六改。

〔三三〕徙郡治于南浦　「浦」下原衍「縣」字。按南浦非縣名，元史卷六三地理志「歸州」條：「宋端平三年，元兵至江北，遂徙郡治于江南曲沱，次新灘，又次白沙、南浦，今州治是也。」據刪。

〔三四〕奬州　原作「蔣州」，據宋會要方域六之三六、輿地廣記卷二八改。下文同。

〔三五〕熙寧間復硤中勝雲鶴繡五州　「勝」原作「騰」，「繡」下原衍「勝」字。據本書卷四九三西南溪峒諸蠻傳、九域志卷六沅州「寨二」條改。

〔三六〕銅安　原作「鎮安」，據上文辰州「辰溪」條、九域志卷六、宋會要方域一八之二六改。

〔三七〕太平興國二年自德安來隸　安州升爲德安府，事在宣和元年，見上文「德安府」沿革、宋會要方域六之三三，此處「德安」當作「安州」。

〔三八〕紹興十六年復　「十六年」原作「十一年」，據宋會要方域六之三〇、輿地紀勝卷六一改。

宋史卷八十九

志第四十二

地理五

福建路　成都府路　潼川府路　利州路　夔州路

福建路。州六：福，建，泉，南劍，漳，汀。軍二：邵武，興化。縣四十七。南渡後，升建州爲府。紹興三十二年，戶一百三十九萬五百六十五，口二百八十二萬八千八百五十二。

福州，大都督府，長樂郡，威武軍節度。舊領福建路鈐轄，建炎三年升帥府。崇寧戶二十一萬一千五百五十二。貢荔枝、鹿角菜、紫菜。元豐貢紅花蕉布。縣十二：閩，望。有侯官，望。福清，望。古田，望。唐縣。有寶興銀場、古田金坑。永福，望。有黃洋、保德二銀場。長溪，望。有玉林〔一〕銀場及鹽場。長樂，緊。有海壇山鹽場。羅源，中。舊永正縣。閩清，中。寧德，中。王審知時置。懷安，望。太平興國五年，析閩縣置。連江。望。

建寧府，上，本建州，建安郡。舊軍事，端拱元年，升爲建寧軍節度；紹興三十二年，以孝宗舊邸，升府。崇寧戶一十九萬六千五百六十六。貢火箭、石乳、龍茶。元豐貢龍鳳等茶、練。縣七：建安，望。漢縣。有北苑茶焙、龍焙監庫及石舍、永興、丁地三銀場。浦城，望。有余生、蕉溪、觔竹三銀場。嘉禾，望。本建陽縣。有瞿嶺四銀場。景定元年改今名。松溪，緊。崇安，望。淳化五年，升崇安場爲縣。政和，緊。咸平三年，升關隸鎮爲縣。政和五年，改關隸爲政和縣。有天受銀場。甌寧。望。熙寧三年廢，元祐四年復。監一：豐國。咸平二年置，鑄銅錢。

泉州，望，清源郡。太平興國初，改平海軍節度。本上郡，大觀元年，升爲望郡。崇寧戶二十萬一千四百六。貢松子。元豐貢綿、蕉、葛。縣七：晉江，望。有鹽亭一百六十一。南安，中。同安，中。有安仁、上下馬欄、莊坂四鹽場。惠安，望。太平興國六年，析晉江置縣。有鹽亭一百二十九。永春，中。閩桃源縣。有倚洋一鐵場。安溪，下。有青陽鐵場。德化。下。有赤水鐵場。

南劍州，上，劍浦郡，軍事。太平興國四年，加「南」字。崇寧戶一十一萬九千五百六十一。貢土茴香。元豐貢茶。縣五：劍浦，緊。舊龍津縣，南唐改。有大演、石城二銀場，雷、大熟等五茶焙〔二〕。將樂，上。太平興國四年，自建州來隸。有石牌、安福二銀場。順昌，上。南唐升永順場爲縣。沙，中。有龍泉銀場。尤溪。上。有尤溪、寶應等九銀場。

漳州，下，漳浦郡，軍事。崇寧戶一十萬四百六十九。貢甲香、鮫魚皮。縣四：龍溪，望。有吳慣、沐犢、中柵三鹽場。漳浦，望。有黄敦鹽場。龍巖，望。有大濟、寶興二銀場。長泰。望。太平興國五年，自泉州來隸。

汀州，下，臨汀郡，軍事。淳化五年，以上杭、武平二場並爲縣，元符元年，析長汀、寧化置清流縣。崇寧戶八萬一千四百五十四。貢蠟燭。縣五：長汀，望。有上寶錫場，歸禾、拔口二銀務，莒溪鐵務。寧化，望。有龍門新舊二銀坑。上杭，上。有鍾寮金場。天聖二年，徙治鍾寮場東，乾道四年徙治郭下。武平，上。清流。南渡後，增縣一：蓮城。本長汀蓮城堡，紹興三年升縣。

邵武軍，同下州。太平興國五年，以建州邵武縣建爲軍，仍以歸化、建寧二縣來屬。崇寧戶八萬七千五百九十四。貢紵。縣四：邵武，望。有黄土等三鹽場，龍須銅場，寶積等三鐵場。光澤，望。太平興國六年，析邵武置縣。有太平銀場、新安鐵場。泰寧，望。南唐歸化縣。元祐元年，改爲泰寧。有磦磜金場〔三〕、江源銀場。建寧。望。有龍門等三銀場。

興化軍，同下州。太平興國四年，以泉州游洋、百丈二鎮地置太平軍，尋改。戶六萬三千一百五十七。貢綿、葛布。縣三：莆田，望。自泉州與仙遊同來隸。仙遊，望。興化。中。太平興國四年，析莆田置縣。

福建路，蓋古閩越之地。其地東南際海，西北多峻嶺抵江〔四〕。王氏竊據垂五十年，三分其地。宋初，盡復之。有銀、銅、葛越之產，茶、鹽、海物之饒。民安土樂業，川源浸灌，田疇膏沃，無凶年之憂。而土地迫陿，生籍繁夥；雖磽确之地，耕耨殆盡，畝直寖貴，故多田訟。其俗信鬼尚祀，重浮屠之教，與江南、二浙略同；然多嚮學，喜講誦，好爲文辭，登科第者尤多。

成都府路。府一：成都。州十二：眉，蜀，彭，綿，漢，嘉，邛，簡，黎，雅，茂，威。軍二：永康，石泉。監一：仙井。縣五十八。南渡後，府三：成都，崇慶，嘉定。州十一：眉，彭，綿，漢，邛，黎，雅，茂，簡，威，隆。軍二：永康，石泉。淳熙二年，戶二百五十八萬，口七百四十二萬。

成都府，次府，本益州，蜀郡，劍南西川節度。太平興國六年，降爲州。端拱元年，復爲劍南西川成都府。淳化五年，降爲益州，罷節度〔五〕。嘉祐五年，復爲府。六年，復節度。舊領成都府路兵馬鈐轄。建炎三年，罷兼利州路。紹興元年，領成都路安撫使。五年，兼西路安撫、制置大使。十年，置宣撫，罷制置司，知府帶本路安撫使。十八年，罷宣撫，復制置司；乾道六年，又罷，併歸安撫司，知府仍帶本路安撫使。淳熙二年，復制置司，罷宣撫司。開禧元年，置宣撫，罷制置司。未幾，兩司並置；後罷宣撫，仍置制置大使。嘉定七年，去「大」字。崇寧戶一十八萬二千九十，口五十八萬九千九百三十。貢花羅、錦、高紵布、牋紙。縣九：成都，次赤。華陽，次赤。新都，次畿。郫，次畿。熙寧五年，省犀浦為鎮入焉。雙流，次畿。温江，次畿。新繁，次畿。漢繁縣，前蜀改。廣都，次畿。熙寧五年廢陵州，以貴平、籍二縣為鎮入焉。靈泉。次畿。舊名靈池，天聖四年改。

眉州，上，通義郡，至道二年，升為防禦。崇寧戶七萬二千八百九，口一十九萬二千三百八十四。貢麩金、巴豆。縣四：眉山，望。隋通義縣。彭山，望。太平興國初改。丹稜，望。青神。緊。

崇慶府，緊，本蜀州，唐安郡，軍事。紹興十四年〔六〕，以高宗潛藩，升崇慶軍節度。淳熙四年，升府。崇寧戶六萬七千八百三十五，口二十七萬三千五十。貢春羅、單絲羅。縣四：晉源，望。新津，望。江原，望。唐唐安縣。開寶四年改。永康。望。蜀析青城地置縣。

彭州，緊，濛陽郡，軍事。崇寧戶五萬七千五百二十四。貢羅。縣三：九隴，望。唐縣。熙寧二年置堋口縣，四年，省為鎮入焉。有鹿角砦，堋口、木頭二茶場。崇寧，望。唐昌縣。崇寧元年改。濛陽。

望。

綿州，上，巴西郡，軍事。紹興三年，以知州事兼綿威茂州、石泉軍沿邊安撫使，節制屯戍軍馬。五年，川、陝宣撫副使〔七〕移司綿州。六年罷。二十一年，罷沿邊安撫使。嘉熙元年，爲四川制置副使治所。崇寧戶一十二萬二千九百一十五，口二十三萬四百九。貢綾、紵布。縣五：巴西，望。彰明，望。魏城，緊。羅江，緊。鹽泉。中。

漢州，上，德陽郡，軍事。戶一十二萬九百，口五十二萬七千二百五十二。貢紵布。縣四：雒，望。什邡，望。綿竹，望。德陽。望。

嘉定府，上，本嘉州，犍爲郡，軍事。乾德四年，廢綏山、羅目、玉津三縣。慶元二年，以寧宗潛邸，升府。開禧元年，升嘉慶軍節度。崇寧戶七萬一千六百五十二，口二十一萬四百七十二。貢麩金。縣五：龍遊，上。宣和元年，改曰嘉祥，後復故。熙寧五年，省平羌縣入焉。洪雅，上。淳化四年，自眉州來隸。夾江，中。峨眉，中。犍爲。下。大中祥符四年，移治懲非鎮。監一：豐遠。鑄鐵錢。

邛州，上，臨邛郡，軍事。崇寧戶七萬九千二百七十九，口一十九萬三千三十二。貢絲布。縣六：臨邛，望。熙寧五年，省臨溪縣爲鎮入焉，併入依政、蒲江、火井。依政，望。安仁，望。有延貢砦。大邑，望。有思安砦。蒲江，上。有鹽井監、鹽井砦。火井。中。開寶三年，移治平樂鎮，至道三年復舊。監一：

惠民。鑄鐵錢。建炎三年罷。

簡州，下，陽安郡，軍事。崇寧戶四萬一千八百八十八，口九萬五千六百一十九。貢綿紬、麩金。縣二：陽安，上。平泉。中。

黎州，上，漢源郡，軍事。崇寧戶二千七百二十二，口九千八十。貢紅椒。縣一：漢源。下。慶曆六年，廢通望縣入焉。舊廢飛越縣有博易務。領羈縻州五十四。羅巖州、索古州、秦上州〔八〕、合欽州、劇川州、輒榮州、蓬口州、柏坡州、博盧州、明川州、胣胈州、蓬矢州、大渡州、米川州、木屬州、河東州、諾筰州、甫嵐州、昌化州〔九〕、歸化州、粟川州〔一〇〕、叢夏州、和良州、和都州、附木州、東川州、上貴州、滑川州、北川州、吉川州、甫萼州、北地州、蒼榮州、野川州、邛陳州、貴林州、護川州、牒琮州、浪彌州、郎郭州、上欽州、時蓬州、儼馬州、橛查州、邛川州、護邛州、腳川州、開望州、上蓬州、比蓬州、剝重州、久護州、瑤劍州、明昌州。

雅州，上，盧山郡，軍事。崇寧戶二萬七千四百六十四，口六萬二千三百七十八。貢麩金。縣五：嚴道，中。有碉門砦。盧山，上。有靈關砦。名山，中。熙寧五年，省百丈縣為鎮入焉，元祐二年復。榮經，中下。百丈。中下。州城內一茶場。熙寧九年置。領羈縻州四十四。當馬州、三井州、來鋒州、名配州、鉗泰州〔一一〕、隸恭州〔一二〕、畫重州、羅林州、籠羊州、林波州、林燒州、龍蓬州、敢川州、驚川州、禍眉州、木燭州、百坡州、當品州、嚴城州、中川州、鉗矣州、昌磊州、鉗并州、百頗州、會野州、當仁州、推梅州、作重州、禍林州、金林州、諾祚州、三恭州、布嵐州、欠馬州、羅蓬州、論川州、讓川州、遠南州、卑盧州、夔龍州、輝川州〔一三〕、金川州、東嘉梁州、西嘉梁州。

茂州，上，通化郡，軍事。熙寧九年，即汶川縣置威戎軍使，以石泉縣隸綿州。崇寧戶五百六十八，口一千三百七十七。貢麝香。縣一：汶山。下。砦一：鎮羌。熙寧九年置。關一：雞宗。熙寧九年置。南渡後，增縣一：汶川。下。有博馬場。領羈縻州十。璫州、直州、時州、塗州、遠州〔四〕、飛州、乾州、可州、向州、居州。春祺城，本羈縻保州，政和四年，建爲祺州，縣曰春祺，宣和三年，廢爲城，隸茂州。壽寧砦，本羈縻直州，政和六年，建壽寧軍，在大皂江外，距茂州五里，八年，廢爲砦，宣和三年，廢砦爲堡，又廢敷文關爲敷文堡。延寧砦，本威戎軍，熙寧間所建，政和六年，湯延俊等納土，重築軍城，改名延寧，宣和三年，廢爲砦，隸茂州，四年，又廢砦及壽寧堡入汶川縣。

威州，下，維川郡，軍事。本維州。景祐三年〔五〕，以與濰州聲相亂，改今名。崇寧戶二千二十，口三千一十三。貢當歸、羌活。縣二：保寧，下。唐薛城縣，南唐改〔六〕。通化。下。天聖元年，改金川〔七〕。景祐四年復。治平三年，省通化軍隸縣。有博易場。領羈縻州二。保州、霸州。嘉會砦，本羈縻霸州，政和四年，建爲亨州，縣曰嘉會，宣和三年，廢州，以縣爲砦，隸威州。通化軍，熙寧間所建，在保、霸二州之間。政和三年，董舜咨納土，因舊名重築軍城，宣和三年，省軍使爲監押，隸威州。

永康軍，同下州。本彭州導江縣灌口鎮。唐置鎮靜軍。乾德四年，改爲永安軍，以蜀州之青城及導江縣來隸。太平興國三年，改爲永康軍。熙寧五年，廢爲砦；九年，復即導江縣〔二八〕治置永康軍使，隸彭州〔二九〕。元祐初，復故。縣二：導江，望。乾德中，自彭州來隸。熙寧五年，軍廢，復隸彭州，後復於此置軍。有博馬場。青城。望。乾德中，自蜀州來隸。熙寧五年軍廢，還隸蜀州，不知何年復來隸。

仙井監，同下州。本陵州。至道三年，升爲團練。咸平四年，廢始建縣。熙寧五年，廢爲陵井監。宣和四年，改爲仙井監。隆興元年，改爲隆州。崇寧戶三萬二千八百五十三，口一十萬四千五百四十五。貢苦藥子、續隨子。縣二：仁壽，中。井研。中下。南渡後，增縣二：貴平，中下。熙寧五年，廢入廣都。乾道六年復。籍。中下。廢復同上。鎮一：大安。舊永安鎮。崇寧二年改。鹽井一。

石泉軍，本綿州石泉縣。政和七年，建爲軍，割蜀之永康、綿之龍安神泉來隸。宣和三年，降爲軍使，縣皆還舊隸。宣和七年，復爲軍額。縣三：石泉，下。神泉，上。有石關砦。龍安。上。有三盤砦及茶場。宣和元年，改龍安曰安昌，後復故。寶祐後，爲軍治所。堡九。重和元年置。會同、靖安、嘉平、通津、橫望、平隴、凌霄、聳翠、連雲。

潼川府路。府二：潼川，遂寧。州九：果，資，普，昌，敘，瀘，合，榮，渠。軍三：長寧，懷安，廣安。監一：富順。紹興三十二年，戶八十萬五千三百六十四，口二百六十三萬六千四百七十六。

潼川府，緊，梓潼郡，劍南東川節度。本梓州。乾德四年，改靜戎軍，置東關縣。太平興國中，改安靜軍〔一〇〕。端拱二年，爲東川；元豐三年，復加「劍南」二字。重和元年，升爲府。舊兼提舉梓州果渠、懷安廣安軍兵馬巡檢盜賊公事。乾道六年，升瀘南爲潼川府路安撫使。崇寧戶一十萬九千六百九，口四十四萬七千五百六十五。貢綾、曾青、空青。縣十：郪，望〔一一〕。有三十四鹽井。中江，望。隋玄武縣。大中祥符五年改。有鹽井。涪城，望。有四鎮、二十七鹽井。射洪，緊。有鹽井。鹽亭，緊。熙寧五年，省永泰縣爲鎮入焉。有六鹽井。通泉，上。有三鐵冶。飛烏，中。有五鹽井。銅山，中。有銅冶。東關，中下。有四鹽井。永泰。中下。本尉司，南渡後爲縣。

遂寧府，都督府，遂寧郡，武信軍節度。本遂州。政和五年，升爲府。宣和五年，升大藩。端平三年，兵亂，權治蓬溪砦。崇寧戶四萬九千一百三十二，口一十萬二千五百五十五。貢樗蒲綾。縣五：小溪，望。隋方義縣。太平興國初改。蓬溪，望。長江，緊。端平三年，以下三縣俱廢。青石，緊。遂寧。中。唐縣。熙寧六年，省青石縣入焉。七年，復置。

順慶府，中，本果州，南充郡，團練。寶慶三年，以理宗初潛之地，升府，隸劍南東路。端平三年，兵亂。淳祐九年，徙治青居山。崇寧戶五萬五千四百九十三，口一十三萬三百一十三。貢絲布、天門冬。縣三：南充，望。熙寧六年，省流溪縣爲鎭入焉；紹興二十七年，復爲縣。西充，望。流溪。望。

資州，上，資陽郡，軍事。乾德五年，廢月山、丹山、銀山、淸溪四縣。宣和二年，改龍水爲資川〔三〕，後復故。淳祐三年，廢。崇寧戶三萬二千二百八十七，口四萬七千二百一十九。貢麩金。縣四：盤石，緊。有一十八鹽井、一鐵冶。資陽，緊。龍水，中下。內江。下。有六十六鹽井。

普州，上，安岳郡，軍事。乾德五年，廢崇龕、普慈二縣。端平三年，兵亂。淳祐三年，據險置治。寶祐以後廢。崇寧戶三萬二千一百一十八，口七萬三千二百二十一。貢葛、天門冬。縣三：安岳，中下。熙寧五年〔三〕，廢普康縣入焉。安居，中。樂至。下。

昌州，上，昌元郡，軍事。崇寧戶三萬六千四百五十六，口九萬三千五十五。貢麩金、絹。縣三：大足，上。昌元，上。咸平四年，移治羅市。永川。上。

敍州，上，南溪郡，軍事。乾德中，廢開邊、歸順二縣。本戎州，政和四年改。咸淳三年，徙治登高山。崇寧戶一萬六千四百四十八，口三萬六千六百六十八。貢葛。縣四：宜賓，中。唐義賓縣。太平興國元年改。熙寧四年，省宜賓〔二四〕入僰道爲鎮。政和四年，改僰道爲宜賓。南溪，中。乾德中，移治舊僰城。有鹽井。宣化，唐義賓縣。太平興國元年改〔二五〕。熙寧四年，改爲鎮，隸僰道。宣和元年，復以鎮爲縣，改今名。慶符。本敍州徼外地。政和三年，建爲祥州，置慶符、來附二縣。宣和三年，州廢，併來附縣入慶符縣，隸敍州。砦五：柔遠、樂從、清平、石門、懷遠。靖康元年，廢柔遠、樂從二砦隸懷遠。羈縻州三十。建州〔二六〕、照州、獻州、南州、洛州、盈州、德州、爲州、移州、扶德州、播浪州、鴝州、武昌州、志州，已上皆在南廣溪洞；商州、馴州、浪川州、騁州，已上皆在馬湖江；協州、切騎州、靖州、曲江州〔二七〕、哥陵州、品州、牱違州〔二八〕、碾衞州、滈州、從州、播陵州、鉗州，已上皆在石門路。

瀘州，上，瀘川郡，瀘川軍節度。本軍事州。宣和元年，賜軍額。乾道六年，升本路安撫使。嘉熙三年，築合江之榕山，再築江安之三江磧，四年，又築合江之安樂山爲城。淳祐三年，又城神臂崖以守。景定二年，劉整以城歸大元，後復取之，改江安州。崇寧戶四萬四千六百一十一，口九萬五千四百一十。貢葛。縣三：乾德五年，廢綿水，富義置上監州〔二九〕。治平四年，廢羊羝砦。元豐二年，廢白芀砦。三年，廢平夷堡，於羅池改築安遠砦；廢大硐、武寧二砦。五年，復置武寧砦，隸長寧軍。瀘川，中。江安，中。有寧遠、安夷、西寧遠、南田、武寧、安遠等砦。合江。中。有遙壩、靑山、安溪、小溪、帶頭、使君六砦。大觀三年，以安溪砦爲縣，隸純州；後廢純州，復爲砦。宣和三年，廢遙壩；四年，復。南渡後，增縣一：納溪。皇祐三年，納溪口置砦。紹定五年，升爲縣。監一：南井。城三：樂共城，元豐四年置。堡砦四：

江門砦、鎮溪堡、梅嶺堡、大洲堡。九支城，大觀三年，建純州，置九支、安溪兩縣及美利城。宣和三年，廢純州及九支縣爲九支城，以安溪、美利城爲砦，改慈竹砦爲堡。武都城。大觀三年，建滋州，置承流、仁懷兩縣。宣和三年，廢州爲武都城，以仁懷爲堡，承流縣併入仁懷。安遠砦，元豐三年置。大觀四年廢。政和五年復。博望砦，政和七年置。板橋堡，政和堡，政和六年置。綏遠砦。前隸武都城，宣和三年隸州。領羈縻州十八。納州、薛州、晏州、鞏州、奉州、悅州、思峩州、長寧州、能州、淯州、浙州、定州、宋州、順州、藍州、溱州、高州、姚州。

長寧軍，本羈縻州。熙寧八年，夷人得箇祥獻長寧、晏、奉、高、薛、鞏、淯、思峩等十州，因置淯井監隸瀘州。政和四年，建爲長寧軍。領砦堡六：梅洞砦，政和五年置。清平砦，舊隸祥州，政和二年建築，賜今名。宣和三年廢祥州，以砦隸軍。武寧砦，熙寧七年置，舊名小溪口。十年，改今名。元豐四年廢。五年，復置。政和四年，建長寧軍，以武寧爲倚郭縣。宣和三年，廢縣爲堡。四年，復爲砦。寧遠砦，皇祐元年，置三江砦。三年，改今名。宣和三年，以砦爲堡。四年，復爲砦。安夷砦，熙寧六年置，舊名婆娑。大觀四年廢。政和六年復置。石筍堡。政和五年置。初名梅頲，後賜今名。南渡後，縣一：安寧。嘉定四年，升安夷砦爲縣。有武寧、寧遠二砦。

合州，中，巴川郡，軍事。淳祐三年，移州治于釣魚山。崇寧戶四萬八千二百七十七，口八萬四千四百八十四。貢牡丹皮、白藥子。縣五：石照，中。魏石鑑縣。乾德三年改。漢初，中。巴川，中。赤水，中下。銅梁。中下。熙寧四年，省赤水入焉；七年，復置。

榮州，下，和義郡，軍事。乾德五年，廢和義縣。端平三年，擇地僑治。寶祐後廢。崇寧戶一萬六千六百六十七，口五萬二千八十七。貢斑布。縣四：榮德，中下。舊名旭川。治平四年改。熙寧四年，省公井縣爲鎮入焉。有鹽監一，端平三年廢。威遠，中。資官，中。有鹽井。應靈。中下。有鹽井。

渠州，下，鄰山郡，軍事。寶祐三年，徙治禮義山。崇寧戶三萬二千八百七十七，口六萬三千八百三十。貢綿紬、買子木。縣三：流江，緊。西魏縣。景祐三年，廢大竹縣入焉；紹興三年，復分置。鄰水，下。唐縣。乾德四年，移治崑樓鎮。鄰山。下。梁縣。乾德三年，移治故鄰州城。南渡後，增縣一：大竹。

懷安軍，同下州。乾德五年，以簡州金水縣建爲軍。崇寧戶二萬九千六百二十五，口一十七萬四千九百八十五。貢紬。縣二：金水，望。金堂。望。乾德五年，自漢州來隸。

寧西軍，本廣安軍，同下州。開寶二年，以合州儂洄、渠州〔三〇〕新明二鎮建爲軍。淳祐三年，城大良平爲治所。寶祐末，歸大元。景定初，復取之。咸淳二年，改軍名。崇寧戶四萬七千五十七，口一十一萬一千七百五十四。貢絹。縣三：渠江，中。開寶二年，自渠州來隸。岳池，緊。開寶二年，自果州來隸。新明。中。開寶二年，自合州來屬。六年，移治單溪鎮。南渡後，增縣一：和溪。開禧三年，升鎮爲縣。

富順監，同下州。本瀘州之富義縣。掌煎鹽。乾德四年，升爲富義監。太平興國元年改。治平元年，置富順縣；熙寧元年，省。嘉熙元年，蜀亂監廢。咸淳元年，徙治虎頭山。崇寧戶一萬一千二百四十一，口二萬三千七百一十六。貢葛。領鎮十三，鹽井一。

利州路。府一：興元。州九：利，洋，閬，劍，文，興，蓬，政，巴。縣三十八。關一：劍門。南渡後，府三：興元，隆慶，同慶。州十二：利，金，洋，閬，巴，沔，文，蓬，龍，階，西和，鳳。軍二：大安，天水。紹興三十二年，戶三十七萬一千九十七，口七十六萬九千八百五十二。

興元府，次府，梁州〔三一〕，漢中郡，山南西道節度。舊兼提舉利州路兵馬巡檢事。建炎二年，升本路鈐轄。四年，兼本路經略、安撫使。後分利州路爲東、西路：興元、劍利閬金洋巴蓬、大安爲東路，治興元；階、成、西和〔三二〕、鳳、文、龍、興爲西路，治興州。又置利州路階、成、西和、鳳州制置使，涇原、秦鳳路經略、安撫使。乾道四年，合爲一路，興元帥兼領之；淳熙二年，復分；三年，又合；五年，復分；紹熙五年，再合〔三三〕；慶元二年，又分；嘉定三年，復合。崇寧戶六萬二百八十四，口一十二萬三千五百四十。貢臙脂、紅花。縣四：南鄭，次赤。城固，次畿。褒城，次畿。西。次畿。至道二年，割隸大安軍；三年，還隸。有錫冶一務。茶場一。熙寧八年置。南渡後，增縣一：廉水。次畿。紹興四年，析南鄭縣置，以廉水爲名。

利州，都督府，益川郡，寧武軍節度。舊昭武軍，景祐四年改。紹興十四年，分東、西兩路；紹熙五年，復合爲一；慶元二年，復分；嘉定三年，復合；十一年，又分。端平三年，兵亂廢。崇寧戶二萬五千三百七十三，口五萬一千五百三十九。貢金、鋼鐵。縣四：綿穀，中。葭萌，中。嘉川，中下。咸平五年，自集州〔三四〕來隸。熙寧三年，省平蜀縣入焉。昭化。下。後周益昌縣。開寶五年改。

洋州，望，洋川郡，武康軍節度。舊武定軍，景祐四年改。建炎以後，嘗置蓬、巴、洋州安撫使，尋罷。崇寧戶四萬五千四百九十，口九萬八千五百六十七。貢隔織。縣三：興道，望。西鄉，上。眞符。中。

閬州，上，閬中郡。乾德四年，改安德軍節度。紹興十四年，隸東路。端平三年，兵亂。淳祐三年，移治大獲山。崇寧戶四萬三千九百三十六，口一十萬九百七。貢蓮綾。縣七：閬中，望。閬水迂曲，繞縣三面，故名。紹興十八年，省玉井鎭入焉。蒼溪，緊。南部，緊。新井，緊。奉國，中。熙寧四年，省岐平縣〔三五〕爲鎭入焉。新政，中。西水。中下。熙寧四年，省晉安縣爲鎭入焉。

隆慶府，本劍州，上，普安郡，軍事。乾德五年，廢永歸縣。隆興二年，以孝宗潛邸，升普安軍節度。紹熙元年，升府。端平三年，兵亂〔三六〕。崇寧戶三萬五千二十三，口一十萬七千五百七十三。貢巴戟。縣六：普安，中。熙寧五年，省臨津縣爲鎮入焉。梓潼，上。陰平，中。武連，中。普成，中下。劍門。中下。熙寧五年，以劍門關劍門縣復隸州。有小劍、白綿、砲砍、粮谷、龍聚、托溪六砦。

巴州，中，淸化郡，軍事。乾德四年，廢盤道、歸仁、始寧三縣。咸平五年〔三七〕，以淸化屬集州。熙寧五年，廢集州，又廢壁州，以其縣來隸。建炎三年，兼管內安撫。嘉熙四年，兵亂民散。崇寧戶二萬三千三百三十七，口四萬一千五百一十六。貢綿紬。縣五：化城，中下。省集州淸化縣爲鎮入焉。難江，上。舊隸集州。恩陽，中下。熙寧三年，省七盤縣爲鎮入焉。曾口，下。熙寧五年，省其章縣爲鎮入焉。通江。下。省壁州白石、符陽二縣入焉。

文州，中下，陰平郡，軍事。建炎後，帶沿邊管內安撫，尋罷，隸利西路。紹定末，置司成都。端平後，兵亂州廢。崇寧戶一萬二千五百三十一，口二萬二千七十八。貢麝香。縣一：曲水。中下。西魏縣。有重石、吡谷、張添、磨蓬、留券、羅移、思村、戎門、披波、綏南十砦，水銀務一。

沔州，下，順政郡，軍事。本興州。紹興十四年，爲利西路治所。開禧三年，吳曦僭改開德府。曦誅，改沔州。崇寧戶一萬二千四百三十，口一萬九千六百七十三。貢蜜、蠟。縣二：順政，中。開禧三年，改爲略陽。長舉。中下。監一：濟衆。鑄鐵錢。

蓬州，下，咸安郡，軍事。乾德三年，廢宕渠縣。淳祐三年，置司古渝縣〔三八〕。崇寧戶二萬七千八百二十七，口五萬一千四百七十二。貢紵絲綾、綿紬。縣四：蓬池，中。儀隴，中。營山，中。唐朗池縣。大中祥符五年改。熙寧三年，省蓬山縣爲鎮入焉。伏虞。中下。熙寧五年，省良山縣〔三九〕爲鎮入焉。南渡後，增縣二：良山，中下。建炎三年復。相如。望。以南有司馬相如故宅而名。嘉熙間，兵亂。寶祐六年，自果州來屬〔四〇〕。

政州，下，江油郡，軍事。本龍州。政和五年，改爲政州。紹興元年，復爲龍州。端平三年，兵亂。寶祐六年，徙治雍村。崇寧戶三千五百二十三，口九千二百九十四。貢麩金、羚羊角、天雄。縣二：江油，中。有乾坡砦。清川。下。本馬盤，唐改今名。康定初，增戍兵。端平三年，兵亂地廢。

大安軍，中，本三泉縣。舊屬興元府。乾德三年，平蜀，以縣直屬京。至道二年，建爲大安軍。三年，軍廢，縣仍舊屬京。紹興三年，復升軍。崇寧戶六千七十五，口一萬八百九十一。領鎮二：金牛，青烏。南渡後，復置三泉縣，隸軍。

金州，上，安康郡，昭化軍節度。前宋隸京西南路，惟此一州未沒于金。建炎四年，屬利州。紹興元年，置金、均、房州鎮撫使。六年，復隸京西南路。九年，隸西川宣撫司。十年，置金、房、開、達安撫使。十三年，隸利州路，又以商州上津、豐陽兩縣來屬。乾道四年，兼管內安撫。縣五〔四一〕：西城，下。漢陰，中下。紹興二年，遷治新店，以舊縣爲鎮。嘉定三年，升漵口鎮爲縣。有饒風鎮。洵陽，中。石泉，下。平利。下。南渡後，增縣一：上津。中下。本平利縣地。紹興十六年，以鶻嶺關卓馱平爲界。

階州，中下，武都郡，軍事。本隸秦鳳路。紹興初，陝西地盡入于金，惟階成岷鳳洮五郡、鳳翔府和尚原、隴州方山原存。紹興初，以楊家崖爲家計砦。縣二：福津，中下。將利。中下。

同慶府，中下，同谷郡，軍事〔四二〕。本成州，隸秦鳳路。紹興十四年，來屬。寶慶元年，以理宗潛邸，升同慶府。縣二：同谷，中。栗亭。中。

西和州，下，和政郡，團練。本隸秦鳳路。紹興元年，入于金，改祐州。舊名岷州。十二年，與金人和。以岷犯金太祖嫌名，改西和州，因郡名和政云。以淮西有和州，故加「西」字。開禧二年，又入于金。縣三：長道，緊。大潭，中。祐川。

鳳州，下，河池郡，團練。舊屬秦鳳路。紹興十四年，來隸。縣三：梁泉，上。兩當，上。河池。緊。

天水軍，同下州。紹興初，秦州入于金，分置南、北天水縣。十三年，隸成州。後以成紀之太平社、隴城〔四三〕之東阿社來屬。嘉定元年，升軍。九年，移于天水縣舊治。仍置縣一：天水。紹興十五年，廢成紀、隴城二縣來入。

夔州路。州十：夔，黔，施，忠，萬，開，達，涪，恭，珍。軍三：雲安，梁山，南平。監一：大寧。縣三十二。南渡後，府三：重慶，咸淳，紹慶。州八：夔，達，涪，萬，開，施，播，思。軍三：雲安，梁山，南平。監一：大寧。紹興三十二年，戶三十八萬六千九百七十八，口一百一十三萬四千三百九十八。

夔州，都督府，雲安郡，寧江軍節度。州初置在白帝城，景德三年，徙城東。建炎三年，升夔、利兵馬鈐轄。淳熙十五年，帥臣帶歸、峽州兵馬司。元豐戶一萬一千二百一十三。貢蜜、蠟。縣二：奉節，中。巫山。中下。

紹慶府，下，本黔州，黔中郡，軍事，武泰軍節度(四四)。紹定元年，升府。紹熙三年，移巡檢治增潭。元豐戶二千八百四十八。貢朱砂、蠟。縣二：彭水，中。嘉祐八年，廢洪杜、洋水、都濡、信寧四縣入焉。有洪杜、小洞、界山、雖溪四砦。紹興二年，以元隸珍州戶四十九還隸。黔江。下。有白石、門闌、佐水、永安、安樂、雙洪、射營、右水、蠻塚、浴水、潛平、鹿角、萬就、六堡、白水、土溪、小溪、石柱、高望、木孔、東流、李昌、僕射、相陽、小村、石門、茆田、木柵、虎眼二十九砦。羈縻州四十九。南寧州、遠州、犍州、清州、蔣州、知州(四五)、蠻州、襲州、峩州、邦州、鶴州、勞州、義州、福州、儒州、令州、郝州、普寧州、緣州、那州、鸞州、絲州、邛州、敷州、晃州、侯州、焚州、添州、瑤州、雙城州、訓州、鄉州(四六)、茂龍州、整州、樂善州、撫水州、思元州、逸州、思州、南平州、勳州、姜州、稜州、鴻州、和武州、暐州、亳州〔三七〕、鼓州、懸州。南渡後，羈縻州五十六。

施州，下，清江郡，軍事。元豐戶一萬九千八百四。貢黃連、木藥子。縣二：清江，中下。有歌羅、永寧、細沙、寧邊、尖木、夷平六砦。熙寧六年五月，省施州永興砦，置夷平砦。元豐三年七月，廢永寧砦，置行廊、安確二砦。建始。中下。有連天一砦。監一：廣積。紹聖三年置，鑄鐵錢。

咸淳府，下，本忠州，南賓郡，軍事。咸淳元年，以度宗潛邸，升府。元豐戶三萬五千九百五十。貢綿紬。縣三：臨江，中下。墊江，中下。熙寧五年，省桂溪縣入焉。南賓。下。南渡後，增縣二：豐都，下。龍渠。下。

萬州，下，南浦郡，軍事。開寶三年，以梁山為軍。元豐戶二萬五百五十五。貢金、木藥子。縣二：南浦，下。有平雲砦。武寧。下。

開州，下，盛山郡，軍事。崇寧戶二萬五千。貢白紵、車前子。縣二：開江，上。慶曆四年，廢新浦縣入焉。清水。中。舊名萬歲縣，後改。

達州，上，通川郡，軍事。本通州。乾德三年改。乾德五年，廢閬英、宣漢二縣。熙寧六年，省三岡縣；七年，省石鼓縣，分隸通川、新寧、永睦三縣。元豐戶四萬六百四十。貢紬。縣五：通川，中。巴渠，中。永睦，下。隋永穆縣。今改。新寧，下。東鄉。下。南渡後，增縣一：通明。下。舊通明院。

涪州，下，涪陵郡，軍事。熙寧三年，廢温山縣爲鎮。大觀四年，廢白馬砦。咸淳二年，移治三台山。元豐戶一萬八千四百四十八。貢絹。縣三：涪陵，下。有白馬鹽場。樂温，下。武龍。下。宣和元年，改武龍縣爲枳縣。紹興元年依舊。

重慶府，下，本恭州，巴郡〔四八〕，軍事。舊爲渝州。崇寧元年，改恭州，後以高宗潛藩，升爲府。舊領萬壽縣，乾德五年，廢。雍熙中，又廢南平縣。慶曆八年，以黔州羈縻南、溱二州來隸。皇祐五年，以南州置南川縣。熙寧七年，以南川縣隸南平軍。元豐戶四萬二千八十。貢葛布、牡丹皮。縣三：巴，中。有石英、峯玉、藍溪、新興四鎮。江津，中下。乾德五年，移治馬騣鎮。壁山。下。羈縻州一。溱州，領榮懿、扶歡二縣。以酋首領之，後隸南平軍。

雲安軍，同下州。開寶六年，以夔州雲安縣建爲軍。建炎三年爲軍使。元豐戶一萬一千七十五。貢絹。縣一：雲安。望。有思問、捍拔、平南三砦，玉井鹽場、團雲鹽井。監一：雲安。熙寧四年，以雲安監戶口析置安義縣。八年，戶還隸雲安縣，復爲監。

梁山軍，同下州，高梁郡。開寶三年，以萬州石氏〔四九〕屯田務置軍，撥梁山縣來隸。熙寧五年，又析忠州桂溪地益軍。元祐元年，還隸萬州，尋復故。元豐戶一萬二千二百七十七。貢綿。縣一：梁山。中下。

南平軍，同下州。熙寧八年，收西番部，以恭州〔五〇〕南川縣銅佛壩地置軍。領縣二：南川，中下。熙寧八年，省入隆化。元豐元年復置。有榮懿、開邊、通安、安穩、歸正五砦，溱川堡。隆化。下。熙寧八年，自涪州來隸。有七渡水砦，大觀四年砦廢。溱溪砦，本羈縻溱州，領榮懿、扶歡二縣；熙寧七年，招納，置榮懿等砦，隸恭州，後隸南平軍。大觀二年，別置溱州及溱溪、夜郎兩縣；宣和二年，廢州及縣，以溱溪砦爲名，隸南平軍。

大寧監，同下州。開寶六年，以夔州大昌縣鹽泉所建爲監。元豐戶六千六百三十一。貢蠟。縣一：大昌。中下。端拱元年，自夔州來隸。舊在監南六十里，嘉定八年，徙治水口監。

珍州，唐貞觀中開山洞置，唐末沒於夷。大觀二年，大駱解上下族帥獻其地，復建爲珍州。宣和三年，承州廢，以綏陽縣來隸。縣二：樂源，綏陽，本羈縻夷州，大觀三年，酋長獻其地，建爲承州，領綏陽、都上、義泉、寧夷、洋川五縣；宣和三年，廢州及都上等縣，以綏陽隸珍州。遵義砦，大觀二年，播州楊文貴獻其地，建遵義軍及遵義縣；宣和三年，廢軍及縣〔五一〕，以遵義砦爲名，隸珍州。

思州，政和八年建，領務川、邛水、安夷三縣。宣和四年，廢州爲城及務川縣，以務川城爲名；邛水、安夷二縣皆作堡，並隸黔州。紹興元年，復爲思州。縣三：務川，安夷，邛水。宣和四年並廢，隸黔州。紹興二年復。

播州，樂源郡。大觀二年，南平夷人楊文貴等獻其地，建爲州，領播川、琅川、帶水三縣。

宣和三年，廢爲城，隸南平軍。端平三年，復以白綿堡爲播州，三縣仍廢。嘉熙三年，復設播州，充安撫使。咸淳末，以珍州來屬。縣一，樂源。中。有遵義砦，開禧三年升軍，嘉定十一年復爲砦。

川峽四路，蓋禹貢梁、雍、荆三州之地，而梁州爲多。天文與秦同分。南至荆、峽，北控劍棧，西南接蠻夷。土植宜柘，繭絲織文纖麗者窮於天下。地狹而腴，民勤耕作，無寸土之曠，歲三四收。其所獲多爲遨遊之費，踏青、藥市之集尤盛焉，動至連月。好音樂，少愁苦，尙奢靡，性輕揚，喜虛稱。庠塾聚學者衆，然懷土罕趨仕進。涪陵之民尤尙鬼俗，有父母疾病，多不省視醫藥，及親在多別籍異財。漢中、巴東，俗尙頗同，淪於偏方，殆將百年。孟氏既平，聲教攸暨，文學之士，彬彬輩出焉。

校勘記

〔一〕玉林　原作「王林」，據九域志卷九、宋會要食貨三三之二改。

〔二〕雷大熟等五茶焙　「熟」字原脫，九域志卷九作「雷、大熟、濛州、游坑、汾常五茶焙」，據補。

〔三〕磦磜金場　「磦磜」原作「螵蝶」，據宋會要食貨三三之一、九域志卷九改。

〔四〕西北多峻嶺抵江　按江南西路緊臨本路西北，簡稱江西，疑「江」下脫一「西」字。

〔五〕淳化五年降爲㷭州罷節度　「㷭州罷」三字原脫，據宋會要方域五之六、九域志卷七、考異卷六九補。

〔六〕紹興十四年　「四」字原脫，據繫年要錄卷一五二、宋會要方域五之六、十朝綱要卷二〇補。

〔七〕川陝宣撫副使　「陝」，原作「峽」。按紹興時四川宣撫使司係以「川陝」入銜，參考本書卷一六七職官志、朝野雜記甲集卷一一、宋會要職官四一之三二改。

〔八〕秦上州　新唐書卷四三下地理志、九域志卷一〇都作「奉上州」。

〔九〕昌化州　疑當作「昌明州」，見新唐書卷四三下地理志、寰宇記卷七七、九域志卷一〇。

〔一〇〕粟川州　疑當作「象川州」，見同上書同卷。

〔一一〕鉗泰州　新唐書卷四三下地理志、輿地紀勝卷一四七都作「鉗恭州」。

〔一二〕隸恭州　疑當作「斜恭州」，見新唐書卷四三下地理志、九域志卷一〇、武經總要前集卷一九。

〔一三〕輝川州　疑當作「耀川州」，見新唐書卷四三下地理志、寰宇記卷七七、輿地紀勝卷一四七。

〔一四〕遠州　疑當作「達州」，見新唐書卷四三下地理志、九域志卷一〇、武經總要前集卷一九。

〔一五〕景祐三年　「景祐」原作「景德」，據九域志卷七、輿地紀勝卷一四八改。

〔一六〕南唐改　當作「蜀改」，見寰宇記卷七八、輿地紀勝卷一四八。

〔一七〕金川　原作「途川」，據九域志卷七、輿地廣記卷三〇改。

〔一八〕導江縣　原作「導江軍」，按導江乃縣名，爲永康軍治所，據上下文和宋會要方域七之三、輿地紀勝卷一五一改。

〔一九〕彭州　原作「彭城」，按彭城是徐州郡名，屬京東西路。據輿地紀勝卷一五一、通考卷三二一輿地考改。

〔二〇〕安靜軍　「安靜」二字原倒，據寰宇記卷八二、九域志卷七改。

〔二一〕望　原脫，據九域志卷七、輿地紀勝卷一五四補。

〔二二〕資川　原作「資州」，據宋會要方域七之五、輿地紀勝卷一五七改。

〔二三〕熙寧五年　當作「乾德五年」，見九域志卷七、輿地廣記卷三一。

〔二四〕宜賓　原作「舊奮」，因次行「南溪」條下有此二字致誤。據九域志卷七、宋會要方域七之六改。

〔二五〕太平興國元年改　據上文和輿地廣記卷三一，此下當脫「宜賓」二字。

〔二六〕建州　疑當作「連州」，見新唐書卷四三下地理志、寰宇記卷七九、九域志卷一〇。

〔二七〕曲江州　「江」字疑衍。新唐書卷四三下地理志、九域志卷一〇、武經總要前集卷一九都只作「曲州」，無「江」字。

〔二八〕牱𨗉州　新唐書卷四三下地理志作「牱連州」，武經總要前集卷一九作「柯連州」。

〔一九〕乾德五年廢綿水富義置上監州　按九域志卷七："「乾德五年，省綿水縣爲鎭入江安，以富義縣隸富順監。」寰宇記卷八八同。此處有誤。

〔二〇〕渠州　原脫，據寰宇記卷一三八、宋會要方域七之六補。

〔二一〕梁州　二字衍。按寰宇記卷一三三、輿地廣記卷三二，梁州於唐興元元年升爲興元府，宋無此州名。

〔二二〕西和　原作「和」，據下文和宋會要方域七之七、輿地紀勝卷一八三改。下同。

〔二三〕紹熙五年再合　「紹熙」原作「紹興」。按上文爲「淳熙」，下文爲「慶元」，中間不得爲「紹興」，據下文「利州」條和輿地紀勝卷一八三改。

〔二四〕集州　原作「鎭州」，據九域志卷八、宋會要方域七之七改。

〔二五〕岐平縣　「平」，新唐書卷四〇地理志、寰宇記卷八六、輿地紀勝卷一八五都作「坪」。

〔二六〕端平三年兵亂　考異卷六九說："「此下當有徙治苦竹隘之文，或刊本脫漏。」

〔二七〕五年　九域志卷八、輿地廣記卷三二都作「二年」。

〔二八〕古渝縣　按宋無「古渝縣」，元一統志（輯本）卷五："「宋淳祐三年，制置使余玠以蓬州舊治經兵革荒廢，移治於營山縣界雲山上，以蓬池屬之。」也無「置司古渝縣」之說。

〔二九〕良山縣　「良」原作「梁」，據下文「良山」縣條、九域志卷八、輿地紀勝卷一八八改。

〔四〇〕自果州來屬　「果州」原作「興州」。按興州在利州路北境，和蓬州相去極遠，九域志卷七、輿地廣記卷三一作「果州」，據改。

〔四一〕縣五　原作「縣六」，據下文和本書卷八五地理志、輿地廣記卷八改。

〔四二〕軍事　本書卷八七地理志、九域志卷三「成州」條都作「團練」。疑作「軍事」誤。

〔四三〕隴城　原作「隴成」，下文「天水」縣註又作「隴西」，都據九域志卷三、輿地廣記卷一五改。

〔四四〕本黔州黔中郡軍事武泰軍節度　按宋會要方域五之七、九域志卷八、輿地廣記卷三三都作「武泰軍節度」，無「軍事」二字，「軍事」二字疑衍。

〔四五〕知州　新唐書卷四三下地理志、寰宇記卷一二〇、輿地紀勝卷一七六作「矩州」；九域志卷一〇作「短州」。

〔四六〕鄉州　新唐書卷四三下地理志、寰宇記卷一二〇、九域志卷一〇作「卿州」。

〔四七〕亳州　同上書同卷作「亮州」。

〔四八〕巴郡　九域志卷八、輿地紀勝卷一七五作「南平郡」。

〔四九〕石氏　原作「丕氏」，據九域志卷八、輿地紀勝卷一七九改。

〔五〇〕恭州　按上文，崇寧元年渝州改名恭州；本書卷一五神宗紀、卷四九六蠻夷傳都作「渝州」。

〔五一〕發軍及縣　「軍」原作「州」，據上文和宋會要方域七之一〇改。

宋史卷九十

志第四十三

地理六

廣南東路　廣南西路　燕山府路

廣南東路。府一：肇慶。州十四：廣，韶，循，潮，連，梅，南雄，英，賀，封，新，康，南恩，惠。縣四十三。南渡後，府三：肇慶，德慶，英德。州十一：廣，韶，循，潮，連，封，新，南恩，梅，雄，惠。紹興三十二年，戶五十一萬三千七百一十一，口七十八萬四千七百七十四。

廣州，中，都督府，南海郡，清海軍節度。開寶五年，廢咸寧、番禺、蒙化、游水四縣。大觀元年，升爲帥府。舊領廣南東路兵馬鈐轄，兼本路經略、安撫使。元豐戶一十四萬三千二百六十一。貢胡椒、石髮、糖霜、檀香、肉豆蔻、丁香母子、零陵香、補骨脂、舶上茴香、沒藥、沒石子。元豐貢沉香、甲香、詹糖香、石斛、龜殼、水馬、鼊皮、藤簟。縣八：南海，望。隋縣。後改常康，開寶五年復。番禺，上。開寶中，廢入南海。皇祐三年復置。有銀爐鐵場。增城，中。淸遠，中。有大富銀場、靜定鐵場、錢糾鉛場。懷集，中。有大利銀場。東莞，中下。開寶五年，廢入增城。六年復置。有桂角等二銀場，靜康等三鹽場，海南、黃田等三鹽柵。新會，下。有千歲錫場、海晏等六鹽場。信安。下。本義寧縣，開寶五年，廢入新會。六年，復置。太平興國初，改信安。熙寧五年，省爲鎭，入新州新興縣。元祐元年復爲縣。紹聖元年，復省爲鎭，後復爲縣，還隸廣州。南渡後，無信安，增縣一：香山。紹興二十二年〔一〕，以東莞香山鎭爲縣。

韶州，中，始興郡，軍事。元豐戶五萬七千四百三十八。貢絹、鍾乳。縣五：曲江，望。有永通錢監、靈源等三銀場，中子銅場。翁源，望。有大湖銀場、大富鉛場。樂昌，中。有黃坑等二銀場、太平鉛場。仁化，中。開寶五年，廢入樂昌。咸平三年，復置。有大衆〔二〕多田二鐵場、多寶鉛場。建福。宣和三年，以岑水場析曲江、翁源地置縣。南渡後，無建福，增縣一：乳源。乾道二年，析曲江之崇信、樂昌依化鄉，於洲頭津置〔三〕。監一：永通。

循州，下，海豐郡，軍事。元豐戶四萬七千一百九十二。貢絹、藤盤。縣三：龍川，望。有大有鉛場。宣和三年，改龍川曰雷鄉〔四〕。紹興元年復舊。興寧，望。晉縣。天禧三年，移治長樂。有夜明銀場。長樂。上。熙寧四年，析興寧縣置。有羅翊等四錫場。

潮州，下，潮陽郡，軍事。元豐戶七萬四千六百八十二。貢蕉布、甲香、鮫魚皮。縣三：

海陽，望。有海門等三砦、三河口鹽場、豐濟銀場、横衡等二錫場。潮陽，中下。本海陽縣地。紹興二年，廢入海陽。八年復。揭陽。宣和三年，割海陽三鄉置揭陽縣。紹興二年，廢入海陽。八年復，仍移治吉帛村。是謂「三陽」。

連州，下，連山郡，軍事。元豐戶三萬六千九百四十三。貢苧布、官桂。元豐貢鍾乳。縣三：桂陽，望。有同官銀場。陽山，中。有銅坑銅場〔五〕。連山。中。紹興六年廢爲鎭。十八年復。

梅州，下，軍事。本潮州程鄉縣。南漢置恭州〔六〕，開寶四年改，熙寧六年廢，元豐五年復。宣和二年，賜郡名義安。紹興六年，廢州爲程鄉縣，仍帶程鄉〔七〕軍事。十四年，復爲州。元豐戶一萬二千三百七十。貢銀、布。縣一：程鄉。中。有樂口銀場、石坑鉛場、龍坑鐵場。

南雄州，下，本雄州，軍事。開寶四年，加「南」字。宣和二年，賜郡名保昌。元豐戶二萬三百三十九。貢絹。縣二：保昌，望。始興。中。舊隸韶州，開寶四年來隸。

英德府，下，本英州，軍事。宣和二年，賜郡名曰眞陽。慶元元年，以寧宗潛邸，升府。元豐戶三千一十九。貢紵布。縣二：眞陽，望。有鍾峒銀場、禮平銅場。浛光。上。開寶四年，自廣州隸連州。六年，自連州來隸。有賢德等三銀場。

賀州，下，臨賀郡，軍事。開寶四年，廢蕩山、封陽、馮乘三縣。本屬東路，大觀二年五月，割屬西路。戶四萬二百五。貢銀。縣三：臨賀，緊。有太平銀場。富川，上。桂嶺。中。南渡後，屬廣西路。

封州，望，臨封郡，軍事。本下郡，大觀元年，升為望郡。紹興七年，省州，以二縣隸德慶府。十年，復舊。元豐戶二千七百七十九。貢銀。縣二：封川，下。開建。下。開寶五年，廢入封川。六年，復置。

肇慶府，望，高要郡，肇慶軍節度。本端州，軍事。元符三年，升興慶軍節度。大觀元年，升下為望。重和元年，賜肇慶府名，仍改軍額。元豐戶二萬五千一百三。貢銀、石硯。縣二：高要，中。有沙利銀場、浮蘆鐵場。四會。中。舊隸廣州，熙寧六年來屬。有金場、銀場。

新州，下，新興郡，軍事。開寶五年，廢平興縣〔八〕。元豐戶一萬三千六百四十一。貢銀。縣一：新興。中。咸平六年，移治州城西。

德慶府，望。本康州，晉康郡，軍事。開寶五年，廢州及悅城、晉康、都城並入端溪，以隸端州，尋復為州。大觀四年，升為望郡。紹興元年，以高宗潛邸，升為府。十四年，置永慶軍節度。元豐戶八千九百七十九。貢銀。縣二：端溪，下。有雲烈錫場。瀧水。下。舊隸瀧州，州廢，以縣來隸。有羅磨、護峒二銀場。

南恩州，下，恩平郡，軍事。舊恩州。開寶五年〔九〕，廢恩平、杜陵二縣。慶曆八年，以河北路有恩州，迺加「南」字。元豐戶二萬七千二百一十四。貢銀。縣二：陽江，中。有海口、海陵、博臘、遂訓等四砦，有鉛場。陽春。下。熙寧六年廢春州，併銅陵縣入陽春來隸。有欖徑鐵場。

惠州，下，軍事。宣和二年，賜郡名博羅。元豐戶六萬一千一百二十一。貢甲香、藤箱。縣四：歸善，中。有阜民錢監，西平、流坑二銀場，永吉、信上、永安三錫場，三豐鐵場，淡水鹽場。海豐，下。有靈溪〔一〇〕、楊安、勞謝三錫場，古龍、石橋二鹽場。河源，緊。有立溪、和溪、永安三錫場。博羅。中。有鐵場。

廣南西路。大觀元年，割融、柳、宜及平、允、從、庭、孚、觀九州爲黔南路，融州爲帥府，宜州爲望郡。三年，以黔南路併入廣西，以廣西黔南路爲名。四年，依舊稱廣南西路。州二十五：桂，容，邕，融，象，昭，梧，藤，龔，潯，柳，貴，宜，賓，横，化，高，雷，欽，白，鬱林，廉，瓊，平，觀。軍三：昌化，萬安，朱崖。縣六十五。南渡後，府二：靜江，慶遠。州二十：容，邕，象，融，昭，梧，藤，潯，貴，柳，賓，横，化，高，雷，欽，廉，賀，瓊，鬱林。軍三：南寧，萬安，吉陽。紹興二十二年，戶四十八萬八千六百五十五，口一百三十四萬一千五百七十二。

靜江府。本桂州，始安郡，靜江軍節度。大觀元年，爲大都督府，又升爲帥府。舊領廣南西路兵馬鈐轄，兼本路經略、安撫使。紹興三年，以高宗潛邸，升府。寶祐六年，改廣西制置大使，後四年廢，復爲廣西路經略、安撫使。元豐戶四萬六千三百四十三。貢銀、桂心。縣十一〔一一〕：臨桂，緊。嘉祐六年，廢慕化縣入焉。興安，望。唐全義縣。晉置溥州。乾德元年，州廢。太平興國初，改今名。靈川，望。荔浦，望。永福，下。脩仁，中。熙寧四年，廢脩仁縣爲鎮入荔浦。元豐元年復。義寧，中下。本義寧鎮，馬氏奏置。開寶五年，廢入廣州新會。六年復置。理定，下。古，下。永寧。中。唐豐水縣。熙寧四年，廢爲鎮入荔浦。元祐元年復。南渡後，無永寧縣。

容州，下，都督府，普寧郡，寧遠軍節度。開寶五年，廢欣道、渭龍、陵城三縣。元豐戶一萬三千七百七十六。貢銀、珠砂。縣三：普寧，上。開寶五年，廢繡州，以常林、阿林、羅繡三縣並入焉。陸川，中。開寶五年，廢順州，省龍豪、溫水、龍化〔二〕、南河四縣入焉。九年，移治公平；淳化五年，又徙治於舊溫水縣。北流。中。開寶五年廢禺州〔三〕，以峩石、扶萊、羅辨、陵城四縣地入焉。

邕州，下，都督府，永寧郡，建武軍節度。開寶五年，廢朗寧、封陵、思龍三縣。大觀元年，升爲望郡。紹興三年，置司市馬于橫山砦，以本路經略、安撫總州事，同提點買馬，專任武臣；隆興後文武通差。寶祐元年，兼邕、宜、欽、融鎮撫使。元豐戶五千二百八十八。貢銀。縣二：宣化，下。景祐二年，廢如和縣〔四〕入焉。武緣。下。景祐二年，廢樂昌縣入焉。砦一：太平。舊領永平、太平、古萬、橫山四砦，元豐九域志止存太平一砦。金場一：鎮乃。熙寧六年置。羈縻州四十四，縣五，洞十一。忠州、凍州、江州、萬丞州、思陵州、左州、思誠州、譚州、渡州、龍州、七源州、思明州、西平州、上思州、祿州、石西州、思浪州、思同州、安平州、員州、廣源州、勤州、南源州、西農州、萬崖州、覆利州、溫弄州及武黎縣、羅陽、陀陵縣、永康縣，武盈洞、古甑洞、憑祥洞、𨯨峒、卓峒、龍英洞、龍聳洞、徊洞、武德洞、古佛洞、八耽洞：並屬左江道。

思恩州、鶴州、思城州、勘州、歸樂州、武峩州、倫州、萬德州、蕃州、昆明州、婪鳳州、侯唐州、歸恩州、田州、功饒州、歸城州、武籠州及龍川縣：並屬右江道。初，安平州曰波州，皇祐元年改。元祐三年，又改懷化洞爲州。

融州，融水郡，淸遠軍節度。本軍事州，大觀二年，升爲帥府。三年，罷帥府，賜軍額，又升爲下都督府。崇寧元年，置武陽砦、羅城堡。二年，置樂善砦，廢羅城堡。四年，卽融水縣王口砦置平州。政和元年，廢平州，仍爲王口砦，與融江、文村、潯江、臨溪四堡砦來隸，尋復故。紹興四年，復廢平州爲王口砦，觀州爲高峯砦。元豐戶五千六百五十八。貢金、桂心。縣一：融水。中。開寶五年，置羅城縣。熙寧七年，廢武陽〔一五〕、羅城二縣爲鎭來隸。砦一：融江。南渡後，增縣一：懷遠。下。紹興四年州廢，復爲砦來隸；十四年，復爲縣。有臨溪、文村、潯江三堡，高峯砦。

羈縻州一：樂善州。

象州，下，象郡，景德四年，升防禦。景定三年，徙治來賓縣之蓬萊。元豐戶八千七百一十七。貢金、藤器、槵子。縣四：陽壽，中下。來賓，中下。舊隸嚴州，州廢來屬。開寶七年，又以廢嚴州之歸化入焉。武化，下。熙寧七年，廢武化縣入來賓。元祐元年復。武仙。下。南渡後，無武化縣。

昭州，下，平樂郡，軍事。開寶五年，廢永平縣。元豐戶一萬五千八百八十。貢銀。縣四：平樂，中。大中祥符元年，移治州城東。立山，中。熙寧五年廢蒙州，以東區〔一六〕、蒙山二縣入焉。龍平，中。開寶五年廢富州，以縣來隸，又以思勤、馬江入焉。熙寧八年，又隸梧州。元豐八年復來隸。宣和中改昭平。淳熙六年復今名。恭城。下。太平興國元年，徙治于北鄉龍渚市。景定五年復舊。

梧州，下，蒼梧郡，軍事。元豐戶五千七百二十。貢銀、白石英。縣一：蒼梧。下。熙寧四年，省戎城縣爲鎮，入蒼梧。

藤州，下，感義郡，軍事。開寶三年，廢寧風、感義、義昌三縣。元豐戶六千四百二十二。貢銀。縣二：鐔津，中。岑溪。下。熙寧四年，廢南儀州爲縣，隸州。

龔州，下，臨江郡，軍事。開寶五年，廢陽川、武林〔七〕、隨建、大同四縣。政和元年，州廢，隸潯州；三年，復。紹興六年，復廢，仍隸潯州。元豐戶八千三十九。貢銀。縣一：平南。中。開寶五年，以思明州之武郎來屬。嘉祐二年，廢武郎縣入焉。

潯州，下，潯江郡，軍事。開寶五年，廢皇化縣，俄又廢州，以桂平隸貴州。六年，復置。元豐戶六千一百四十一。貢銀。縣一：桂平。下。

柳州，下，龍城郡，軍事。咸淳元年，徙治柳城縣之龍江。元豐戶八千七百三十。貢銀。縣三：馬平，中。洛容，中。嘉祐四年，廢象縣入洛容。柳城。中。梁龍城縣。景德三年改。

貴州，下，懷澤郡，軍事。元豐戶七千四百六十。貢銀。縣一：鬱林。中下。隋鬱平縣。開寶四年改。

慶遠府，下。本宜州，龍水郡，慶遠軍節度。舊軍事州。景祐三年，廢崖山縣。宣和元年，賜軍額。河池縣，不詳何年併省。咸淳元年，以度宗潛邸，升慶遠府。元豐戶一萬五千八百二十三。貢生豆蔻、草豆蔻。元豐貢銀。縣四：龍水，上。淳化五年，以柳州洛曹來隸；嘉祐七年，廢入龍水。熙寧八年二月，廢羈縻懷遠軍古陽縣爲懷遠砦，迷昆縣〔一八〕爲鎮，并思立砦並入焉。有懷遠、思立二砦。後改宜山。天河，下。大觀元年六月，以天河縣并德謹砦、堰江堡隸融州。靖康元年九月，復來隸。有德謹一砦。忻城，中下。慶曆三年，以羈縻芝忻、歸恩、紆等州地置縣。思恩。下。熙寧八年，自環州來隸，徙治帶溪砦，省鎮寧州禮丹縣入焉。元豐六年，復徙舊治。有普義、帶溪、鎮寧三砦。南渡後，增縣一：河池。下。有銀場。羈縻州十，軍一，監二。溫泉州、環州、鎮寧州，領縣二。蕃州、金城州、文州、蘭州，領縣三。安化州，領縣四。迷昆州、智州，領縣五。懷遠軍，領縣一。又有富仁、富安二監。舊領思順、歸化二州，慶曆四年，併入柳州馬平縣。

賓州，下，安城郡，軍事。開寶五年，廢州，琅琊保城二縣，以嶺方隸邕州〔一九〕。六年，以嶺方復置州。元豐戶七千六百二十。貢銀、藤器。縣三：嶺方，下。遷江，中。本邕州羈縻州，天禧四年置。上林。中下。開寶五年，自邕州來屬，廢澄州止戈、賀水、無虞入焉〔二〇〕。

橫州，下，寧浦郡，軍事。開寶五年，廢樂山、從化二縣，又以廢巒州永定來屬。元豐戶三千四百五十一。貢銀。縣二：寧浦，下。永定。下。開寶六年，廢巒州武靈、羅竹二縣入焉。熙寧四年，省入寧浦〔二一〕。元祐三年復置，後更名永淳。

化州，下，陵水郡，軍事。本辯州，太平興國五年改。開寶中，廢陵羅縣。元豐戶九千三百七十三。貢銀、高良薑。縣二：石龍，下。吳川。下。本屬羅州，州廢，開寶五年來隸。南渡後，增縣一：石城。乾道三年，析吳川西鄉置，因石城岡爲名。

高州，下，高涼郡，軍事。開寶五年，廢良德縣。景德元年，併入竇州，移治茂名。三年，復置，以二縣還隸。元豐戶一萬一千七百六十六。貢銀。縣三：電白，下。信宜，中下。唐信儀縣。太平興國初，改信宜。熙寧四年廢竇州，以信宜縣來隸。有銀場。茂名。下。開寶五年，自潘州來隸。

雷州，下，海康郡，軍事。開寶五年，廢徐聞、遂溪二縣。元豐戶一萬三千七百八十四。貢良薑。元豐貢斑竹。縣一：海康。下。有冠頭砦。南渡後，復二縣：遂溪，紹興十九年復置。徐聞。乾道七年復置。

欽州，下，寧越郡，軍事。開寶五年，廢遵化、欽江、內亭三縣。天聖元年，徙州治南賓砦。元豐戶一萬五百五十二。貢高良薑、翡翠毛。縣二：靈山，望。有咄步砦。安遠。下。唐保京縣。宋初改安京，景德中，改今名。有如洪、如昔二砦。

白州，下，南昌郡，軍事。開寶五年，廢南昌、建寧、周羅三縣。政和元年廢州，以其地隸鬱林，三年復。南渡後，復廢入鬱林。元豐戶四千五百八十九。貢銀、縮砂。縣一：博白。中。南渡後，隸鬱林州。

鬱林州，下，鬱林郡，軍事州。開寶中，廢鬱平、興德二縣。州初治興業，至道二年，徙今治。政和元年，廢白州，博白來隸。三年，復置白州，以博白還舊隸。南渡後，廢白州，以博白來隸。元豐戶三千五百六十四。貢縮砂。元豐貢銀。縣二：南流，中下。舊隸牢州，州廢來隸，又以廢牢州之定川、宕川，黨州容山、懷義、撫康、善牢入焉。興業。下。以廢鬱平、興德入焉。

廉州，下，合浦郡，軍事。開寶五年，廢封山、蔡龍、大廉三縣，移州治於長沙場，置石康縣。太平興國八年，改太平軍，移治海門鎮。咸平元年復。元豐戶七千五百。貢銀。縣二：合浦，上。有二砦。石康。下。本常樂州，宋併爲縣。

瓊州，下，瓊山郡，靖海軍節度。本軍事州〔三〕。大觀元年，以黎母山夷峒建鎮州，賜軍額爲靖海。政和元年，鎮州廢，以其地及軍額來歸。元豐戶八千九百六十三。貢銀、檳榔。縣五〔三〕：瓊山，中。熙寧四年，省舍城入焉。有感恩、英田場二柵。澄邁，下。開寶五年廢崖州，與舍城、文昌並來隸。文昌，下。臨高，下。紹興初，移于莫村。樂會。下。唐置，環以黎洞，寄治南管。大觀三年，割隸萬安軍，後復來屬。

南寧軍，舊昌化軍，同下州。本儋州，熙寧六年，廢州爲軍。紹興六年，廢昌化、萬安、吉陽三軍爲縣，隸瓊州。十三年，爲軍使；十四年復爲軍，以屬縣還隸本軍。後改今名。元豐戶八百三十三。貢高良薑。元豐貢銀。縣三：宜倫，下。隋義倫縣。太平興國初改。昌化，下。熙寧六年省，元豐三年復。有昌化砦。感恩。下。熙寧六年省，元豐四年復。

萬安軍，同下州。舊萬安州，萬安郡。熙寧七年，廢爲軍。紹興六年，廢軍爲萬寧縣，以軍使兼知縣事，隸瓊州。十三年，復爲軍。元豐戶二百七十。貢銀。縣二：萬寧，下。後復名萬安。陵水。下。熙寧七年爲鎮，元豐三年復。紹興六年隸瓊州。十三年，復來隸。

吉陽軍，同下州。本朱崖軍，卽崖州。熙寧六年，廢爲軍。紹興六年，廢軍爲寧遠縣。十三年復。後改名吉陽軍。元豐戶二百五十一。貢高良薑。鎮二：臨川，藤橋。熙寧六年，省寧遠、吉陽二縣爲臨川、藤橋二鎮。寧遠卽臨川。南渡後，縣二：寧遠，下。紹興六年復縣，隸瓊州。十三年，復來屬。吉陽。下。熙寧六年，廢爲藤橋鎮，隸瓊州。紹興六年復。

平州。崇寧四年三月，王江古州蠻戶納土，於王口砦建軍，以懷遠爲名，割融州融江、文村、潯江、臨溪四堡砦並隸軍。尋改懷遠軍爲平州，仍置倚郭懷遠縣。又置百萬砦及萬安砦，又於安口隘置允州及安口縣，又於中古州置格州及樂古縣。五年，改格州爲從州。政和元年，廢平州，依舊爲王口砦；并融江、文村、潯江、臨溪四堡砦並依舊隸融州，廢懷遠縣。又廢從州爲樂古砦，并通靖、鎮安、百萬砦並撥隸允州。又廢允州，權留平州，又權置百萬砦。宣和二年，賜平州郡名曰懷遠。紹興四年，廢平州仍爲王口砦，隸融州。十四年，復以王口砦爲懷遠縣。

從州。廢置具平州。

允州。廢置同上。

庭州。大觀元年，以宜州河池縣置庭州，倚郭縣曰懷德。又於南丹州中平縣置砦曰靖南，尋撥隸庭州。大觀二年，置安遠砦。大觀四年，廢庭州，移靖南砦於廢孚州。宣和五年，移安遠砦於平安山置。

孚州。大觀元年，以地州建隆縣置孚州，倚郭縣曰歸仁。四年，廢孚州及歸仁縣爲靖南砦。先於南丹州中平縣置靖南砦，今移置此。政和七年，復置孚州及歸仁縣[三四]，仍移靖南砦歸舊處。宣和三年，復廢孚州及歸仁縣，置靖南砦。大觀四年，隸觀州。紹興四年，廢靖南砦。

溪州。大觀元年，以宜州思恩縣帶溪砦置溪州。四年，廢。

鎮州。大觀元年，置鎮州於黎母山心，倚郭縣以鎮寧爲名，升鎮州爲都督府，賜靜海軍額。政和元年，廢鎮州，以靜海軍額爲瓊州。

延德軍。崇寧五年，初置延德縣於朱崖軍黃流、白沙、側浪之間。大觀元年，改爲軍，又置倚郭縣曰通遠。政和元年，廢延德軍爲感恩縣，昌化軍通遠縣爲通遠鎮，隸朱崖軍。政和六年，置延德砦，又以通遠鎮爲砦。

地州。崇寧五年，納土。大觀元年，以地州建隆縣置孚州。

文州。崇寧五年，納土。大觀元年，置綏南砦。紹興四年廢。

蘭州。崇寧五年，納土。

那州。崇寧五年，納土。

觀州。大觀元年，克南丹州，以南丹州爲觀州，置倚郭縣。大觀四年，以南丹州還莫公晟，復於高峯砦置觀州。紹興四年，廢觀州爲高峯砦，存留木門、馬臺、平洞、黃泥、中村等堡砦。

隆州。

兌州。政和四年，置隆州、兌州并興隆縣、萬松縣。宣和三年，廢隆州及興隆縣爲威遠砦，兌州及萬松縣爲靖遠砦。二州先置思忠、安江、鳳憐、金斗、朝天等五砦並廢，各隸新砦，仍並隸邕州。

廣南東、西路，蓋禹貢荆、揚二州之域，當牽牛、婺女之分。南濱大海，西控夷洞，北限五嶺。有犀象、瑇瑁、珠璣、銀銅、果布之產。民性輕悍。宋初，以人稀土曠，併省州縣。然歲有海舶貿易，商賈交湊。桂林邕、宜接夷獠，置守戍。大率民婚嫁、喪葬、衣服多不合禮。尚淫祀，殺人祭鬼。山林翳密，多瘴毒，凡命官吏，優其秩奉。春、梅諸州，炎癘頗甚，許土人領任。景德中，令秋冬赴治，使職巡行，皆令避盛夏瘴霧之患。人病不呼醫服藥。儋、崖、萬安三州，地狹戶少，常以瓊州牙校典治。安南數郡，土壤遐僻，但羈縻不絕而已。

燕山府路。府一：燕山。州九：涿，檀，平，易，營，順，薊，景，經。縣二十〔三五〕。宣和四年，詔山前收復州縣，合置監司，以燕山府路爲名，山後別名雲中府路。

燕山府。唐幽州，范陽郡，盧龍軍節度。石晉以賂契丹，契丹建爲南京，又改號燕京。金人滅契丹，以燕京及涿、易、檀、順、景、薊六州二十四縣來歸。宣和四年，改燕京爲燕山府，又改郡曰廣陽，節度曰永清軍，領十二縣。五年，童貫、蔡攸入燕山。七年，郭藥師以燕山叛，金人復取之。析津，宛平〔三六〕，都市，賜名廣寧。昌平，良鄉，潞，武清，安次，永清，玉河〔三七〕，香河，賜名清化。漷陰。

涿州。唐置，石晉以賂契丹。宣和四年，金將郭藥師〔三八〕以州降，賜郡名曰涿水，升威行軍節度。縣四：范陽，歸義，固安〔三九〕，新城。賜名威城。

檀州。隋置，石晉以賂契丹。宣和四年，金人以州來歸，賜郡名曰橫山，升鎮遠軍節度。七年，金人復破之。縣二：密雲，行唐。賜名威塞。

平州。隋置，後唐時爲契丹所陷，改遼興府，以營、灤二州隸之。宣和四年，賜郡名漁陽，升撫寧軍節度。五年，遼將張覺據州來降，尋爲金所破。縣三：盧龍，賜名盧城。石城，賜名臨關。馬城。賜名安城。

易州。唐置，雍熙四年，陷于契丹。宣和四年，金人以州來歸，賜郡名曰遂武，防禦。縣三：易水，淶水，容城。

營州。隋置，後唐時爲契丹所陷。宣和四年，賜郡名曰平盧，防禦。縣一：柳城〔三〕。賜名鎭山。

順州。唐置，石晉以賂契丹。宣和四年，金人以州來歸，賜郡名曰順興，團練。縣一：懷柔。

薊州。唐置，石晉以賂契丹。宣和四年，金人以州來歸，賜郡名曰廣川，團練。七年，金人破之。縣三：漁陽，賜名平盧。三河，玉田。

景州。契丹置。宣和四年，金人以州來歸，賜郡名曰灤川，軍事。縣一：遵化。

經州。本薊州玉田縣。宣和六年，建爲州。七年，陷于金。

雲中府路。

雲中府，唐雲州，大同軍節度。石晉以賂契丹，契丹號爲西京。宣和三年，始得雲中府、武應朔蔚奉聖歸化儒嬀等州〔三〕，所謂山後九州也。

武州。唐置，石晉以賂契丹。宣和五年，金人以州來歸。六年，築固疆堡。尋復爲金人所取。

應州。故屬大同軍節度，後唐置彰國軍，石晉以賂契丹。宣和五年，契丹將蘇京以州來降。金人尋逐京，復取之。

朔州。唐置，後唐爲振武軍，石晉以賂契丹。宣和五年，守將韓正以州來降。金人尋逐正，復取之。

蔚州。唐置，石晉以賂契丹。宣和五年，守將陳翊以州來降。六年，翊爲金人所殺，復取之。

奉聖州。唐新州，後唐置威塞軍節度，石晉以賂契丹。在雲中府之東，契丹改爲奉聖州。

歸化州。舊毅州，後唐改爲武州，石晉以賂契丹，契丹改爲歸化州。

儒州。唐置，石晉以賂契丹。

嫣州。唐置，石晉以賂契丹，契丹改爲可汗州。

校勘記

〔一〕紹興二十二年　原作「三十二年」，據宋會要方域七之一二、輿地紀勝卷八九改。

〔二〕大衆　宋會要食貨三三之四、九域志卷九作「火衆」。

〔三〕析曲江之崇信樂昌依化鄉於洲頭津置　「崇信」二字原脫，「洲」原作「州」。據宋會要方域七之一三、輿地紀勝卷九〇補改。

〔四〕雷鄉　原作「雷江」。按龍川本唐雷鄉縣，南漢始改龍川，見寰宇記卷一五九；宣和二年復雷鄉舊名，見宋會要方域七之一三。據改。

〔五〕銅場　原作「錫場」，和場名銅坑不符。據九域志卷九、宋會要食貨三三之一二改。

〔六〕恭州　當作「敬州」，寰宇記卷一六〇：本潮州程鄉縣，南漢乾和三年，升爲敬州。清吳蘭修南漢地理志「敬州」條說：「避翼祖諱稱恭州，非實改也。」

〔七〕程鄉　原作「程江」，據上文和宋會要方域七之一五、輿地紀勝卷一〇二改。

〔八〕平興縣　按九域志卷九「端州」、「新州」二條，平興屬端州，永順屬新州，兩縣同時省廢。此處「平興」當爲「永順」之誤。

〔九〕開寶五年　「五年」原作「三年」，據九域志卷九、輿地廣記卷三五改。

〔一〇〕靈溪　原作「雲溪」，據九域志卷九、宋會要食貨三三之五改。

〔一一〕縣十一　按下文和九域志卷九、輿地廣記卷三六、輿地紀勝卷一〇三都只有十縣。唯各書十縣中有陽朔而無永寧，下文有永寧而無陽朔，疑下文脫陽朔一名。

〔一二〕龍化　原作「龍水」，據輿地廣記卷三六、宋會要方域七之一七改。

〔一三〕禺州　「禺」上原衍「高」字，據宋會要方域七之一七、九域志卷九、輿地紀勝卷一〇四刪。

〔一四〕如和縣　原作「如化縣」，據宋會要方域七之一八、九域志卷九改。

〔一五〕武陽　原作「武功」，據宋會要方域七之一八、九域志卷九改。

〔一六〕東區　原作「連區」，據寰宇記卷一六三、宋朝事實卷一九改。

〔一七〕武林　原作「武陵」，按武林縣名本係因唐之舊，據新唐書卷四三上地理志和寰宇記卷一五八、九域志卷九改。

〔一八〕迷昆縣　九域志卷九、輿地紀勝卷一二二都作「逃昆縣」。新唐書卷四三下地理志桂州都督府管下有「逃昆州」，疑作「逃昆」是。下文「迷昆州」同。

〔一九〕廢州琅琊保城二縣以嶺方隸邕州　「保城」原作「石城」，「嶺方」原作「領方」。據寰宇記卷一六五、九域志卷九改。下文「嶺方」各條同。

〔一〇〕開寶五年自邕州來屬廢澄州止戈賀水無虞入焉　按宋會要方域七之一二，開寶五年廢澄州，省止戈、賀水、無虞入上林縣，隸邕州；九域志卷九，端拱三年以邕州上林縣隸賓州。疑此處有誤。

〔一一〕寧浦　原作「靈浦」，據上文和九域志卷九、輿地廣記卷三七改。

〔一二〕軍事州　「事州」二字原倒，據上文「鬱林州」條「軍事州」例和九域志卷九改。

〔一三〕縣五　原作「縣四」，據下文和九域志卷九、輿地紀勝卷一一四改。

〔一四〕歸仁縣　原作「綏仁縣」，據上下文和宋會要方域七之一四改。

〔一五〕縣二十　按下文府州所領縣數共三十，此處「二」字當爲「三」之訛。

〔一六〕宛平　原作「廣平」，據宋會要方域五之三五、遼史卷四〇地理志改。

〔一七〕玉河　原作「王河」，據同上書同卷同篇改。

〔一八〕金將郭藥師　按本書卷四七二本傳，此時郭藥師是遼的涿州留守；本書卷二二徽宗紀、北盟會編卷九載此事，都作「遼將」。此處「金」字當作「遼」。

〔一九〕固安　原作「同安」，據寰宇記卷七〇、遼史卷四〇地理志改。

〔二〇〕柳城　原作「都城」，據宋會要方域五之三六、遼史卷四〇地理志改。

〔二一〕宣和三年始得雲中府武應朔蔚奉聖歸化儒嬀等州　據下文武、應、朔、蔚州等條和北盟會編卷一四，此處「三年」當作「五年」。

宋史卷九十一

志第四十四

河渠一

黃河上

黃河自昔爲中國患，河渠書述之詳矣。探厥本源，則博望之說，猶爲未也。大元至元二十七年，我世祖皇帝命學士蒲察篤實西窮河源，始得其詳。今西蕃朶甘思南鄙曰星宿海者，其源也。四山之間，有泉近百泓，匯而爲海，登高望之，若星宿布列，故名。流出復瀦，曰哈剌海，東出曰赤賓河，合忽闌、也里朮二河，東北流爲九渡河，其水猶淸，騎可涉也。貫山中行，出西戎之都會，曰闊卽、曰闊提者，合納憐河，所謂「細黃河」也，水流已濁。繞昆侖之南，折而東注，合乞里馬出河，復繞昆侖之北，自貴德、西寧之境，至積石，經河州，過臨洮，合洮河，東北流至蘭州，始入中國。北繞朔方、北地、上郡而東，經三受降城、豐東勝州，折而南，出龍門，過河中，抵潼關。東出三門、集津爲孟津，過虎牢，而後奔放平壤。吞納小水以百數，勢益雄放，無崇山巨磯以防閑之，旁激奔潰，不遵禹蹟。故虎牢迤東距海口三二千里，恆被其害，宋爲特甚。始自滑臺、大伾，嘗兩經汎溢，復禹蹟矣。一時姦臣建議，必欲回之，俾復故流，竭天下之力以塞之。屢塞屢決，至南渡而後，貽其禍於金源氏，由不能順其就下之性以導之故也。

若江，若淮，若洛、汴、衡漳，暨江、淮以南諸水，皆有舟楫溉灌之利者，歷敍其事而分紀之。爲河渠志。

河入中國，行太行西，曲折山間，不能爲大患。既出大伾，東走赴海，更平地二千餘里，禹迹既湮，河并爲一，特以隄防爲之限。夏秋霖潦，百川衆流所會，不免決溢之憂，然有司所以備河者，亦益工矣。

自周顯德初，大決東平之楊劉，宰相李穀監治隄，自陽穀抵張秋口以遏之，水患少息。

然決河不復故道，離而爲赤河。

太祖乾德二年，遣使案行，將治古隄。議者以舊河不可卒復，力役且大，遂止；但詔民治遙隄，以禦衝注之患。其後赤河決東平之竹村，七州之地復罹水災。三年秋，大雨霖，開封府河決陽武，又孟州水漲，壞中潬橋梁，澶、鄆亦言河決，詔發州兵治之。四年八月，滑州河決，壞靈河縣大隄，詔殿前都指揮使韓重贇、馬步軍都軍頭王廷義等督士卒丁夫數萬人治之，被泛者蠲其秋租。

五年正月，帝以河堤屢決，分遣使行視，發畿甸丁夫繕治。自是歲以爲常，皆以正月首事，季春而畢。是月，詔開封大名府、鄆澶滑孟濮齊淄滄棣濱德博懷衞鄭等州長吏，並兼本州河隄使，蓋以謹力役而重水患也。

開寶四年十一月，河決澶淵，泛數州。官守不時上言，通判、司封郎中姚恕棄市，知州杜審肇坐免。五年正月，詔曰：「應緣黃、汴、淸、御等河州縣，除準舊制種藝桑棗外，委長吏課民別樹楡柳及土地所宜之木。仍案戶籍高下，定爲五等：第一等歲樹五十本，第二等以下遞減十本。民欲廣樹藝者聽，其孤、寡、惸、獨者免。」是月，澶州修河卒賜以錢、鞵，役夫給以茶。三月，詔曰：「朕每念河渠潰決，頗爲民患，故署使職以總領焉，宜委官聯佐治其事。自今開封等十七州府，各置河堤判官一員，以本州通判充；如通判闕員，卽以本州判官充〔一〕。

五月，河大決濮陽，又決陽武。詔發諸州兵及丁夫凡五萬人，遣潁州團練使曹翰護其役。翰辭，太祖謂曰：「霖雨不止，又聞河決。朕信宿以來，焚香上禱于天，若天災流行，願在朕躬，勿延于民也。」翰頓首對曰：「昔宋景公諸侯耳，一發善言，災星退舍。今陛下憂及兆庶，懇禱如是，固當上感天心，必不爲災。」

六月，下詔曰：「近者澶、濮等數州，霖雨荐降，洪河爲患。朕以屢經決溢，重困黎元，每閱前書，詳究經瀆。至若夏后所載，但言導河至海，隨山濬川，未聞力制湍流，廣營高岸。自戰國專利，堙塞故道，小以妨大，私而害公，九河之制遂隳，歷代之患弗弭。凡搢紳多士、草澤之倫，有素習河渠之書，深知疏導之策，若爲經久，可免重勞，並許詣闕上書，附驛條奏。朕當親覽，用其所長，勉副詢求，當示甄獎。」時東魯逸人田告者，纂禹元經十二篇，帝聞之，召至闕下，詢以治水之道，善其言，將授以官，以親老固辭歸養，從之。翰至河上，親督工徒，未幾，決河皆塞。

太宗太平興國二年秋七月，河決孟州之温縣、鄭州之滎澤、澶州之頓丘，皆發緣河諸州丁夫塞之。又遣左衛大將軍李崇矩騎置自陝西至滄、棣，案行水勢。視隄岸之缺，亟繕治之；民被水災者，悉蠲其租。三年正月，命使十七人分治黃河隄，以備水患。滑州靈河縣河塞復決，命西上閤門使郭守文率卒塞之。七年，河大漲，蹙清河，凌鄆州，城將陷，塞其門，急奏以聞。詔殿前承旨劉吉馳往固之。

八年五月，河大決滑州韓村，泛澶、濮、曹、濟諸州民田，壞居人廬舍，東南流至彭城界入于淮。詔發丁夫塞之。隄久不成，乃命使者按視遙堤舊址。使回條奏，以爲「治遙堤不如分水勢。自孟抵鄆，雖有隄防，唯滑與澶最爲隘狹。於此二州之地，可立分水之制，宜於南北岸各開其一，北入王莽河以通于海，南入靈河以通于淮，節減暴流，一如汴口之法。其分水河，量其遠邇，作爲斗門，啓閉隨時，務乎均濟。通舟運，溉農田，此富庶之資也。」不報。時多陰雨，河久未塞，帝憂之，遣樞密直學士張齊賢乘傳詣白馬津，用太牢加璧以祭。十二月，滑州言決河塞，羣臣稱賀。

九年春，滑州復言房村河決，帝曰：「近以河決韓村，發民治隄不成，安可重困吾民，當以諸軍代之。」乃發卒五萬，以侍衞步軍都指揮使田重進領其役，又命翰林學士宋白祭白馬津，沈以太牢加璧，未幾役成。

淳化二年三月，詔：「長吏以下及巡河主埽使臣，經度行視河堤，勿致壞隳，違者當寘于法。」四年十月，河決澶州，陷北城，壞廬舍七千餘區，詔發卒代民治之。是歲，巡河供奉官梁睿上言：「滑州土脈疏，岸善隤，每歲河決南岸，害民田。請於迎陽鑿渠引水，凡四十里，至黎陽合大河，以防暴漲。」帝許之。五年正月，滑州言新渠成，帝又案圖，命昭宣使羅州刺史杜彥鈞率兵夫，計功十七萬，鑿河開渠，自韓村埽至州西鐵狗廟，凡十五餘里，復合于河，以分水勢。

眞宗咸平三年五月，河決鄆州王陵埽，浮鉅野，入淮、泗，水勢悍激，侵迫州城。命使率諸州丁男二萬人塞之，踰月而畢。始，赤河決，擁濟、泗，鄆州城中常苦水患。至是，霖雨彌月，積潦益甚，乃遣工部郎中陳若拙經度徙城。若拙請徙於東南十五里陽鄉之高原，詔可。是年〔三〕，詔：「緣河官吏，雖秩滿，須水落受代。知州、通判兩月一巡隄，縣令、佐迭巡隄防，轉運使勿委以他職。」又申嚴盜伐河上榆柳之禁。

景德元年九月，澶州言河決橫壠埽；四年，又壞王八埽，並詔發兵夫完治之。大中祥符三年十月，判河中府陳堯叟言：「白浮圖村河水決溢，爲南風激還故道。」明年，遣使滑州經度西岸，開減水河。九月，棣州河決聶家口，五年正月，本州請徙城，帝曰：「城去決河尙十數里，居民重遷。」命使完塞。既成，又決於州東南李民灣，環城數十里民舍多壞，又請徙於商河。役興踰年，雖扞護完築，裁免決溢，而湍流益暴，壖地益削，河勢高民屋殆踰丈矣，民苦久役，而終憂水患；八年，乃詔徙州於陽信之八方寺。

著作佐郎李垂上導河形勝書三篇并圖，其略曰：

臣請自汲郡東推禹故道，挾御河，較其水勢，出大伾、上陽、太行三山之間，復西河故瀆，北注大名西、館陶南，東北合赤河而至于海。因於魏縣北析一渠，正北稍西逕衡漳直北，下出邢、洺，如夏書過洚水，稍東注易水、合百濟、會朝河而至于海。大伾而下，黃、御混流，薄山障隄，勢不能遠。如是則載之高地而北行，百姓獲利，而契丹不能南侵矣。禹貢所謂「夾右碣石入于海」(三)，孔安國曰：「河逆上此州界。」

其始作自大伾西八十里，曹公所開運渠東五里，引河水正北稍東十里，破伯禹古隄，逕牧馬陂，從禹故道，又東三十里轉大伾西、通利軍北，挾白溝，復西大河，北逕清豐、大名西，歷洹水、魏縣東，暨館陶南，入屯氏故瀆，合赤河而北至于海。既而自大伾西新發故瀆西岸析一渠，正北稍西五里，廣深與汴等，合御河道，逼大伾北，卽堅壤析一渠，東西二十里，廣深與汴等，復東大河。兩渠分流，則三四分水，猶得注澶淵舊渠矣。大都河水從西大河故瀆東北，合赤河而達于海，然後於魏縣北發御河西岸析一渠，正北稍西六十里，廣深與御河等，合衡漳水；又冀州北界、深州西南三十里決衡漳西岸，限水爲門，西北注滹沱，潦則塞之，使東漸渤海，旱則決之，使西灌屯田，此中國禦邊之利也。

兩漢而下，言水利者，屢欲求九河故道而疏之。今考圖志，九河並在平原而北，且河壞澶、滑，未至平原而上已決矣，則九河奚利哉。漢武捨大伾之故道，發頓丘之暴衝，則濫兗泛齊，流患中土，使河朔平田，膏腴千里，縱容邊寇劫掠其間。今大河盡東，全燕陷北，而禦邊之計，莫大於河。不然，則趙、魏百城，富庶萬億，所謂誨盜而招寇矣。一日伺我饑饉，乘虛入寇，臨時用計者實難；不如因人足財豐之時，成之爲易。

詔樞密直學士任中正、龍圖閣直學士陳彭年、知制誥王曾詳定。中正等上言：「詳垂所述，頗爲周悉。所言起滑臺而下，派之爲六，則緣流就下，湍急難制，恐水勢聚而爲一，不能各依所導。設或必成六派，則是更增六處河口，悠久難於隄防；亦慮入滹沱、漳河，漸至二水淤塞，益爲民患。又築堤七百里，役夫二十一萬七千，工至四十日，侵占民田，頗爲煩費。」其議遂寢。

七年，詔罷葺遙堤，以養民力。八月，河決澶州大吳埽，役徒數千，築新隄，亙二百四十步，水乃順道。八年，京西轉運使陳堯佐議開滑州小河分水勢，遣使視利害以聞。及還，請規度自三迎陽村北治之，復開汊河於上游，以泄其壅溢。詔可。

天禧三年六月乙未夜，滑州河溢城西北天臺山旁，俄復潰于城西南，岸摧七百步，漫溢州城，歷澶、濮、曹、鄆，注梁山泊；又合淸水、古汴渠東入于淮，州邑罹患者三十二。卽遣使賦諸州薪石、楗橛、芟竹之數千六百萬，發兵夫九萬人治之。四年二月，河塞，羣臣入賀，上親爲文，刻石紀功。

是年，祠部員外郎李垂又言疏河利害，命垂至大名府、滑衞德貝州、通利軍與長吏計度。垂上言：

臣所至，並稱黃河水入王莽沙河與西河故瀆，注金、赤河，必慮水勢浩大，蕩浸民田，難於隄備。臣亦以爲河水所經，不無爲害。今者決河而南，爲害旣多，而又陽武埽東、石堰埽西，地形汙下，東河泄水又艱。或者云：「今決處漕底坑深，舊渠逆上，若塞之，旁必復壞。」如是，則議塞河者誠以爲難。若決河而北，爲害雖少，一旦河水注御河，蕩易水，逕乾寧軍，入獨流口，遂及契丹之境。或者云：「因此搖動邊鄙。」如是，則議疏河者又益爲難。臣於兩難之間，輒畫一計：請自上流引北載之高地，東至大伾，瀉復於澶淵舊道，使南不至滑州，北不出通利軍界。

何以計之？臣請自衞州東界曹公所開運渠東五里，河北岸凸處，就岸實土堅引之，正北稍東十三里，破伯禹古隄，注裴家潭，逕牧馬陂，又正東稍北四十里，鑿大伾西山，釃爲二渠：一逼大伾南足，決古隄正東八里，復澶淵舊道；一逼通利軍城北曲河口，至大禹所導西河故瀆，正北稍東五里，開南北大隄，又東七里，入澶淵舊道，與南渠合。夫如是，則北載之高地，大伾二山脽股之間分酌其勢，浚瀉兩渠，匯注東北，不遠三十里，復合于澶淵舊道，而滑州不治自涸矣。

臣請以兵夫二萬，自來歲二月興作，除三伏半功外，至十月而成。其均厚埤薄，俟次年可也。

疏奏，朝議慮其煩擾，罷之。

初，滑州以天臺決口去水稍遠，聊興葺之，及西南堤成，乃於天臺口旁築月隄。六月望，河復決天臺下，走衞南，浮徐、濟，害如三年而益甚。帝以新經賦率，慮殫困民力，卽詔京東西、河北路經水災州軍，勿復科調丁夫，其守扞隄防役兵，仍令長吏存恤而番休之。五年正月，知滑州陳堯佐以西北水壞，城無外禦，築大隄，又疊埽於城北，護州中居民；復就鑿橫木，下垂木數條，置水旁以護岸，謂之「木龍」，當時賴焉；復並舊河開枝流，以分導水勢，有詔嘉奬。

說者以黃河隨時漲落，故舉物候爲水勢之名：自立春之後，東風解凍，河邊人候水，初至凡一寸，則夏秋當至一尺，頗爲信驗，故謂之「信水」。二月、三月桃華始開，冰泮雨積，川流猥集，波瀾盛長，謂之「桃華水」。春末蕪菁華開，謂之「菜華水」。四月末壟麥結秀，擢芒變色，謂之「麥黃水」。五月瓜實延蔓，謂之「瓜蔓水」。朔野之地，深山窮谷，固陰沍寒，冰堅晚泮，逮乎盛夏，消釋方盡，而沃蕩山石，水帶礬腥，併流于河，故六月中旬後，謂之「礬山水」。七月菽豆方秀，謂之「豆華水」。八月菼薍華，謂之「荻苗水」。九月以重陽紀節，謂之「登高水」。十月水落安流，復其故道，謂之「復槽水」。十一月、十二月斷冰雜流，乘寒復結，謂之「蹙凌水」。水信有常，率以爲準；非時暴漲，謂之「客水」。

其水勢：凡移徙橫注，岸如刺毀，謂之「箚岸」。漲溢踰防，謂之「抹岸」。埽岸故朽，潛流漱其下，謂之「塌岸」。浪勢旋激，岸土上隤，謂之「淪捲」。水侵岸逆漲，謂之「上展」；順漲，謂之「下展」。或水乍落，直流之中，忽屈曲橫射，謂之「徑箚」。水猛驟移，其將澄處，望之明白，謂之「拽白」，亦謂之「明灘」。湍怒略渟，勢稍汨起，行舟值之多溺，謂之「薦浪水」。水退淤澱，夏則膠土肥腴，初秋則黃滅土，頗爲疏壤，深秋則白滅土，霜降後皆沙也。

舊制，歲虞河決，有司常以孟秋預調塞治之物，梢芟、薪柴、楗橛、竹石、茭索、竹索凡千餘萬，謂之「春料」。詔下瀕河諸州所產之地，仍遣使會河渠官吏，乘農隙率丁夫水工，收采備用。凡伐蘆荻謂之「芟」，伐山木榆柳枝葉謂之「梢」，辮竹糾芟爲索。以竹爲巨索，長十尺至百尺，有數等。先擇寬平之所爲埽場。埽之制，密布芟索，鋪梢，梢芟相重，壓之以土，雜以碎石，以巨竹索橫貫其中，謂之「心索」。卷而束之，復以大芟索繫其兩端，別以竹索自內旁出，其高至數丈，其長倍之。凡用丁夫數百或千人，雜唱齊挽，積置於卑薄之處，謂之「埽岸」。既下，以橛臬閡之，復以長木貫之，其竹索皆埋巨木於岸以維之，遇河之橫決，則復增之，以補其缺。凡埽下非積數疊，亦不能遏其迅湍，又有馬頭、鋸牙、木岸者，以蹙水勢護隄焉。

凡緣河諸州，孟州有河南北凡二埽，開封府有陽武埽，滑州有韓房二村、憑管、石堰、州西、魚池、迎陽凡七埽，舊有七里曲埽，後廢。通利軍有齊賈、蘇村凡二埽，澶州有濮陽、大韓、大吳、商胡、王楚、橫隴、曹村、依仁、大北、岡孫、陳固、明公、王八凡十三埽，大名府有孫杜、侯村二埽，濮州有任村、東、西、北凡四埽，鄆州有博陵、張秋、關山、子路、王陵、竹口凡六埽，齊州有采金山、史家渦二埽，濱州有平河、安定二埽，棣州有聶家、梭堤、鋸牙、陽成四埽，所費皆有司歲計而無闕焉。

仁宗天聖元年，以滑州決河未塞，詔募京東、河北、陝西、淮南民輸薪芻，調兵伐瀕河榆柳，賙溺死之家。二年，遣使詣滑、衞行視河勢。五年，發丁夫三萬八千，卒二萬一千，緡錢五十萬，塞決河，轉運使五日一奏河事。十月丙申，塞河成，以其近天臺山麓，名曰天臺埽。

宰臣王曾率百官入賀。十二月，濬魚池埽減水河。

六年八月，河決于澶州之王楚埽，凡三十步。八年，始詔河北轉運司計塞河之備，良山令陳曜請疏鄆、滑界糜丘河以分水勢，遂遣使行視遙隄。明道二年，徙大名之朝城縣于杜婆村，廢鄆州之王橋渡、淄州之臨河鎭以避水。

景祐元年七月，河決澶州橫隴埽。慶曆元年，詔權停修決河。自此久不復塞，而議開分水河以殺其暴。未興工而河流自分，有司以聞，遣使特祠之。三月，命築隄于澶以扞城。八年六月癸酉，河決商胡埽，決口廣五百五十七步，乃命使行視河隄。

皇祐元年三月，河合永濟渠注乾寧軍。二年七月辛酉，河復決大名府館陶縣之郭固。四年正月乙亥，塞郭固而河勢猶壅，議者請開六塔以披其勢。至和元年，遣使行度故道，且詣銅城鎭海口，約古道高下之勢。二年，翰林學士歐陽修奏疏曰：

朝廷欲俟秋興大役，塞商胡，開橫隴，回大河於古道。夫動大衆必順天時、量人力，謀於其始而審於其終，然後必行，計其所利者多，乃可無悔。比年以來，興役動衆，勞民費財，不精謀慮於厥初，輕信利害之偏說，舉事之始，既已蒼皇，羣議一搖，尋復悔罷。不敢遠引他事，且如河決商胡，是時執政之臣，不愼計慮，遽謀修塞。凡科配梢芟一千八百萬，騷動六路一百餘軍州，官吏催驅，急若星火，民庶愁苦，盈於道塗。或物已輸官，或人方在路，未及興役，尋已罷修，虛費民財，爲國斂怨，舉事輕脫，爲害若斯。今又聞復有修河之役，三十萬人之衆，開一千餘里之長河，計其所用物力，數倍往年。當此天災歲旱、民困國貧之際，不量人力，不順天時，知其有大不可者五：

蓋自去秋至春半，天下苦旱，京東尤甚，河北次之。國家常務安靜振恤之，猶恐民起爲盜，況於兩路聚大衆、興大役乎？此其必不可者一也。

河北自恩州用兵之後，繼以凶年，人戶流亡，十失八九。數年以來，人稍歸復，然死亡之餘，所存者幾，瘡痍未斂，物力未完。又京東自去冬無雨雪，麥不生苗，將踰暮春，粟未布種，農心焦勞，所向無望。若別路差夫，又遠者難爲赴役；一出諸路，則兩路力所不任〔四〕。此其必不可者二也。

往年議塞滑州決河，時公私之力，未若今日之貧虛；然猶儲積物料，誘率民財，數年之間，始能興役。今國用方乏，民力方疲，且合商胡塞大決之洪流，此一大役也。鑿橫隴開久廢之故道，又一大役也。自橫隴至海千餘里，埽岸久已廢，頓須興緝，又一大役也。往年公私有力之時，興一大役，尚須數年，今猝興三大役於災旱貧虛之際。此其必不可者三也。

就令商胡可塞，故道未必可開。鯀障洪水，九年無功，禹得洪範五行之書，知水潤下之性，乃因水之流，疏而就下，水患乃息。然則以大禹之功，不能障塞，但能因勢而疏決爾。今欲逆水之性，障而塞之，奪洪河之正流，使人力斡而回注，此大禹之所不能。此其必不可者四也。

橫隴湮塞已二十年，商胡決又數歲，故道已平而難鑿，安流已久而難回。此其必不可者五也。

臣伏思國家累歲災譴甚多，其於京東，變異尤大。地貴安靜而有聲〔五〕，巨嵎山摧，海水搖蕩，如此不止者僅十年，天地警戒，宜不虛發。臣謂變異所起之方，尤當過慮防懼，今乃欲於凶歉之年，聚三十萬之大衆於變異最大之方，臣恐災禍自茲而發也。況京東赤地千里，饑饉之民，正苦天災。又聞河役將動，往往伐桑毀屋，無復生計。流亡盜賊之患，不可不虞。宜速止罷，用安人心。

九月，詔：「自商胡之決，大河注金堤，寖爲河北患〔六〕。其故道又以河北、京東饑，故未興役。今河渠司李仲昌議欲納水入六塔河，使歸橫隴舊河，舒一時之急。其令兩制至待制以上、臺諫官，與河渠司同詳定。」

修又上疏曰：

伏見學士院集議修河，未有定論。豈由賈昌朝欲復故道，李仲昌請開六塔，互執一說，莫知孰是。臣愚皆謂不然。言故道者，未詳利害之原；述六塔者，近乎欺罔之謬。今謂故道可復者，但見河北水患，而欲還之京東。然不思天禧以來河水屢決之因，所以未知故道有不可復之勢，臣故謂未詳利害之原也。若言六塔之利者，則不待攻而自破矣。今六塔既已開，而恩、冀之患，何爲尙告奔騰之急？此則減水未見其利也。又開六塔者云，可以全回大河，使復橫隴故道。今六塔止是別河下流，已爲濱、棣、德、博之患，若全回大河，顧其害如何？此臣故謂近乎欺罔之謬也。

且河本泥沙，無不淤之理。淤常先下流，下流淤高，水行漸壅，乃決上流之低處，此勢之常也。然避高就下，水之本性，故河流已棄之道，自古難復。臣不敢廣述河源，且以今所欲復之故道，言天禧以來屢決之因。

初，天禧中，河出京東，水行於今所謂故道者。水既淤澀，乃決天臺埽，尋塞而復故道；未幾，又決於滑州南鐵狗廟，今所謂龍門埽者。其後數年，又塞而復故道。已而又決王楚埽，所決差小，與故道分流，然而故道之水終以壅淤，故又於橫隴大決。是則決河非不能力塞，故道非不能力復，所復不久終必決於上流者，由故道淤而水不能行故也。及橫隴既決，水流就下，所以十餘年間，河未爲患。至慶曆三、四年，橫隴之水，又自海口先淤，凡一百四十餘里；其後游、金、赤三河相次又淤。下流既梗，乃決於上流之商胡口。然則京東、橫隴兩河故道，皆下流淤塞，河水已棄之高地。京東故道，屢復屢決，理不可復，不待言而易知也。

昨議者度京東故道功料，但云銅城已上乃特高爾，其東比銅城以上則稍低〔七〕，比商胡已上則實高也。若云銅城以東地勢斗下，則當日水流宜決銅城已上，何緣而頓淤橫隴之口，亦何緣而大決也？然則兩河故道，既皆不可爲，則河北水患何爲而可去？臣聞智者之於事，有所不能必，則較其利害之輕重，擇其害少者而爲之，猶愈害多而利少，何況有害而無利，此三者可較而擇也。

又商胡初決之時，欲議修塞，計用梢芟一千八百萬，科配六路一百餘州軍。今欲塞者乃往年之商胡，則必用往年之物數。至於開鑿故道，張奎所計工費甚大，其後李參減損，猶用三十萬人。然欲以五十步之狹，容大河之水，此可笑者；又欲增一夫所開三尺之方，倍爲六尺，且闊厚三尺而長六尺，自一倍之功，在於人力，已爲勞苦。云六尺之方，以開方法算之，乃八倍之功，此豈人力之所勝？是則前功既大而難興，後功雖小而不實。

大抵塞商胡、開故道，凡二大役，皆困國勞人，所舉如此，而欲開難復屢決已驗之故道，使其虛費，而商胡不可塞，故道不可復，此所謂有害而無利者也。就使幸而暫塞，以紓目前之患，而終於上流必決，如龍門、橫隴之比，此所謂利少而害多也。

若六塔者，於大河有減水之名，而無減患之實。今下流所散，爲患已多，若全回大河以注之，則濱、棣、德、博河北所仰之州，不勝其患，而又故道淤澀，上流必有他決之虞，此直有害而無利耳，是皆智者之不爲也。今若因水所在，增治隄防，疏其下流，浚以入海，則可無決溢散漫之虞。

今河所歷數州之地，誠爲患矣；隄防歲用之夫，誠爲勞矣。與其虛費天下之財，虛舉大衆之役，而不能成功，終不免爲數州之患，勞歲用之夫，則此所謂害少者，乃智者之所宜擇也。

大約今河之勢，負三決之虞：復故道，上流必決；開六塔，上流亦決；河之下流，若不浚使入海，則上流亦決。臣請選知水利之臣，就其下流，求入海路而浚之；不然，下流梗澀，則終虞上決，爲患無涯。臣非知水者，但以今事可驗者較之耳。願下臣議，裁取其當焉。

預議官翰林學士承旨孫抃等言：開故道，誠久利，然功大難成；六塔下流，可導而東去，以紓恩、冀金堤之患。

十二月，中書上奏曰：「自商胡決，爲大名、恩冀患。先議開銅城道，塞商胡，以功大難卒就，緩之，而憂金堤汎溢不能捍也。願備工費，因六塔水勢入橫隴，宜令河北、京東預完堤埽，上河水所居民田數。」詔下中書奏，以知澶州事李璋爲總管，轉運使周沆權同知澶州〔八〕，內侍都知鄧保吉爲鈐轄，殿中丞李仲昌提舉河渠，內殿承制張懷恩爲都監。而保吉不行，以內侍押班王從善代之。以龍圖閣直學士施昌言總領其事，提點開封府界縣鎭事蔡挺、勾當河渠事楊緯同修河決。修又奏請罷六塔之役，時宰相富弼尤主仲昌議，疏奏亦不省。

嘉祐元年四月壬子朔，塞商胡北流，入六塔河，不能容，是夕復決，溺兵夫、漂芻藁不可勝計。命三司鹽鐵判官沈立往行視，而修河官皆謫。宦者劉恢奏：「六塔之役，水死者數千萬人，穿土干禁忌；且河口乃趙征村，於國姓、御名有嫌，而大興臿斸，非便。」詔御史吳中復、內侍鄧守恭置獄于澶，劾仲昌等違詔旨，不俟秋冬塞北流而擅進約，以致決潰。懷恩、仲昌仍坐取河材爲器，懷恩流潭州，仲昌流英州，施昌言、李璋以下再謫，蔡挺奪官勒停。仲昌，垂子也。由是議者久不復論河事。

五年，河流派別于魏之第六埽，曰二股河，其廣二百尺。自二股河行一百三十里，至魏、恩、德、博之境，曰四界首河。七月，都轉運使韓贄言：「四界首古大河所經，卽溝洫志所謂『平原、金堤，開通大河，入篤馬河，至海五百餘里』者也。自春以丁壯三千浚之，可一月而畢。支分河流入金、赤河，使其深六尺，爲利可必。商胡決河自魏至于恩冀、乾寧入于海，今二股河自魏、恩東至于德、滄入于海，分而爲二，則上流不壅，可以無決溢之患。」乃上四界首二股河圖。七年七月戊辰，河決大名第五埽。

英宗治平元年，始命都水監浚二股、五股河，以紓恩、冀之患。初，都水監言：「商胡堙塞，冀州界河淺，房家、武邑二埽由此潰，慮一旦大決，則甚於商胡之患。」乃遣判都水監張鞏、戶部副使張燾等行視，遂興工役，卒塞之。

神宗熙寧元年六月，河溢恩州烏欄堤，又決冀州棗彊埽，北注瀛。七月，又溢瀛州樂壽埽。帝憂之，顧問近臣司馬光等。都水監丞李立之請於恩、冀、深、瀛等州，創生堤三百六十七里以禦河，而河北都轉運司言：「當用夫八萬三千餘人，役一月成。今方災傷，願徐之。」都水監丞宋昌言謂：「今二股河門變移，請迎河港進約，簽入河身，以紓四州水患。」遂與屯田都監內侍程昉獻議，開二股以導東流。於是都水監奏：「慶曆八年，商胡北流，于今二十餘年，自澶州下至乾寧軍，創堤千有餘里，公私勞擾。近歲冀州而下，河道梗澀，致上下埽岸屢危。今棗彊抹岸，衝奪故道，雖創新堤，終非久計。願相六塔舊口，并二股河導使東流，徐塞北流。」而提舉河渠王亞等謂：「黃、御河帶北行入獨流東砦，經乾寧軍、滄州等八砦邊界，直入大海。其近海口闊六七百步，深八九丈，三女砦以西闊三四百步，深五六丈。其勢愈深，其流愈猛，天所以限契丹。議者欲再開二股，漸閉北流，此乃未嘗覩黃河在界河內東流之利也。」

十一月，詔翰林學士司馬光、入內內侍省副都知張茂則，乘傳相度四州生堤，回日兼視六塔、二股利害。二年正月，光入對：「請如宋昌言策，於二股之西置上約，擗水令東。俟東流漸深，北流淤淺，卽塞北流，放出御河、胡盧河，下紓恩、冀、深、瀛以西之患。」

初，商胡決河自魏之北，至恩、冀、乾寧入于海，是謂北流。嘉祐五年〔九〕，河流派于魏之第六埽，遂爲二股，自魏、恩東至于德、滄，入于海，是謂東流。時議者多不同，李立之力主生堤，帝不聽，卒用昌言說，置上約。

三月，光奏：「治河當因地形水勢，若彊用人力，引使就高，橫立堤防，則逆激旁潰，不惟無成，仍敗舊績。臣慮官吏見東流已及四分，急於見功，遽塞北流。而不知二股分流，十里之內，相去尙近，地勢復東高西下。若河流併東，一遇盛漲，水勢西合入北流，則東流遂絕；或於滄、德堤埽未成之處，決溢橫流。雖除西路之患，而害及東路，非策也。宜專護上約及二股堤岸。若今歲東流止添二分，則此去河勢自東，近者二三年，遠者四五年，候及八分以上，河流衝刷已闊，滄、德堤埽已固，自然北流日減，可以閉塞，兩路俱無害矣。」

會北京留守韓琦言：「今歲兵夫數少，而金堤兩埽，修上、下約甚急，深進馬頭，欲奪大河。緣二股及嫩灘舊闊千一百步，是以可容漲水。今截去八百步有餘，則將束大河於二百餘步之間，下流既壅，上流蹙遏湍怒，又無兵夫修護堤岸，其衝決必矣。況自德至滄，皆二股下流，既無堤防，必侵民田。設若河門束狹，不能容納漲水，上、下約隨流而脫，則二股與北流爲一，其患愈大。又恩、深州所創生堤，其東則大河西來，其西則西山諸水東注，腹背受水，兩難扞禦。望選近臣速至河所，與在外官合議。」帝在經筵以琦奏諭光，命同茂則再往。

四月，光與張鞏、李立之、宋昌言、張問、呂大防、程昉行視上約及方鋸牙，濟河，集議於下約。光等奏：「二股河上約並在灘上，不礙河行。但所進方鋸牙已深，致北流河門稍狹，乞減折二十步，令近後，仍作蛾眉埽裹護。其滄、德界有古遙堤，當加葺治。所修二股，本欲疏導河水東去，生堤本欲捍禦河水西來，相爲表裏，未可偏廢。」帝因謂二府曰：「韓琦頗疑修二股。」趙抃曰：「人多以六塔爲戒。」王安石曰：「異議者，皆不考事實故也。」帝又問：「程昉、宋昌言同修二股如何？」安石以爲可治。帝曰：「欲作簽河甚善。」安石曰：「誠然。若及時作之，往往河可東，北流可閉。」因言：「李立之所築生堤，去河遠者至八九十里，本計以禦漫水，而不可禦河南之向著，臣恐漫水亦不可禦也。」帝以爲然。五月丙寅，乃詔立之乘驛赴闕議之。

六月戊申，命司馬光都大提舉修二股工役。呂公著言：「朝廷遣光相視董役，非所以褒崇近職、待遇儒臣也。」乃罷光行。

七月，二股河通快，北流稍自閉。戊子，張鞏奏：「上約累經泛漲，并下約各已無虞，東流勢漸順快，宜塞北流，除恩、冀、深、瀛、永靜、乾寧等州軍水患。又使御河、胡盧河下流各還故道，則漕運無壅遏，郵傳無滯留，塘泊無淤淺。復於邊防大計，不失南北之限，歲減費不可勝數，亦使流移歸復，實無窮之利。且黃河所至，古今未嘗無患，較利害輕重而取舍之可也。惟是東流南北隄防未立，閉口修堤，工費甚夥，所當預備。望選習知河事者，與臣等講求，具圖以聞。」乃復詔光、茂則及都水監官、河北轉運使同相度閉塞北流利害，有所不同，各以議上。

八月己亥，光入辭，言：「鞏等欲塞二股河北流，臣恐勞費未易。或幸而可塞，則東流淺狹，隄防未全，必致決溢，是移恩、冀、深、瀛之患於滄、德等州也。不若俟三二年，東流益深闊，堤防稍固，北流漸淺，薪芻有備，塞之便。」帝曰：「東流、北流之患孰輕重？」光曰：「兩地皆王民，無輕重；然北流已殘破，東流尚全。」帝曰：「今不俟東流順快而塞北流，他日河勢改移，奈何？」光曰：「上約固則東流日增，北流日減，何憂改移。若上約流失，其事不可知，惟當併力護上約耳。」帝曰：「上約安可保？」光曰：「今歲創修，誠爲難保，然昨經大水而無虞，來歲地脚已牢，復何慮。且上約居河之側，聽河北流，猶懼不保；今欲橫截使不行，庸可保乎？」帝曰：「若河水常分二流，何時當有成功？」光曰：「上約苟存，東流必增，北流必減；借使分爲二流，於張鞏等不見成功，於國家亦無所害。何則？西北之水，併於山東，故爲害大，分則害小矣。鞏等亟欲塞北流，皆爲身謀，不顧國力與民患也。」帝曰：「防捍兩河，何以供億？」光曰：「併爲一則勞費自倍，分二流則勞費減半。今減北流財力之半，以備東流，不亦可乎？」帝曰：「卿等至彼視之。」

時二股河東流及六分，鞏等因欲閉斷北流，帝意嚮之。光以爲須及八分乃可，仍待其自然，不可施功。王安石曰：「光議事屢不合，今令視河，後必不從其議，是重使不安職也。」庚子，乃獨遣茂則。茂則奏：「二股河東傾已及八分，北流止二分。」張鞏等亦奏：「丙午，大河東徙，北流淺小。戊申，北流閉。」詔獎諭司馬光等，仍賜衣、帶、馬。

時北流既塞，而河自其南四十里許家港東決，汎濫大名、恩德滄、永靜五州軍境。三年二月，命茂則、鞏相度澶、滑州以下至東流河勢、隄防利害。時方濬御河，韓琦言：「事有緩急，工有後先，今御河漕運通駛，未至有害，不宜減大河之役。」乃詔輟河夫卒三萬三千，專治東流。

校勘記

〔一〕卽以本州判官充　「判」字原脫，據宋會要方域一四之二、宋大詔令集卷一六〇開寶五年置河堤判官詔補。

〔二〕是年　據上文，「是年」係指咸平三年，而長編卷六一、宋會要方域一四之四都繫此事於景德二年，疑此處誤。

〔三〕禹貢所謂夾右碣石入于海　書禹貢作「夾右碣石入于河」。

〔四〕一出諸路則兩路力所不任　按歐陽文忠公文集卷一〇八論修河第一狀，作「就河便近，則此兩路力所不任。」長編卷一七九，作「一出諸近，則兩路力所不任。」疑「諸路」爲「諸近」之誤。

〔五〕地貴安靜而有聲　按歐陽文忠公文集卷一〇八論修河第一狀、長編卷一七九都作「地貴安靜，動而有聲」，此處疑脫「動」字。

〔六〕大河注金堤寖爲河北患　「金」原作「食」，「寖」原作「埽」。據長編卷一八一改。

〔七〕其東比銅城以上則稍低　「比」原作「北」，據歐陽文忠公文集卷一〇九論修河第二狀、長編卷一八一改。

〔八〕權同知潭州　「潭州」，長編卷一八一作「澶州」。溫國文正司馬公集卷七八周沆神道碑：「沆先知澶州，調陝西都轉運使，未幾又改河北，奉詔行視六塔渠利害」，與長編所記以河北轉運使權同知澶州事合。作「澶州」是。

〔九〕嘉祐五年　「五年」原作「八年」，據上文和長編卷一九二改。

宋史卷九十二

志第四十五

河渠二

黃河中

熙寧四年七月辛卯，北京新堤第四、第五埽決，漂溺館陶、永濟、清陽以北，遣茂則乘驛相視。八月，河溢澶州曹村，十月，溢衞州王供。時新堤凡六埽，而決者二，下屬恩、冀，貫御河，奔衝爲一。帝憂之，自秋迄冬，數遣使經營。是時，人爭言導河之利，茂則等謂：「二股河地最下，而舊防可因，今堙塞者纔三十餘里，若度河之湍，浚而逆之，又存清水鎭河以析其勢，則悍者可回，決者可塞。」帝然之。

十二月，令河北轉運司開修二股河上流，并修塞第五埽決口。五年二月甲寅，興役，四月丁卯，二股河成，深十一尺，廣四百尺。方浚河則稍障其決水，至是，水入于河，而決口亦塞。

六月，河溢北京夏津。閏七月辛卯，帝語執政：「聞京東調夫修河，有壞產者，河北調急夫尤多；若河復決，奈何？且河決不過占一河之地，或西或東，若利害無所校，聽其所趨，如何？」王安石曰：「北流不塞，占公私田至多，又水散漫，久復淤塞。昨修二股，費至少而公私田皆出，向之潟鹵，俱爲沃壤，庸非利乎。況急夫已減於去歲，若復葺理堤防，則河北歲夫愈減矣。」

六年四月，始置疏濬黃河司。先是，有選人李公義者，獻鐵龍爪揚泥車法以濬河。其法：用鐵數斤爲爪形，以繩繫舟尾而沈之水，篙工急櫂，乘流相繼而下，一再過，水已深數尺。宦官黃懷信以爲可用，而患其太輕。王安石請令懷信、公義同議增損，乃別制濬川杷。其法：以巨木長八尺，齒長二尺，列於木下如杷狀，以石壓之；兩旁繫大繩，兩端矴大船，相距八十步，各用滑車絞之，去來撓蕩泥沙，已又移船而濬。或謂水深則杷不能及底，雖數往來無益；水淺則齒礙沙泥，曳之不動，卒乃反齒向上而曳之。人皆知不可用，惟安石善其法，使懷信先試之以濬二股，又謀鑿直河數里以觀其效。且言於帝曰：「開直河則水勢分。其不可開者，以近河，每開數尺即見水，不容施功爾。今第見水即以杷濬之，水當隨杷改趨直河，苟置數千杷，則諸河淺澱，皆非所患，歲可省開濬之費幾百千萬。」帝曰：「果爾，甚善。聞河北小軍壘當起夫五千，計合境之丁，僅及此數，一夫至用錢八緡。故歐陽修嘗謂開河如放火，不開如失火，與其勞人，不如勿開。」安石曰：「勞人以除害，所謂毒天下之民而從之者。」帝乃許春首興工，而賞懷信以度僧牒十五道，公義與堂除；以杷法下北京，令虞部員外郎、都大提舉大名府界金堤范子淵與通判、知縣共試驗之，皆言不可用。會子淵以事至京師，安石問其故，子淵意附會，遽曰：「法誠善，第同官議不合耳。」安石大悅。至是，乃置濬河司，將自衞州濬至海口，差子淵都大提舉，公義爲之屬。許不拘常制，舉使臣等；人船、木鐵、工匠，皆取之諸埽；官吏奉給視都水監丞司；行移與監司敵體。

當是時，北流閉已數年，水或橫決散漫，常虞壅遏。十月，外監丞王令圖獻議，於北京第四、第五埽等處開修直河，使大河還二股故道，乃命范子淵及朱仲立領其事。開直河，深八尺，又用杷疏濬二股及清水鎭河，凡退背魚肋河則塞之。王安石乃盛言用杷之功，若不輟工，雖二股河上流，可使行地中。

七年，都水監丞劉璯言：「自開直河，閉魚肋，水勢增漲，行流湍急，漸塌河岸，而許家港、清水鎭河極淺漫，幾於不流。雖二股深快，而蒲泊已東，下至四界首，退出之田，略無固護，設遇漫水出岸，牽迴河頭，將復成水患。宜候霜降水落，閉清水鎭河，築縷河堤一道以遏漲水，使大河復循故道。又退出良田數萬頃，俾民耕種。而博州界堂邑等退背七埽，歲減修護之費，公私兩濟。」從之。是秋，判大名文彥博言：「河溢壞民田，多者六十村，戶至萬七千，少者九村，戶至四千六百，願蠲租稅。」從之。又命都水詰官吏不以水災聞者。外都水監丞程昉以憂死。

十月，安石去位，吳充爲相。十年五月，滎澤河堤急，詔判都水監俞光往治之。是歲七月，河復溢衞州王供及汲縣上下埽、懷州黃沁、滑州韓村；己丑，遂大決於澶州曹村，澶淵北流斷絕，河道南徙，東匯于梁山、張澤濼，分爲二派，一合南清河入于淮，一合北清河入于海，凡灌郡縣四十五，而濮、齊、鄆、徐尤甚，壞田逾三十萬頃。遣使修閉。

八月，又決鄭州滎澤。於是文彥博言：「臣正月嘗奏：德州河底淤澱，泄水稽滯，上流必至壅遏。又河勢變移，四散漫流，兩岸俱被水患，若不預爲經制，必溢魏、博、恩、澶等州之境。而都水略無施設，止固護東流北岸而已。適累年河流低下，官吏希省費之賞，未嘗增修堤岸，大名諸埽，皆可憂虞。謂如曹村一埽，自熙寧八年至今三年，雖每計春料當培低怯，而有司未嘗如約，其埽兵又皆給他役，實在者十有七八。今者果大決溢，此非天災，實人力不至也。臣前論此，幷乞審擇水官。今河朔、京東州縣，人被患者莫知其數，嗸嗸籲天，上軫聖念，而水官不能自訟，猶汲汲希賞。臣前論所陳，出於至誠，本圖補報，非敢激許也。」

元豐元年四月丙寅，決口塞，詔改曹村埽曰靈平。五月甲戌，新堤成，閉口斷流，河復歸北。初議塞河也，故道堙而高，水不得下，議者欲自夏津縣東開簽河入董固以護舊河，袤七十里九十步；又自張村埽直東築堤至龐家莊古堤，袤五十里二百步。詔樞密都承旨韓縝相視。縝言：「漲水衝刷新河，已成河道。河勢變移無常，雖開河就堤，及於河身剏立生堤，枉費功力。惟增修新河，乃能經久。」詔可。

十一月，都水監言：「自曹村決溢，諸埽無復儲蓄，乞給錢二十萬緡下諸路，以時市梢草封椿。」詔給十萬緡，非朝旨及埽岸危急，毋得擅用。

二年七月戊子，范子淵言：「因護黃河岸畢工，乞中分爲兩埽。」詔以廣武上、下埽爲名。

三年七月，澶州孫村、陳埽及大吳、小吳埽決，詔外監丞司速修閉。初，河決澶州也，北外監丞陳祐甫謂：「商胡決三十餘年，所行河道，塡淤漸高，堤防歲增，未免泛濫。今當修者有三：商胡一也，橫壠二也，禹舊迹三也。然商胡、橫壠故道，地勢高平，土性疏惡，皆不可復，復亦不能持久。惟禹故瀆尙存，在大伾、太行之間，地卑而勢固。故祕閣校理李垂與今知深州孫民先皆有修復之議。望召民先同河北漕臣一員，自衞州王供埽按視，訖于海口。」

從之。

四年四月，小吳埽復大決，自澶注入御河，恩州危甚。六月戊午，詔：「東流已塡淤不可復，將來更不修閉小吳決口，候見大河歸納，應合修立堤防，令李立之經畫以聞。」帝謂輔臣曰：「河之爲患久矣，後世以事治水，故常有礙。夫水之趨下，乃其性也，以道治水，則無違其性可也。如能順水所向，遷徙城邑以避之，復有何患？雖神禹復生，不過如此。」輔臣皆曰：「誠如聖訓。」河北東路提點刑獄劉定言：「王莽河一徑水，自大名界下合大流注冀州，及臨淸徐曲御河決口、恩州趙村埧子決口兩徑水，亦注冀州城東。若遂成河道，卽大流難以西傾，全與李垂、孫民先所論違背，望早經制。」詔送李立之。

八月壬午，立之言：「臣自決口相視河流，至乾寧軍分入東西兩塘，次入界河，於劈地口入海，通流無阻，宜修立東西堤。」詔覆計之。而言者又請：「自王供埽上添修南岸，於小吳口北創修遙堤，候將來礬山水下，決王供埽，使直河注東北，於滄州界或南或北，從故道入海。」不從。

九月庚子，立之又言：「北京南樂、館陶、宗城、魏縣，淺口、永濟、延安鎭，瀛州景城鎭，在大河兩堤之間，乞相度遷於堤外。」於是用其說，分立東西兩堤五十九埽。定三等向著：河勢正著堤身爲第一，河勢順流堤下爲第二，河離堤一里內爲第三。退背亦三等：堤去河最遠爲第一，次遠者爲第二，次近一里以上爲第三。立之在熙寧初已主立堤，今竟行其言。

五年正月己丑，詔立之：「凡爲小吳決口所立堤防，可按視河勢向背應置埽處，毋虛設巡河官，毋橫費工料。」六月，河溢北京內黃埽。七月，決大吳埽堤，以紓靈平下埽危急。八月，河決鄭州原武埽，溢入利津、陽武溝、刀馬河，歸納梁山濼。詔曰：「原武決口已引奪大河四分以上，不大治之，將貽朝廷巨憂。其輟修汴河堤岸司兵五千，併力築堤修閉。」都水復言：「兩馬頭墊落，水面闊二十五步，天寒，乞候來春施工。」至臘月竟塞云。九月，河溢滄州南皮上、下埽，又溢清池埽，又溢永靜軍阜城下埽。十月辛亥，提舉汴河堤岸司言：「洛口廣武埽大河水漲，塌岸，壞下牐斗門，萬一入汴，人力無以枝梧。密邇都城，可不深慮。」詔都水監官速往護之。丙辰，廣武上、下埽危急，詔救護，尋獲安定。

七年七月，河溢元城埽，決橫堤，破北京。帥臣王拱辰言：「河水暴至，數十萬衆號叫求救，而錢穀稾轉運，常平歸提舉，軍器工匠隸提刑，埽岸物料兵卒卽屬都水監，逐司在遠，無一得專，倉卒何以濟民？望許不拘常制。」詔：「事干機速，奏覆牒稾所屬不及者，如所請。」戊申，命拯護陽武埽。

十月，冀州王令圖奏：「大河行流散漫，河內殊無緊流，旋生灘磧。宜近澶州相視水勢，使還復故道。」會明年春，宮車晏駕。

大抵熙寧初，專欲導東流，閉北流。元豐以後，因河決而北，議者始欲復禹故迹。神宗愛惜民力，思順水性，而水官難其人。王安石力主程昉、范子淵，故二人尤以河事自任；帝雖藉其才，然每抑之。其後，元祐元年，子淵已改司農少卿，御史呂陶劾其「修堤開河，糜費巨萬，護堤壓埽之人，溺死無數。元豐六年興役，至七年功用不成。乞行廢放。」於是黜知兗州，尋降知峽州。其制略曰：「汝以有限之材，興必不可成之役，驅無辜之民，置之必死之地。」中書舍人蘇軾詞也。

八年三月，哲宗卽位，宣仁聖烈皇后垂簾。河流雖北，而孫村低下，夏、秋霖雨，漲水往往東出。小吳之決旣未塞，十月，又決大名之小張口，河北諸郡皆被水災。知澶州王令圖建議濬迎陽埽舊河，又於孫村金堤置約，復故道。本路轉運使范子奇仍請於大吳北岸修進鋸牙，擗約河勢。於是回河東流之議起。

元祐元年二月乙丑，詔：「未得雨澤，權罷修河，放諸路兵夫。」九月丁丑，詔祕書監張問相度河北水事。十月庚寅，又以王令圖領都水，同問行河。

十一月丙子，問言：「臣至滑州決口相視，迎陽埽至大、小吳，水勢低下，舊河淤仰，故道難復。請於南樂大名埽開直河并簽河，分引水勢入孫村口，以解北京向下水患。」令圖亦以爲然，於是減水河之議復起。旣從之矣，會北京留守韓絳奏引河近府非是，詔問別相視。

二年二月，令圖、問欲必行前說，朝廷又從之。三月，令圖死，以王孝先代領都水，亦請如令圖議。

右司諫王覿言：「河北人戶轉徙者多，朝廷責郡縣以安集，空倉廩以振濟，又遣專使察視之，恩德厚矣。然耕耘是時，而流轉於道路者不已；二麥將熟，而寓食於四方者未還。其故何也，蓋亦治其本矣。今河之爲患三：泛濫渟滀，漫無涯涘，呑食民田，未見窮已，一也；緣邊漕運獨賴御河，今御河淤澱，轉輸艱梗，二也；塘泊之設，以限南北，濁水所經，卽爲平陸，三也。欲治三患，在遴擇都水、轉運而責成耳。今轉運使范子奇反覆求合，都水使者王孝先暗繆，望別擇人。」

時知樞密院事安燾深以東流爲是，兩疏言：「朝廷久議回河，獨憚勞費，不顧大患。蓋自小吳未決以前，河入海之地雖屢變移，而盡在中國；故京師恃以北限彊敵，景德澶淵之事可驗也。且河決每西，則河尾每北，河流旣益西決，固已北抵境上。若復不止，則南岸遂屬遼界，彼必爲橋梁，守以州郡；如慶曆中因取河南熟戶之地，遂築軍以窺河外，已然之效如此。蓋自河而南，地勢平衍，直抵京師，長慮却顧，可爲寒心。又朝廷捐東南之利，半以宿河北重兵，備預之意深矣。使敵能至河南，則邈不相及。今欲便於治河而緩於設險，非計也。」

王巖叟亦言：「朝廷知河流爲北道之患日深，故遣使命水官相視便利，欲順而導之，以拯一路生靈於墊溺，甚大惠也。然昔者專使未還，不知何疑而先罷議；專使反命，不知何所取信而議復興。既敕都水使者總護役事，調兵起工，有定日矣，已而復罷。數十日間，變議者再三，何以示四方？今有大害七，不可不早爲計。北塞之所恃以爲險者在塘泊，黃河堙之，猝不可濬，浸失北塞險固之利，一也。橫遏西山之水，不得順流而下，蹙溢於千里，使百萬生齒，居無廬，耕無田，流散而不復，二也。乾寧孤壘，危絕不足道，而大名、深、冀腹心郡縣，皆有終不自保之勢，三也。滄州扼北敵海道，自河不東流，滄州在河之南，直抵京師，無有限隔，四也。并吞御河，邊城失轉輸之便，五也。河北轉運司歲耗財用，陷租賦以百萬計，六也。六七月之間，河流交漲，占沒西路，阻絕遼使，進退不能，兩朝以爲憂，七也。非此七害，委之可，緩而未治可也。且去歲之患，已甚前歲，今歲又甚焉，則奈何？望深詔執政大臣，早決河議而責成之。」太師文彥博、中書侍郎呂大防皆主其說。

中書舍人蘇轍謂右僕射呂公著曰：「河決而北，先帝不能回，而諸公欲回之，是自謂智勇勢力過先帝也。盍因其舊而修其未備乎？」公著唯唯。於是三省奏：「自河北決，恩、冀以下數州被患，至今未見開修的確利害，致妨興工。」乃詔河北轉運使、副，限兩月同水官講議聞奏。

十一月，講議官皆言：「令圖、問相度開河，取水入孫村口還復故道處，測量得流分尺寸，取引不過，其說難行。」十二月，張景先復以問說爲善，果欲回河，惟北京已上、滑州而下爲宜，仍於孫村濬治横河舊堤，止用逐埽人兵、物料，并年例客軍，春天漸爲之可也。朝廷是其說。

三年六月戊戌，乃詔：「黄河未復故道，終爲河北之患。王孝先等所議，已嘗興役，不可中罷，宜接續工料，向去決要回復故道。三省、樞密院速與商議施行。」右相范純仁言：「聖人有三寶：曰慈，曰儉，曰不敢爲天下先。蓋天下大勢惟人君所向，羣下競趨如川流山摧，小失其道，非一言一力可回，故居上者不可不謹也。今聖意已有所向而爲天下先矣。乞諭執政：『前日降出文字，却且進入。』免希合之臣，妄測聖意，輕舉大役。」尚書王存等亦言：「使大河決可東回，而北流遂斷，何惜勞民費財，以成經久之利。今孝先等自未有必然之論，但僥幸萬一，以冀成功，又預求免責，若遂聽之，將有噬臍之悔。乞望選公正近臣及忠實內侍，覆行按視，審度可否，興工未晚。」

庚子，三省、樞密院奏事延和殿，文彦博、呂大防、安燾等謂：「河不東，則失中國之險，爲契丹之利。」范純仁、王存、胡宗愈則以虛費勞民爲憂。存謂：「今公私財力困匱，惟朝廷未甚知者，賴先帝時封椿錢物可用耳。外路往往空乏，奈何起數千萬物料、兵夫，圖不可必成之功？且御契丹得其道，則自景德至今八九十年，通好如一家，設險何與焉？不然，如石晉末耶律德光犯闕，豈無黃河爲阻，況今河流未必便衝過北界耶？」太后曰：「且熟議。」

明日，純仁又畫四不可之說，且曰：「北流數年未爲大患，而議者恐失中國之利，先事回改；正如頃西夏本不爲邊患，而好事者以爲不取恐失機會，遂興靈武之師也。臣聞孔子論爲政曰：『先有司。』今水官未嘗保明，而先示決欲回河之旨，他日敗事，是使之得以藉口也。」

存、宗愈亦奏：「昨親聞德音，更令熟議。然累日猶有未同，或令建議者結罪任責。臣等本謂建議之人，思慮有所未逮，故乞差官覆按。若但使之結罪，彼所見不過如此，後或誤事，加罪何益。臣非不知河決北流，爲患非一。淤沿邊塘泊，斷御河漕運，失中國之險，遏西山之流。若能全回大河，使由孫村故道，豈非上下通願？但恐不能成功，爲患甚於今日。故欲選近臣按視：若孝先之說決可成，則積聚物料，接續興役；如不可爲，則令沿河踏行，自恩、魏以北，塘泊以南，別求可以疏導歸海去處，不必專主孫村。此亦三省共曾商量，望賜詳酌。」存又奏：「自古惟有導河并塞河。導河者順水勢，自高導令就下；塞河者爲河堤決溢，修塞令入河身。不聞幹引大河令就高行流也。」於是收回戊戌詔書。

戶部侍郎蘇轍、中書舍人曾肇各三上疏。轍大略言：

黃河西流，議復故道。事之經歲，役兵二萬，聚梢椿等物三十餘萬。方河朔災傷困弊，而興必不可成之功，吏民竊歎。今回河大議雖寢，然聞議者固執來歲開河分水之策。今小吳決口，入地已深，而孫村所開，丈尺有限，不獨不能回河，亦必不能分水。況黃河之性，急則通流，緩則淤澱，既無東西皆急之勢，安有兩河並行之理？縱使兩河並行，未免各立隄防，其費又倍矣。

今建議者其說有三，臣請折之：一曰御河湮滅，失饋運之利。昔大河在東，御河自懷、衞經北京，漸歷邊郡，饋運既便，商賈通行。自河西流，御河湮滅，失此大利，天實使然。今河自小吳北行，占壓御河故地，雖使自北京以南折而東行，則御河湮滅已一二百里，何由復見？此御河之說不足聽也。二曰恩、冀以北，漲水爲害，公私損耗。臣聞河之所行，利害相半，蓋水來雖有敗田破稅之害，其去亦有淤厚宿麥之利。況故道已退之地，桑麻千里，賦役全復，此漲水之說不足聽也。三曰河徙無常，萬一自契丹界入海，邊防失備。按河昔在東，自河以西郡縣，與契丹接境，無山河之限，邊臣建爲塘水，以捍契丹之衝。今河既西，則西山一帶，契丹可行之地無幾，邊防之利，不言可知。然議者尙恐河復北徙，則海口出契丹界中，造舟爲梁，便於南牧。臣聞契丹之河，自北南注以入于海。蓋地形北高，河無北徙之道，而海口深浚，勢無徙移，此邊防之說不足聽也。

臣又聞謝卿材到闕，昌言：「黃河自小吳決口，乘高注北，水勢奔決，上流隄防無復決怒之患。朝廷若以河事付臣，不役一夫，不費一金，十年保無河患。」大臣以其異己罷歸，而使王孝先、俞瑾、張景先三人重畫回河之計。蓋由元老大臣重於改過，故假契丹不測之憂，以取必於朝廷。雖已遣百祿等出按利害，然未敢保其不觀望風旨也。願亟回收買梢草指揮，來歲勿調開河役兵，使百祿等明知聖意無所偏係，不至阿附以誤國計。

肇之言曰：「數年以來，河北、京東、淮南災傷，今歲河北並邊稍熟，而近南州軍皆旱，京東西、淮南饑殍瘡痍。若來年雖未大興河役，止令修治舊堤，開減水河，亦須調發丁夫。本路不足，則及鄰路，鄰路不足，則及淮南，民力果何以堪？民力未堪，則雖有回河之策，及梢草先具，將安施乎？」

會百祿等行視東西二河，亦以爲東流高仰，北流順下，決不可回。卽奏曰：

往者王令圖、張問欲開引水簽河，導水入孫村口還復故道。議者疑焉，故置官設屬，使之講議。旣開撅井筒，折量地形水面尺寸高下，顧臨、王孝先、張景先、唐義問、陳祐之皆謂故道難復。而孝先獨叛其說，初乞先開減水河，俟行流通快，新河勢緩，人工物料豐備，徐議閉塞北流。已而召赴都堂，則又請以二年爲期。及朝廷詰其成功，遽云：「來年取水入孫村口，若河流順快，工料有備，便可閉塞，回復故道。」是又不竢新河勢緩矣。回河事大，寧容異同如此！蓋孝先、俞瑾等知合用物料五千餘萬，未有指擬，見買數計，經歲未及毫釐，度事理終不可爲，故爲大言。

又云：「若失此時，或河勢移背，豈獨不可減水，卽永無回河之理。」臣等竊謂河流轉徙，迺其常事；水性就下，固無一定。若假以五年，休養數路民力，沿河積材，漸濬故道，葺舊堤，一旦流勢改變，審議事理，釃爲二渠，分派行流，均減漲水之害，則勞費不大，功力易施，安得謂之一失此時，永無回河之理也？

四年正月癸未，百祿等使回入對，復言：「修減水河，役過兵夫六萬三千餘人，計五百三十萬工，費錢糧三十九萬二千九百餘貫、石、匹、兩，收買物料錢七十五萬三百餘緡，用過物料二百九十餘萬條、束，官員、使臣、軍大將凡一百一十餘員請給不預焉。願罷有害無利之役，那移工料，繕築西堤，以護南決口。」未報。己亥，乃詔罷回河及修減水河。

四月戊午，尙書省言：「大河東流，爲中國之要險。自大吳決後，由界河入海，不惟淤壞塘濼，兼濁水入界河，向去淺澱，則河必北流。若河尾直注北界入海，則中國全失險阻之限，不可不爲深慮。」詔范百祿、趙君錫條畫以聞。

百祿等言：

臣等昨按行黃河獨流口至界河，又東至海口，熟觀河流形勢；并緣界河至海口鋪砦地分使臣各稱：界河未經黃河行流已前，闊一百五十步下至五十步，深一丈五尺下至一丈；自黃河行流之後，今闊至五百四十步，次亦三二百步，深者三丈五尺，次亦二丈。乃知水性就下，行疾則自刮除成空而稍深，與前漢書大司馬史張戎之論正合。

自元豐四年河出大吳，一向就下，衝入界河，行流勢如傾建。經今八年，不捨晝夜，衝刷界河，兩岸日漸開闊，連底成空，趨海之勢甚迅。雖遇元豐七年八年、元祐元年〔一〕泛漲非常，而大吳以上數百里，終無決溢之害，此迺下流歸納處河流深快之驗也。

塘濼有限遼之名，無禦遼之實。今之塘水，又異昔時，淺足以褰裳而涉，深足以維舟而濟，冬寒冰堅，尤爲坦途。如滄州等處，商胡之決卽已澱淤，今四十二年，迄無邊警，亦無人言以爲深憂。自回河之議起，首以此動煩聖聽。殊不思大吳初決，水未有歸，猶不北去；今入海湍迅，界河益深，尙復何慮？藉令有此，則中國據上游，契丹豈不慮乘流擾之乎？

自古朝那、蕭關、雲中、朔方、定襄、鴈門、上郡、太原、右北平之間，南北往來之衝，豈塘濼界河之足限哉。臣等竊謂本朝以來，未有大河安流，合於禹迹，如此之利便者。其界河向去只有深闊，加以朝夕海潮往來渲蕩，必無淺澱，河尾安得直注北界，中國亦無全失險阻之理。且河遇平壤灘漫，行流稍遲，則泥沙留淤；若趨深走下，湍激奔騰，惟有刮除，無由淤積，不至上煩聖慮。

七月己巳朔，冀州南宮等五埽危急，詔撥提舉修河司物料百萬與之。甲午，都水監言：「河爲中國患久矣，自小吳決後，汎濫未著河槽，前後遣官相度非一，終未有定論。以爲北流無患，則前二年河決南宮下埽，去三年決上埽，今四年決宗城中埽，豈是北流可保無虞？以爲大河臥東，則南宮、宗城皆在西岸；以爲臥西，則冀州信都、恩州清河、武邑或決，皆在東岸。要是大河千里，未見歸納經久之計，所以昨相度第三、第四鋪分決漲水，少紓目前之急。繼又宗城決溢，向下包蓄不定，雖欲不爲東流之計，不可得也。河勢未可全奪，故爲二股之策。今相視新開第一口，水勢湍猛，發泄不及，已不候工畢，更撥沙河隄第二口泄減漲水，因而二股分行，以紓下流之患。雖未保冬夏常流，已見有可爲之勢。必欲經久，遂作二股，仍較今所修利害孰爲輕重，有司具析保明以聞。」

八月丁未，翰林學士蘇轍言：

夏秋之交，暑雨頻併。河流暴漲出岸，由孫村東行，蓋每歲常事。而李偉與河埽使臣因此張皇，以分水爲名，欲發回河之議，都水監從而和之。河事一興，求無不可，況大臣以其符合己說而樂聞乎。

臣聞河道西行孫村側左，大約入地二丈以來，今所報漲水出岸，由新開口地東入孫村，不過六七尺。欲因六七尺漲水，而奪入地二丈河身，雖三尺童子，知其難矣。然朝廷遂爲之遣都水使者，興兵功，開河道，進鋸牙，欲約之使東。方河水盛漲，其西行河道若不斷流，則過之東行，實同兒戲。

臣願急命有司，徐觀水勢所向，依累年漲水舊例，因其東溢，引入故道，以紓北京朝夕之憂。故道隄防壞決者，第略加修葺，免其決溢而已。至於開河、進約等事，一切毋得興功，俟河勢稍定然後議。不過一月，漲水既落，則西流之勢，決無移理。兼聞孫村出岸漲水，今已斷流，河上官吏未肯奏知耳。

是時，吳安持與李偉力主東流，而謝卿材謂「近歲河流稍行地中，無可回之理」，上河議一編。召赴政事堂會議，大臣不以爲然。癸丑，三省、樞密院言：「繼日霖雨，河上之役，恐煩聖慮。」太后曰：「訪之外議，河水已東復故道矣。」

乙丑，李偉言：「已開撥北京南沙河直堤第三鋪，放水入孫村口故道通行。」又言：「大河已分流，即更不須開淘。因昨來一決之後，東流自是順快，渲刷漸成港道。見今已爲二股，約奪大河三分以來，若得夫二萬，於九月興工，至十月寒凍時可畢。因引導河勢，豈止爲二股通行而已，亦將遂爲回奪大河之計。今來既因擗拶東流，修全鋸牙，當迤邐增進一埽，而取一埽之利，比至來年春、夏之交，遂可全復故道。朝廷今日當極力必閉北流，乃爲上策。若不明詔有司，即令回河，深恐上下遷延，議終不決，觀望之間，遂失機會。乞復置修河司。」從之。

五年正月丁亥，梁燾言：「朝廷治河，東流北流，本無一偏之私。今東流未成，邊北之州縣未至受患，其役可緩；北流方悍，邊西之州縣，日夕可憂，其備宜急。今傾半天下之力，專事東流，而不加一夫一草於北流之上，得不誤國計乎！去年屢決之害，全由堤防無備。臣願嚴責水官，修治北流埽岸，使二方均被惻隱之恩。」

二月己亥，詔開修減水河。辛丑，乃詔三省、樞密院：「去冬愆雪，今未得雨，外路旱暵闊遠，宜權罷修河。」

戊申，蘇轍言：「臣去年使契丹，過河北，見州縣官吏，訪以河事，皆相視不敢正言。及今年正月，還自契丹，所過吏民，方舉手相慶，皆言近有朝旨罷回河大役，命下之日，北京之人，讙呼鼓舞。惟減水河役遷延不止，耗蠹之事，十存四五，民間竊議，意大臣業已爲此，勢難遽回。既爲聖鑒所臨，要當迤邐盡罷。今月六日，果蒙聖旨，以旱災爲名，權罷修黃河，候今秋取旨。大臣覆奏盡罷黃河東、北流及諸河功役，民方憂旱，聞命踊躍，實荷聖恩。然臣竊詳聖旨，上合天意，下合民心。因水之性，功力易就，天語激切，中外聞者或至泣下，而大臣奉行，不得其平〔三〕。由此觀之，則是大臣所欲，雖害物而必行；陛下所爲，雖利民而不聽。至於委曲回避，巧爲之說，僅乃得行，君權已奪，國勢倒植。臣所謂君臣之間，逆順之際，大爲不便者，此事是也。黃河既不可復回，則先罷修河司，只令河北轉運司盡將一道兵功，修貼北流堤岸；罷吳安持、李偉都水監差遣，正其欺罔之罪，使天下曉然知聖意所在。如此施行，不獨河事就緒，天下臣庶，自此不敢以虛誕欺朝廷，弊事庶幾漸去矣。」

八月甲辰，提舉東流故道李偉言：「大河自五月後日益暴漲，始由北京南沙堤第七鋪決口，水出於第三、第四鋪并清豐口一併東流。故道河槽深三丈至一丈以上，比去年尤爲深快，頗減北流橫溢之患。然今已秋深，水當減落，若不稍加措置，慮致斷絕，即東流遂成淤澱。望下所屬官司，經畫沙堤等口分水利害，免淤故道，上誤國事。」詔吳安持與本路監司、北外丞司及李偉按視，具合措置事連書以聞。

九月，中丞蘇轍言：「修河司若不罷，李偉若不去，河水終不得順流，河朔生靈終不得安居。乞速罷修河司，及檢舉六年四月庚子敕，竄責李偉。」

七年三月，以吏部郎中趙偁權河北轉運使。偁素與安持等議不協，嘗上河議，其略曰：「自頃有司回河幾三年，功費騷動半天下，復爲分水又四年矣。故所謂分水者，因河流、相地勢導而分之。今乃橫截河流，置埽約以扼之，開濬河門，徒爲淵潭，其狀可見。況故道千里，其間又有高處，故累歲漲落輒復自斷。夫河流有逆順，地勢有高下，非朝廷可得而見，職在有司，朝廷任之亦信矣，患有司不自信耳。臣謂當繕大河北流兩堤，復修宗城棄堤，閉宗城口，廢上、下約，開闞村河門，使河流湍直，以成深道。聚三河工費以治一河，一二年可以就緒，而河患庶幾息矣。願以河事并都水條例一付轉運司，而總以工部，罷外丞司使，措置歸一，則職事可舉，弊事可去。」

四月，詔：「南北外兩丞司管下河埽，今後令河北京西轉運使、副、判官、府界提點分認界至，內河北仍於銜內帶『兼管南北外都水公事』。」

十月辛酉，以大河東流，賜都水使者吳安持三品服，北都水監丞李偉再任。

校勘記

〔一〕元祐元年　「元年」原脫，據長編卷四二五補。

〔三〕而大臣奉行不得其平　欒城集卷四一乞罷修河箚子、長編卷四三八都作「而大臣奉行不得其中」。

宋史卷九十三

志第四十六

河渠三

黄河下　汴河上

元祐八年二月乙卯，三省奉旨：「北流軟堰，並依都水監所奏。」門下侍郎蘇轍奏：「臣嘗以謂軟堰不可施於北流，利害甚明。蓋東流本人力所開，闊止百餘步，冬月河流斷絕，故軟堰可爲。今北流是大河正溜，比之東流，何止數倍，見今河水行流不絕，軟堰何由能立？蓋水官之意，欲以軟堰爲名，實作硬堰，陰爲回河之計耳。朝廷既已覺其意，則軟堰之請，不宜復從。」趙偁亦上議曰：「臣竊謂河事大利害有三，而言者互進其說，或見近忘遠，徼倖盜功，或取此捨彼，譸張昧理。遂使大利不明，大害不去，上惑朝聽，下滋民患，橫役枉費，殆無窮已，臣切痛之。所謂大利害者：北流全河，患水不能分也；東流分水，患水不能行也；宗城河決，患水不能閉也。是三者，去其患則爲利，未能去則爲害。今不謀此，而議欲專閉北流，止知一日可閉之利，而不知異日既塞之患，止知北流伏槽之水易爲力，而不知闞村方漲之勢，未可併以入東流也。夫欲合河以爲利，而不恤上下壅潰之害，是皆見近忘遠，徼倖盜功之事也。有司欲斷北流而不執其咎，乃引分水爲說，姑爲軟堰；知河衝之不可以軟堰禦，則又爲決堰之計。臣恐枉有工費，而以河爲戲也。請俟漲水伏槽，觀大河之勢，以治東流、北流。」

五月，水官卒請進梁村上、下約，東狹河門。既涉漲水，遂壅而潰。南犯德清，西決內黃，東淤梁村，北出闞村，宗城決口復行魏店，北流因淤遂斷，河水四出，壞東郡浮梁。十二月丙寅，監察御史郭知章言：「臣比緣使事至河北，自澶州入北京，渡孫村口，見水趨東者，河甚闊而深；又自北京往洺州，過楊家淺口復渡，見水之趨北者，纔十之二三，然後知大河宜閉北行東。乞下都水監相度。」於是吳安持復兼領都水，即建言：「近準朝旨，已堰斷魏店刺子，向下北流一枝斷絕。然東西未有堤岸，若漲水稍大，必披灘漫出，則平流在北京、恩州界，爲害愈甚。乞塞梁村口，縷張包口，開靑豐口以東鷄爪河，分殺水勢。」呂大防以其與己意合，向之。詔同北京留守相視。

時范純仁復爲右相，與蘇轍力以爲不可。遂降旨：「令都水監與本路安撫、轉運、提刑司共議，可則行之，有異議速以聞。」紹聖元年正月也。是時，轉運使趙偁深不以爲然，提刑上官均頗助之。偁之言曰：「河自孟津初行平地，必須全流，乃成河道。禹之治水，自冀北抵滄、棣，始播爲九河，以其近海無患也。今河自橫壠、六塔、商胡、小吳，百年之間，皆從西決，蓋河徙之常勢。而有司置埽創約，橫截河流，回河不成，因爲分水。初決南宮，再決宗城，三決內黃，亦皆西決，則地勢西下，較然可見。今欲弭息河患，而逆地勢，戾水性，臣未見其能就功也。請開闞村河門，修平鄉鉅鹿埽、焦家等堤，濬澶淵故道，以備漲水。」大名安撫使許將言：「度今之利，若舍故道，止從北流，則慮河下已湮，而上流橫潰，爲害益廣。若直閉北流，東徙故道，則復慮受水不盡，而破隄爲患〔一〕。竊謂宜因梁村之口以行東，因內黃之口以行北，而盡閉諸口，以絕大名諸州之患。俟春夏水大至，乃觀故道，足以受之，則內黃之口可塞；不足以受之，則梁村之役可止。定其成議，則民心固而河之順復有時，可以保其無害。」詔：「令吳安持同都水監丞鄭佑，與本路安撫、轉運、提刑司官，具圖、狀保明聞奏，卽有未便，亦具利害來上。」

三月癸酉，監察御史郭知章言：「河復故道，水之趨東，已不可遏。近日遣使按視，逐司議論未一。臣謂水官朝夕從事河上，望專委之。」乙亥，呂大防罷相。

六月，右正言張商英奏言：「元豐間河決南宮口，講議累年，先帝歎曰：『神禹復生，不能回此河矣。』乃勅自今後不得復議回河閉口，蓋採用漢人之論，俟其泛濫自定也。元祐初，文彥博、呂大防以前敕非是，拔吳安持爲都水使者，委以東流之事。京東、河北五百里內差夫，五百里外出錢雇夫，及支借常平倉司錢買梢草，斬伐榆柳。凡八年而無尺寸之效，乃遷安持太僕卿，王宗望代之。宗望至，則劉奉世猶以彥博、大防餘意，力主東流，以梁村口吞納大河。今則梁村口淤澱，而開沙堤兩處決口以泄水矣。前議累七十里堤以障北流，今則云俟霜降水落興工矣。朝廷咫尺，不應九年爲水官蔽欺如此。九年之內，年年礬山水漲，霜降水落，豈獨今年始有漲水，而待水落乃可以興工耶？乞遣使按驗虛實，取索回河以來公私費錢粮、梢草，依仁宗朝六塔河施行。」

會七月辛丑，廣武埽危急，詔王宗望亟往救護。壬寅，帝謂輔臣曰：「廣武去洛河不遠，須防漲溢下灌京師，已遣中使視之。」輔臣出圖、狀以奏曰：「此由黃河北岸生灘，水趨南岸。今雨止，河必減落，已下水官，與洛口官同行按視，爲簽堤及去北岸嫩灘，令河順直，則無患矣。」

八月丙子，權工部侍郎吳安持等言：「廣武埽危急，刷塌堤身二千餘步處，地形稍高。自鞏縣東七里店至見今洛口，約不滿十里，可以別開新河，引導河水近南行流，地步至少，用功甚微。王宗望行視並開井筒，各稱利便外，其南築大堤，工力浩大，乞下合屬官司，躬往相度保明。」從之。

十月丁酉，王宗望言：「大河自元豐潰決以來，東、北兩流，利害極大，頻年紛爭，國論不決，水官無所適從。伏自奉詔凡九月，上稟成算，自闞村下至栲栳堤七節河門，並皆閉塞。築金堤七十里，盡障北流，使全河東還故道，以除河患。又自闞村下至海口，補築新舊堤防，增修疏濬河道之淤淺者，雖盛夏漲潦，不至壅決。望付史官，紀紹聖以來聖明獨斷，致此成績。」詔宗望等具析修閉北流部役官等功力等第以聞。然是時東流堤防未及繕固，瀕河多被水患，流民入京師，往往泊御廊及僧舍。詔給券，諭令還本土，以就振濟。

己酉，安持又言：「準朝旨相度開濬澶州故道，分減漲水。按澶州本是河行舊道，頃年曾乞開修，時以東西地形高仰，未可興工。欲乞且行疏導燕家河，仍令所屬先次計度合增修一十一埽所用工料。」詔：「令都水監候來年將及漲水月分，先具利害以聞。」

癸丑，三省、樞密院言：「元豐八年，知澶州王令圖議，乞修復大河故道。元祐四年，都水使者吳安持，因紓南宮等埽危急，遂就孫村口爲回河之策。及梁村進約東流，孫村口窄狹，德清軍等處皆被水患。今春，王宗望等雖於內黃下埽閉斷北流，然至漲水之時，猶有三分水勢，而上流諸埽已多危急，下至將陵埽決壞民田。近又據宗望等奏，大河自閉塞闞村而下，及創築新堤七十餘里，盡閉北流，全河之水，東還故道。今訪聞東流向下，地形已高，水行不快。既閉斷北流，將來盛夏，大河漲水全歸故道，不惟舊堤損缺怯薄，而闞村新堤，亦恐未易枝梧。兼京城上流諸處埽岸，慮有壅滯衝決之患，不可不豫爲經畫。」詔：「權工部侍郎吳安持、都水使者王宗望、監丞鄭佑〔三〕同北外監丞司，自闞村而下直至海口，逐一相視，增修疏濬，不致壅滯衝決。」

丙辰，張商英又言：「今年已閉北流，都水監長貳交章稱賀，或乞付史官，則是河水已歸故道，止宜修緝堤埽，防將來衝決而已。近聞王宗望、李仲却欲開澶州故道以分水，吳安持乞候漲水前相度。緣開澶州故道，若不與今東流底平，則纔經水落，立見淤塞。若與底平，則從初自合閉口回河，何用九年費財動衆？安持稱候漲水相度，乃是悠悠之談。前來漲水并今來漲水，各至澶州、德清軍界，安持首尾九年，豈得不見。更欲延至明年，乃是狡兔三穴，自爲潛身之計，非公心爲國事也。況立春漸近調夫，如是時不早定議，又留後說，邦財民力，何以支持？訪聞先朝水官孫民先、元祐六年水官賈種民各有河議，乞取索照會。召前後本路監司及經歷河事之人，與水官詣都堂反覆詰難，務取至當，經久可行，定議歸一，庶免以有限之財，事無涯之功。」二年七月戊午，詔：「沿黃河州軍，河防決溢，並即申奏。」

元符二年二月乙亥，北外都水丞李偉言：「相度大小河門，乘此水勢衰弱，並先修閉，各立蛾眉埽鎭壓。乞次於河北、京東兩路差正夫三萬人，其他夫數，令修河官和雇。」三月丁巳，偉又乞於澶州之南大河身內，開小河一道，以待漲水，紓解大吳口下注北京一帶向著之患。」並從之。

六月末，河決內黃口，東流遂斷絕。八月甲戌，詔：「大河水勢十分北流，其以河事付轉運司，責州縣共力救護隄岸。」辛丑，左司諫王祖道請正吳安持、鄭佑〔三〕、李仲、李偉之罪，投之遠方，以明先帝北流之志。詔可。

三年正月己卯，徽宗卽位。鄭佑、吳安持輩皆用登極大赦，次第牽復。中書舍人張商英繳奏：「佑等昨主回河，皆違神宗北流之意。」不聽。商英又嘗論水官非其人，治河當行其所無事，一用堤障，猶塞兒口止其啼也。三月，乃以商英爲龍圖閣待制、河北都轉運使兼專功提舉河事。商英復陳五事：一曰行古沙河口；二曰復平恩四埽；三曰引大河自古漳河、浮河入海；四曰築御河西堤，而開東堤之積；五曰開木門口，泄徒駭河東流。大要欲隨地勢疏濬入海。會四月，河決蘇村。七月，詔：「商英毋治河，止釐本職，其因河事差辟官吏並罷。」復置北外都水丞司。

建中靖國元年春，尚書省言：「自去夏蘇村漲水，後來全河漫流，今已淤高三四尺，宜立西堤。」詔都水使者魯君貺同北外丞司經度之。於是左正言任伯雨奏：

河爲中國患，二千歲矣。自古竭天下之力以事河者，莫如本朝。而徇衆人偏見，欲屈大河之勢以從人者，莫甚於近世。臣不敢遠引，祇如元祐末年，小吳決溢，議者乃譎謀異計，欲立奇功，以邀厚賞。不顧地勢，不念民力，不惜國用，力建東流之議。當洪流中，立馬頭，設鋸齒，梢芻材木，耗費百倍。力遏水勢，使之東注，陵虛駕空，非特行地上而已。增堤益防，惴惴恐決，澄沙淤泥，久益高仰，一旦決潰，又復北流。此非堤防之不固，亦理勢之必至也。

昔禹之治水，不獨行其所無事，亦未嘗不因其變以導之。蓋河流混濁，泥沙相半，流行既久，迤邐淤澱，則久而必決者，勢不能變也。或北而東，或東而北，亦安可以人力制哉！

爲今之策，正宜因其所向，寬立堤防，約欄水勢，使不至大段漫流。若恐北流淤澱塘泊，亦祇宜因塘泊之岸，增設堤防，乃爲長策。風聞近日，又有議者獻東流之計。不獨比年災傷，居民流散，公私匱竭，百無一有，事勢窘急，固不可爲；抑亦自高注下，湍流奔猛，潰決未久，勢不可改。設若興工，公私徒耗，殆非利民之舉，實自困之道也。

崇寧三年十月，臣僚言：「昨奉詔措置大河，即由西路歷沿邊州軍，回至武強縣，循河堤至深州，又北下衡水縣，乃達于冀。又北渡河過遠來鎮，及分遣屬僚相視恩州之北河流次第。大抵水性無有不下，引之就高，決不可得。況西山積水，勢必欲下，各因其勢而順導之，則無壅遏之患。」詔開修直河，以殺水勢。

四年二月，工部言：「乞修蘇村等處運粮河堤爲正堤，以支漲水，較修棄堤直堤，可減工四十四萬、料七十一萬有奇。」從之。閏二月，尚書省言：「大河北流，合西山諸水，在深州武強、瀛州樂壽埽，俯瞰雄、霸、莫州及沿邊塘濼，萬一決溢，爲害甚大。」詔增二埽堤及儲蓄，以備漲水。是歲，大河安流。

五年二月，詔滑州繫浮橋於北岸，仍築城壘，置官兵守護之。八月，葺陽武副堤。

大觀元年二月，詔於陽武上埽第五鋪開修直河至第十五鋪，以分減水勢。有司言：「河身當長三千四百四十步，面闊八十尺，底闊五丈，深七尺，計役十萬七千餘工，用人夫三千五百八十二，凡一月畢。」從之。十二月，工部員外郎趙霆言：「南北兩丞司合開直河者，凡爲里八十有七，用緡錢八九萬。異時成功，可免河防之憂，而省久遠之費。」詔從之。

二年五月，霆上免夫之議，大略謂：「黃河調發人夫修築埽岸，每歲春首，騷動數路，常至敗家破產。今春滑州魚池埽合起夫役，嘗令送免夫之直，用以買土，增貼埽岸，比之調夫，反有贏餘。乞詔有司，應堤埽合調春夫，並依此例，立爲永法。」詔曰：「河防夫工，歲役十萬，濱河之民，困於調發。可上戶出錢免夫，下戶出力充役，其相度條畫以聞。」丙申，邢州言河決，陷鉅鹿縣。詔遷縣於高地。又以趙州隆平下濕，亦遷之。

六月己卯，都水使者吳玠言：「自元豐間小吳口決，北流入御河，下合西山諸水，至清州獨流砦三叉口入海。雖深得保固形勝之策，而歲月寖久，侵犯塘堤，衝壞道路，齧損城砦。臣奉詔修治隄防，禦捍漲溢。然築八尺之堤，當九河之尾，恐不能敵。若不遇有損缺，逐旋增修，卽又至隳壞，使與塘水相通，於邊防非計也。乞降旨修葺。」從之。庚寅，冀州河溢，壞信都、南宮兩縣。

三年八月，詔沈純誠開撩兎源河。兎源在廣武埽對岸，分減埽下漲水也。

政和四年十一月，都水使者孟昌齡言：「今歲夏秋漲水，河流上下並行中道，滑州浮橋不勞解拆，大省歲費。」詔許稱賀，官吏推恩有差。昌齡又獻議導河大伾，可置永遠浮橋，謂：「河流自大伾之東而來，直大伾山西，而止數里，方回南，東轉而過，復折北而東，則又直至大伾山之東，亦止不過十里耳。視地形水勢，東西相直徑易，曾不十餘里間，且地勢低下，可以成河，倚山可爲馬頭；又有中潬，正如河陽。若引使穿大伾大山及東北二小山，分爲兩股而過，合於下流，因是三山爲趾，以繫浮梁，省費數十百倍，可寬河朔諸路之役。」朝廷喜而從之。

五年，置提舉修繫永橋所。六月癸丑，降德音于河北、京東、京西路，其略曰：「鑿山釃渠，循九河既道之迹；爲梁跨趾，成萬世永賴之功。役不踰時，慮無愆素。人絕往來之阻，地無南北之殊。靈祇懷柔，黎庶呼舞。眷言朔野，爰暨近畿，畚鍤繁興，薪芻轉徙，民亦勞止，朕甚憫之。宜推在宥之恩，仍廣蠲除之惠。應開河官吏，令提舉所具功力等第聞奏。」又詔：「居山至大伾山浮橋屬濬州者，賜名天成橋；大伾山至汶子山浮橋屬滑州者，賜名榮光橋。」俄改榮光曰聖功。七月庚辰，御製橋名，磨崖以刻之。方河之開也，水流雖通，然湍激猛暴，遇山稍隘，往往泛溢，近砦民夫多被漂溺，因亦及通利軍，其後遂注成巨濼云。是月，昌齡遷工部侍郎。

八月己亥，都水監言：「大河以就三山通流，正在通利之東，慮水溢爲患。乞移軍城於大伾山、居山之間，以就高仰。」從之。十月丁巳，中書省言冀州棗強埽決，知州辛昌宗武臣，不諳河事，詔以王仲元代之。

十一月丙寅，都水使者孟揆言：「大河連經漲淤，灘面已高，致河流傾側東岸。今若修閉棗強上埽決口，其費不貲，兼冬深難施人力；縱使極力修閉，東堤上下二百餘里，必須盡行增築，與水爭力，未能全免決溢之患。今漫水行流，多鹹鹵及積水之地，又不犯州軍，止經數縣地分，迤邐纏御河歸納黃河。欲自決口上恩州之地水堤爲始，增補舊堤，接續御河東岸，簽合大河。」從之。乙亥，臣僚言：「禹跡湮沒於數千載之遠，陛下神智獨運，一旦興復，導河三山。長堤盤固，橫截巨浸，依山爲梁，天造地設。威示南北，度越前古，歲無解繫之費，人無病涉之患。大功既成，願申飭有司，以日繼月，視水向著，隨爲隄防，益加增固，每遇漲水，水官、漕臣不輟巡視。」詔付昌齡。

六年四月辛卯，高陽關路安撫使吳玠言冀州棗強縣黃河清，詔許稱賀。七月戊午，太師蔡京請名三山橋銘閣曰繼禹繼文之閣，門曰銘功之門。十月辛卯，蔡京等言：「冀州河清，乞拜表稱賀。」

七年五月丁巳，臣僚言：「恩州寧化鎮大河之側，地勢低下，正當灣流衝激之處。歲久堤岸怯薄，沁水透堤甚多，近鎮居民例皆移避。方秋夏之交，時雨霈然，一失堤防，則不惟東流莫測所向，一隅生靈所係甚大，亦恐妨阻大名、河間諸州往來邊路。乞付有司，貼築固護。」從之。六月癸酉，都水使者孟揚言：「舊河陽南北兩河分流，立中潬，繫浮梁。頃緣北河淤澱，水不通行，止於南河修繫一橋。因此河項窄狹，水勢衝激，每遇漲水，多致損壞。欲措置開修北河，如舊修繫南北兩橋。」從之。九月丁未，詔揚專一措置，而令河陽守臣王序營辦錢糧，督其工料。

重和元年三月己亥，詔：「滑州、濬州界萬年堤，全藉林木固護堤岸，其廣行種植，以壯地勢。」五月甲辰，詔：「孟州河陽縣第一埽，自春以來，河勢湍猛，侵嚙民田，迫近州城止二三里。其令都水使者同漕臣、河陽守臣措置固護。」是秋雨，廣武埽危急，詔內侍王仍相度措置。

宣和元年九月辛未，蔡京等言：「南丞管下三十五埽，今歲漲水之後，岸下一例生灘，河行中道，實由聖德昭格，神祇順助。望宣付史館。」詔送秘書省。十二月，開修兔源河并直河畢工，降詔獎諭。

二年九月己卯，王黼言：「昨孟昌齡計議河事，至滑州韓村埽檢視，河流衝至寸金潭，其勢就下，未易禦遏。近降詔旨，令就畫定港灣，對開直河。方議開鑿，忽自成直河一道，寸金潭下，水即安流，在役之人，聚首仰嘆。乞付史館，仍帥百官表賀。」從之。

三年六月，河溢冀州信都。十一月，河決清河埽。是歲，水壞天成、聖功橋，官吏行罰有差。四年四月壬子，都水使者孟揚言：「奉詔修繫三山東橋，凡役工十五萬七千八百，今累經漲水無虞。」詔因橋壞失職降秩者，俱復之，揚自正議大夫轉正奉大夫。

七年，欽宗卽位。靖康元年二月乙卯，御史中丞許翰言：「保和殿大學士孟昌齡、延康殿學士孟揚、龍圖閣直學士孟揆，父子相繼領職二十年，過惡山積。妄設堤防之功，多張梢椿之數，竊竭民力，聚斂金帛。交結權要，內侍王仍爲之奧主，超付名位，不知紀極。大河浮橋，歲一造舟，京西之民，猶憚其役。而昌齡首建三山之策，回大河之勢，頓取百年浮橋之費，僅爲數歲行路之觀。漂沒生靈，無慮萬計，近輔郡縣，蕭然破殘。所辟官吏，計金敍績，富商大賈，爭注名牒，身不在公，遙分爵賞。每興一役，乾沒無數，省部御史，莫能鉤考。陛下方將澄淸朝著，建立事功，不先誅竄昌齡父子，無以昭示天下。望籍其姦贓，以正典刑。」詔並落職：昌齡在外宮觀，揚依舊權領都水監職事，揆候措置橋船畢取旨。翰復請鉤考簿書，發其姦贓。乃詔：昌齡與中大夫，揚、揆與中奉大夫。三月丁丑，京西轉運司言：「本路歲科河防夫三萬，溝河夫一萬八千。緣連年不稔，羣盜刼掠，民力困弊，乞量數減放。」詔減八千人。

汴河，自隋大業初，疏通濟渠，引黃河通淮，至唐，改名廣濟。宋都大梁，以孟州河陰縣南爲汴首受黃河之口，屬于淮、泗。每歲自春及冬，常於河口均調水勢，止深六尺，以通行重載爲準。歲漕江、淮、湖、浙米數百萬，及至東南之產，百物衆寶，不可勝計。又下西山之薪炭，以輸京師之粟，以振河北之急，內外仰給焉。故於諸水，莫此爲重。其淺深有度，置官以司之，都水監總察之。然大河向背不常，故河口歲易；易則度地形，相水勢，爲口以逆之。遇春首輒調數州之民，勞費不貲，役者多溺死。吏又並緣侵漁，而京師常有決溢之虞。

太祖建隆二年春，導索水自旃然，與須水合入于汴。三年十月，詔：「緣汴河州縣長吏，常以春首課民夾岸植榆柳，以固堤防。」

太宗太平興國二年七月，開封府言：「汴水溢壞開封大寧堤，浸民田，害稼。」詔發懷、孟〔四〕丁夫三千五百人塞之。三年正月，發軍士千人復汴口。六月，宋州言：「寧陵縣河溢，堤決。」詔發宋、亳丁夫四千五百人，分遣使臣護役。四年八月，又決于宋城縣，以本州諸縣人夫三千五百人塞之。

淳化二年六月，汴水決浚儀縣。帝乘步輦出乾元門，宰相、樞密迎謁。帝曰：「東京養甲兵數十萬，居人百萬家，天下轉漕，仰給在此一渠水，朕安得不顧。」車駕入泥淖中，行百餘步，從臣震恐。殿前都指揮使戴興叩頭懇請回馭，遂捧輦出泥淖中。詔興督步卒數千塞之。日未旰，水勢遂定。帝始就次，太官進膳。親王近臣皆泥濘沾衣。知縣宋炎亡匿不敢出，特赦其罪。是月，汴又決于宋城縣，發近縣丁夫二千人塞之。

至道元年九月，帝以汴河歲運江、淮米五七百萬斛，以濟京師，問侍臣汴水疏鑿之由，令參知政事張洎講求其事以聞。其言曰：

禹導河自積石至龍門，南至華陰，東至砥柱；又東至于孟津，東過洛汭，至于大伾，即今成臯是也，或云黎陽山也。禹以大河流泛中國，爲害最甚，乃於貝丘疏二渠，以分水勢：一渠自舞陽縣東，引入漯水〔五〕，其水東北流，至千乘縣入海，即今黃河是也；一渠疏畎引傍西山，以東北形高敝壞堤，水勢不便流溢，夾右碣石入于渤海。書所謂「北過降水，至于大陸」，降水即濁漳，大陸則邢州鉅鹿澤。「播爲九河，同爲逆河，入于海。」河自魏郡貴鄉縣界分爲九道，下至滄州，今爲一河。言逆河者，謂與河水往復相承受也。齊桓公塞以廣田居，唯一河存焉，今其東界至莽梧河是也〔六〕。禹又於滎澤下分大河爲陰溝，引注東南，以通淮、泗。至大梁浚儀縣西北，復分爲二渠：一渠元經陽武縣中牟臺下爲官渡水；一渠始皇疏鑿以灌魏郡，謂之鴻溝，莨菪渠自滎陽五出池口來注之。其鴻溝即出河之溝，亦曰莨菪渠。

漢明帝時，樂浪人王景、謁者王吳始作浚儀渠，蓋循河溝故瀆也。渠成流注浚儀，故以浚儀縣爲名。靈帝建寧四年，於敖城西北壘石爲門，以遏渠口，故世謂之石門。渠外東合濟水，濟與河、渠渾濤東注，至敖山北，渠水至此又兼邲之水，即春秋晉、楚戰于邲。邲又音汳，即「汴」字，古人避「反」字，改從「汴」字。渠水又東經滎陽北，旃然水自縣東流入汴水。鄭州滎陽縣西二十里三皇山上，有二廣武城，二城相去百餘步，汴水自兩城間小澗中東流而出，而濟流自茲乃絕。唯汴渠首受旃然水，謂之鴻渠。東晉太和中，桓溫北伐前燕，將通之，不果。義熙十三年，劉裕西征姚秦，復浚此渠，始有湍流奔注，而岸善潰塞，裕更疏鑿而漕運焉。隋煬帝大業三年，詔尚書左丞相皇甫誼發河南男女百萬開汴水，起滎澤入淮千餘里，乃爲通濟渠。又發淮南兵夫十餘萬開邗溝，自山陽淮至于揚子江三百餘里，水面闊四十步，而後行幸焉。自後天下利於轉輸。昔孝文時，賈誼言「漢以江、淮爲奉地」，謂魚、鹽、穀、帛，多出東南。至五鳳中，耿壽昌奏：「故事，歲增關東穀四百萬斛以給京師。」亦多自此渠漕運。

唐初，改通濟渠爲廣濟渠。開元中，黃門侍郎、平章事裴耀卿言：江、淮租船，自長淮西北泝鴻溝，轉相輪納於河陰、含嘉、太原等倉。凡三年，運米七百萬石，實利涉於此。開元末，河南採訪使、汴州刺史齊澣，以江、淮漕運經淮水波濤有沉損，遂浚廣濟渠下流，自泗州虹縣至楚州淮陰縣北八十里合于淮〔七〕，踰時畢功。既而水流迅急，行旅艱險，尋乃廢停，却由舊河。

德宗朝，歲漕運江、淮米四十萬石，以益關中。時叛將李正己、田悅皆分軍守徐州，臨渦口，梁崇義阻兵襄、鄧，南北漕引皆絕。於是水陸運使杜佑請改漕路，自浚儀西十里，疏其南涯，引流入琵琶溝，經蔡河至陳州合潁水，是秦、漢故道，以官漕久不由此，故填淤不通，若畎流培岸，則功用甚寡；又廬、壽之間有水道，而平岡亘其中，曰雞鳴山，佑請疏其兩端，皆可通舟，其間登陸四十里而已，則江、湖、黔、嶺、蜀、漢之粟，可方舟而下。由是白沙趨東關，經廬、壽，浮潁步蔡，歷琵琶溝入汴河，不復經泝淮之險，徑於舊路二千里，功寡利博。朝議將行，而徐州順命，淮路乃通。至國家膺圖受命，以大梁四方所湊，天下之樞，可以臨制四海，故卜京邑而定都。

漢高帝云：「吾以羽檄召天下兵未至。」孝文又云：「吾初卽位，不欲出虎符召郡國兵。」卽知兵甲在外也。唯有南北軍、期門郎、羽林孤兒，以備天子扈從藩衞之用。唐承隋制，置十二衞府兵，皆農夫也。及罷府兵，始置神武、神策爲禁軍，不過三數萬人，亦以備扈從藩衞而已。故祿山犯闕，驅市人而戰；德宗蒙塵，扈蹕四百餘騎，兵甲皆在郡國。額軍存而可舉者，除河朔三鎭外，太原、青社各十萬人，邠寧、宣武各六萬人，潞、徐、荆、揚各五萬人，襄、宣、壽、鎭海各二萬人，自餘觀察、團練據要害之地者，不下萬人。今天下甲卒數十萬衆，戰馬數十萬匹，並萃京師，悉集七亡國之士民於輦下，比漢、唐京邑，民庶十倍。甸服時有水旱，不至艱歉者，有惠民、金水、五丈、汴水等四渠，派引脈分，咸會天邑，舳艫相接，贍給公私，所以無匱乏。唯汴水橫亘中國，首承大河，漕引江、湖，利盡南海，半天下之財賦，并山澤之百貨，悉由此路而進。然則禹力疏鑿以分水勢，煬帝開畎以奉巡游，雖數湮廢，而通流不絕於百代之下，終爲國家之用者，其上天之意乎。

眞宗景德元年九月，宋州言汴河決，浸民田，壞廬舍。遣使護塞，踰月功就。三年六月，京城汴水暴漲，詔覘候水勢，并工修補，增起堤岸。工畢，復遣使致祭。大中祥符二年八月，汴水漲溢，自京至鄭州，浸道路。詔選使乘傳減汴口水勢。既而水減，阻滯漕運，復遣浚汴口。八年六月，詔：自今後汴水添漲及七尺五寸，卽遣禁兵三千，沿河防護。八月，太常少卿馬元方請浚汴河中流，闊五丈，深五尺，可省修堤之費。卽詔遣使計度修浚。使還，上言：「泗州西至開封府界，岸闊底平，水勢薄，不假開浚。請止自泗州夾岡，用功八十六萬五千四百三十八，以宿、亳丁夫充，計減功七百三十一萬，仍請於沿河作頭踏道擗岸，其淺處爲鋸牙，以束水勢，使其浚成河道〔六〕，止用河淸、下卸卒，就未放春水前，令逐州長吏、令佐督役。自今汴河淤澱，可三五年一浚。又於中牟、滎澤縣各置開減水河。」並從之。

天禧三年十二月，都官員外郎鄭希甫言：「汴河兩岸皆是陂水，廣浸民田，堤脚並無流泄之處。今汴河南省自明河接澳入淮〔九〕，望詔轉運使規度以聞。」

仁宗天聖三年，汴流淺，特遣使疏河注口。四年，大漲堤危，衆情恟恟憂京城，詔度京城西賈陂岡地，洩之于護龍河。六年，勾當汴口康德輿言：「行視陽武橋萬勝鎭，宜存斗門。其梁固斗門三宜廢去，祥符界北岸請爲別竇，分減溢流。」而勾當汴口王中庸欲增置孫村之石限，悉從其請。七年，德輿言，修河芟地爲並灘農戶所侵。詔限一月使自實，檢括以還縣官。

皇祐二年，命使詣中牟治堤。明年八月，河涸，舟不通，令河渠司自口浚治，歲以爲常。舊制，水增七尺五寸，則京師集禁兵〔一〇〕、八作、排岸兵，負土列河上以防河。滿五日，賜錢以勞之，曰「特支」；而或數漲數防，又不及五日而罷，則軍士屢疲，而賜予不及。是歲七月，始制防河兵日給錢，薄其數，才比特支十分之一，軍士便之。明年，遣使行河相利害。

嘉祐六年，汴水淺澀，常稽運漕。都水奏：「河自應天府抵泗州，直流湍駛無所阻。惟應天府上至汴口，或岸闊淺漫，宜限以六十步闊，於此則爲木岸狹河，扼束水勢令深駛。梢，伐岸木可足也。」遂下詔興役，而衆議以爲未便。宰相蔡京奏：「祖宗時已嘗狹河矣，俗好沮敗事，宜勿聽。」役既半，岸木不足，募民出雜梢。岸成而言者始息。舊曲灘漫流，多稽留覆溺處，悉爲駛直平夷，操舟往來便之。

神宗熙寧四年，創開訾家口，日役夫四萬，饒一月而成。纔三月已淺澀，乃復開舊口，役萬工，四日而水稍順。有應舜臣者，獨謂新口在孤柏嶺下，當河流之衝，其便利可常用勿易，水大則泄以斗門，水小則爲輔渠於下流以益之。安石善其議。

五年，先是宣徽北院使、中太一宮使張方平嘗論汴河曰：「國家漕運，以河渠爲主。國初浚河渠三道，通京城漕運，自後定立上供年額：汴河斛斗六百萬石，廣濟河六十二萬石，惠民河六十萬石。廣濟河所運，止給太康、咸平、尉氏等縣軍糧而已〔二〕。惟汴河專運粳米，兼以小麥，此乃太倉蓄積之實。今仰食于官廩者，不惟三軍，至于京師士庶以億萬計，太半待飽于軍稍之餘，故國家於漕事，至急至重。然則汴河乃建國之本，非可與區區溝洫水利同言也。近歲已罷廣濟河，而惠民河斛斗不入太倉，大衆之命，惟汴河是賴。今陳說利害，以汴河爲議者多矣。臣恐議者不已，屢作改更，必致汴河日失其舊。國家大計，殊非小事。願陛下特回聖鑒，深賜省察，留神遠慮，以固基本。」方平之言，爲王安石發也。

六年夏，都水監丞侯叔獻乞引汴水淤府界閑田，安石力主之。水既數放，或至絕流，公私重舟不可盪，有閣折者。帝以人情不安，嘗下都水分析，并詔三司同府界提點官往視。十一月，范子奇建議：冬不閉汴口，以外江綱運直入汴至京，廢運般。安石以爲然。詔汴口官吏相視，卒用其說。是後高麗入貢，令泝汴赴闕。

七年春，河水壅溢，積潦敗堤。八月，御史盛陶謂汴河開兩口非便，命同判都水監宋昌言視兩口水勢，檄同提舉汴口官王珫〔三〕。珫言訾家口水三分，輔渠七分。昌言請塞訾家口，而留輔渠。時韓絳、呂惠卿當國，許之。

八年春，安石再相，叔獻言：「昨疏濬汴河，自南京至泗州，概深三尺至五尺。惟虹縣以東，有礓石三十里餘，不可疏濬，乞募民開修。」詔檢計工糧以聞。七月，叔獻又言：「歲開汴口作生河，侵民田，調夫役。今惟用訾家口，減人夫、物料各以萬計，乞減河清一指揮。」從之。未幾，汴水大漲，至深一丈二尺，於是復請權閉汴口。

九年十月，詔都水度量疏濬汴河淺深，仍記其地分。十年，范子淵請用濬川杷，以六月興工，自謂功利灼然，請「候今冬疏濬畢，將杷具、舟船等分給逐地分。使臣於閉口之後，檢量河道淤澱去處，至春水接續疏導」。大抵皆無甚利。已而淸汴之役興。

校勘記

〔一〕破隄爲患　「破」原作「被」，據長編卷五一七注、長編紀事本末卷一一二改。

〔二〕監丞鄭佑　「鄭佑」原作「郭祐」，據上下文和長編紀事本末卷一一二改。

〔三〕鄭佑　原作「鄭祜」，據上下文和長編卷五一五改。下同。

〔四〕懷孟　「懷」原作「淮」，按本書地理志無「淮州」，據長編卷一一八改。

〔五〕一渠自舞陽縣東引入漯水　按漢書卷二八上地理志東郡東武陽：「禹治漯水，東北至千乘入海。」又水經河水注東武陽縣下：「有漯水出焉，戴延之謂之武水也。」漯水出於漢代東武陽縣。北魏時，改東武陽縣爲武陽縣。此作「舞陽」，誤。

〔六〕今其東界至莽梧河是也　按魏郡貴鄉縣，宋改名大名縣。據寰宇記卷五七大名縣：「大河故瀆在縣東三里，俗名王莽河。」又水經河水注：「大河故瀆『王莽時空，故世俗名是瀆爲王莽河』。此處「至莽梧河」疑是「王莽枯河」之訛。

〔七〕自泗州虹縣至楚州淮陰縣北八十里合于淮　「八十里」，通典卷一〇食貨、元和郡縣志卷九、新唐書卷三八地理志、太平寰宇記卷一七都作「十八里」，疑此處誤。

〔八〕使其浚成河道　「浚」原作「後」，據宋會要方域一六之四改。

〔九〕今汴河南省自明河接澳入淮　按水經睢水注：「睢水出陳留縣西蒗蕩渠。」「睢水於〔睢陽〕城之陽積而爲蓬洪陂，陂之西南有陂，又東合明水。水上承城南大池，池周千步，南流會睢，謂之明水，絕睢注渙。」又淮水注：「淮水又東經夏丘縣南，又東渙水入焉。」「明水」疑卽「明河」，「渙」或爲「渙」字之誤。

〔一〇〕禁兵　原作「楚兵」，據長編卷一七三改。

〔一一〕廣濟河所運止給太康咸平尉氏等縣軍糧而已　按欒全集卷二七論汴河利害事：「廣濟河所運多是雜色粟豆，但充口食馬料，惠民河所運止給太康咸平尉氏等縣軍糧而已。」此處疑有脫誤。

〔一二〕王琉　「琉」原作「琉」，據長編卷二五二、涑水記聞卷一五改。下同。

宋史卷九十四

志第四十七

河渠四

汴河下　洛河　蔡河　廣濟河　金水河　白溝河　京畿溝渠

白河　三白渠　鄧許諸渠附

元豐元年五月，西頭供奉官張從惠復言：「汴口歲開閉，修堤防，通漕纔二百餘日。往時數有建議引洛水入汴，患黃河嚙廣武山，須鑿山嶺十數丈，以通汴渠，功大不可爲。去年七月，黃河暴漲，水落而稍北，距廣武山麓七里，退灘高闊，可鑿爲渠，引洛入汴。」范子淵知都水監丞，畫十利以獻。又言：「汜水出玉仙山，索水出嵩渚山，合洛水，積其廣深，得二千一百三十六尺，視今汴流尚贏九百七十四尺。以河、洛湍緩不同，得其贏餘，可以相補。

猶慮不足，則旁堤爲塘，滲取河水，每百里置木牐一，以限水勢。兩旁溝、湖、陂、濼，皆可引以爲助，禁伊、洛上源私引水者。大約汴舟重載，入水不過四尺，今深五尺，可濟漕運。起鞏縣神尾山，至士家堤，築大堤四十七里，以捍大河。起沙谷至河陰縣十里店，穿渠五十二里，引洛水屬于汴渠。」疏奏，上重其事，遣使行視。

二年正月，使還，以爲工費浩大，不可爲。上復遣入內供奉宋用臣，還奏可爲，請「自任村沙谷口至汴口開河五十里，引伊、洛水入汴河，每二十里置束水一，以芻楗爲之，以節湍急之勢，取水深一丈，以通漕運。引古索河爲源，注房家、黃家、孟家三陂〔二〕及三十六陂，高仰處瀦水爲塘，以備洛水不足，則決以入河。又自汜水關北開河五百五十步，屬于黃河，上下置牐啓閉，以通黃、汴二河船筏。卽洛河舊口置水澾，通黃河，以泄伊、洛暴漲。古索河等暴漲，卽以魏樓、滎澤、孔固三斗門泄之。計工九十萬七千有餘。仍乞修護黃河南堤埽，以防侵奪新河。」從之。

三月庚寅，以用臣都大提舉導洛通汴。四月甲子興工，遣禮官祭告。河道侵民塚墓，給錢徙之，無主者，官爲瘞藏。六月戊申，清汴成，凡用工四十五日。自任村沙口至河陰縣瓦亭子；幷汜水關北通黃河：接運河，長五十一里。兩岸爲堤，總長一百三里，引洛水入汴。七月甲子，閉汴口，徙官吏、河淸卒於新洛口。戊辰，遣禮官致祭。十一月辛未，詔差七千人，赴汴口開修河道。

三年二月，宋用臣言：「洛水入汴至淮，河道漫闊，多淺澀，乞狹河六十里〔三〕，爲二十一萬六千步。」詔四月興役。五月癸亥，罷草屯浮堰。五年三月，宋用臣言：「金水河透水槽阻礙上下汴舟，宜廢撤。」從之。十月，狹河畢工。

六年八月，范子淵又請「於武濟山麓至河岸幷嫩灘上修堤及壓埽堤，又新河南岸築新堤，計役兵六千人，二百日成。開展直河，長六十三里，廣一百尺，深一丈，役兵四萬七千有奇，一月成。」從之。十月，都提舉司言：「汴水增漲，京西四斗門不能分減，致開決堤岸。今近京惟孔固斗門可以泄水下入黃河；若孫賈斗門雖可泄入廣濟，然下尾窄狹，不能盡吞。宜於萬勝鎭舊減水河、汴河北岸修立斗門，開淘舊河，創開生河一道，下合入刁馬河，役夫一萬三千六百四十三人，一月畢工。」詔從其請，仍作二年開修。七年四月，武濟河潰。八月，詔罷營閉，縱其分流，止護廣武三埽。

哲宗元祐元年閏二月辛亥，右司諫蘇轍言：「近歲京城外創置水磨，因此汴水淺澀，阻隔官私舟船。其東門外水磨，下流汗漫無歸，浸損民田一二百里，幾敗漢高祖墳。賴陛下仁聖惻怛，親發德音，令執政共議營救。尋詔畿縣於黃河春夫外，更調夫四萬，開自盟河，以疏洩水患，計一月畢工。然以水磨供給京城內外食茶等，其水止得五日閉斷，以此工役重大，民間每夫日顧二百錢，一月之費，計二百四十萬貫。而汴水渾濁，易至塡淤，明年又須開淘，民間歲歲不免此費。聞水磨歲入不過四十萬貫，前戶部侍郎李定以此課利，惑誤朝聽，依舊存留。且水磨興置未久，自前未有此錢，國計何闕？而小人淺陋，妄有靳惜，傷民辱國，不以爲愧。況今水患近在國門，而恬不爲怪，甚非陛下勤卹民物之意。而又減耗汴水，行船不便。乞廢罷官磨，任民磨茶。」

三月，轍又乞「令汴口以東州縣，各具水匱所占頃畝，每歲有無除放二稅，仍具水匱可與不可廢罷，如決不可廢，當如何給還民田，以免怨望。」八月辛亥，轍又言：「昨朝旨令都水監差官，具括中牟、管城等縣水匱，元浸壓者幾何，見今積水所占幾何，退出頃畝幾何。凡退出之地，皆還本主；水占者，以官地還之；無田可還，卽給元直。聖恩深厚，棄利與民，所存甚遠。然臣聞水所占地，至今無可對還，而退出之田，亦以迫近水匱，爲雨水浸淫，未得耕鑿。知鄭州岑象求近奏稱：『自宋用臣興置水匱以來，元未曾取以灌注，淸汴水流自足，不廢漕運。』乞盡廢水匱，以便失業之民。」十月，遂罷水匱。

四年冬，御史中丞梁燾言：

嘗求世務之急，得導洛通汴之實，始聞其說則可喜，及考其事則可懼。竊以廣武山之北，即大河故道，河常往來其間，夏秋漲溢，每抵山下。舊來洛水至此，流入於河。後欲導以趨汴渠，乃乘河未漲，就嫩灘之上，峻起東西堤，闢大河於堤北，攘其地以引洛水，中間缺爲斗門，名通舟楫，其實盜河以助洛之淺涸也。洛水本清，而今汴常黃流，是洛不足以行汴，而所以能行者，附大河之餘波也。增廣武三埽之備，竭京西所有，不足以爲支費，其失無慮數百萬計。從來上下習爲欺罔，朝廷惑於安流之說，稅屋之利，恬不爲慮。而不知新沙疎弱，力不能制悍河，水勢一薄，則爛熳潰散，將使怒流循洛而下，直冒京師。是甘以數百萬日增之費，養異時萬一之患，亦已誤矣。夫歲傾重費以坐待其患，何若折其奔衝，以終除其害哉。

爲今之計，宜復爲汴口，仍引大河一支，啓閉以時，還祖宗百年以來潤國養民之賜，誠爲得策。汴口復成，則免廣武傾注，以長爲京師之安；省數百萬之費，以紓京西生靈之困；牽大河水勢，以解河北決溢之災；便東南漕運，以蠲重載留滯之弊；時節啓閉，以除蹙凌打凌之苦；通江、淮八路商賈大舶，以供京師之饒。爲甚大之利者六，此不可忽也。惟拆去兩岸舍屋，盡廢僦錢，爲害者一而甚小，所謂損小費以成大利也。臣之所言，特其大略爾。至於考究本末，措置纖悉，在朝廷擇通習之臣付之，無牽浮議，責其成功。

又言：

臣聞開汴之時，大河曠歲不決，蓋汴口析其三分之水，河流常行七分也。自導洛而後，頻年屢決，雖洛口竊取其水，率不過一分上下，是河流常九分也。猶幸流勢臥北，故潰溢北出。自去歲以來，稍稍臥南，此其可憂，而洛口之作，理須早計。竊以開洛之役，其功甚小，不比大河之上，但闢百餘步，即可以通水三分，既永爲京師之福，又減河北屢決之害；兼水勢既已牽動，在於回河尤爲順便，非獨孫村之功可成，澶州故道，亦有自然可復之理。望出臣前章，面詔大臣，與本監及知水事者，按地形水勢，具圖以聞。

不報。至五年十月癸巳，乃詔導河水入汴。

紹聖元年，帝親政，復召宋用臣赴闕。七月辛丑，廣武埽危急。壬寅，帝語輔臣：「埽去洛河不遠，須防漲溢下灌京師。」明日，乃詔都水監丞馮忱之相度築欄水簽堤。丁巳，帝諭執政曰：「河埽久不修，昨日報洛水又大溢，注于河，若廣武埽壞，河、洛爲一，則清汴不通矣，京都漕運殊可憂。宜亟命吳安持、王宗望同力督作，苟得不壞，過此須圖久計。」丙寅，吳安持言：「廣武第一埽危急，決口與淸汴絕近，緣洛河之南，去廣武山千餘步，地形稍高。自鞏縣東七里店至今洛口不滿十里，可以別開新河，導洛水近南行流，地里至少，用功甚微。」詔安持等再按視之。

十一月，李偉言：「清汴導溫洛貫京都，下通淮、泗，爲萬世利。自元祐以來屢危急，而今歲特甚。臣相視武濟山以下二十里名神尾山，乃廣武埽首所起，約置刺堰三里餘，就武濟河下尾廢堤、枯河基址，增修疏導，回截河勢東北行，留舊埽作遙堤，可以紓清汴下注京城之患。」詔宋用臣、陳祐甫覆按以聞。

十二月甲午，戶部尚書蔡京言：「本部歲計，皆藉東南漕運。今年上供物，至者十無二三，而汴口已閉。臣責問提舉汴河堤岸司楊琰，乃稱自元豐二年至元祐初，八年之間，未嘗塞也。」詔依元豐條例。明年正月庚戌，用臣亦言：「元豐間，四月導洛通汴，六月放水，四時行流不絕。遇冬有凍，卽督沿河官吏，伐冰通流。自元祐二年，冬深輒閉塞，致河流涸竭，殊失開道清汴本意。今欲卜日伐冰，放水歸河，永不閉塞。及凍解，止將京西五斗門減放，以節水勢，如惠民河行流，自無壅遏之患。」從之。

三年正月戊申，詔提舉河北西路常平李仲罷歸吏部。仲在元祐中提舉汜水輦運，建言：「西京、鞏縣河陽、汜水、河陰縣界，乃沿黃河地分，北有太行、南有廣武二山，自古河流兩山之間，乃緣禹跡。昨自宋用臣創置導洛清汴，於黃河沙灘上，節次創置廣、雄武等堤埽，到今十餘年間，屢經危急。況諸埽在京城之上，若不別爲之計，患起不測，思之寒心。今如棄去諸埽，開展河道，講究興復元豐二年以前防河事，不惟省歲費、寬民力，河流且無壅遏決溢之患。望遣諳河事官相視施行。」又乞復置汴口，依舊以黃河水爲節約之限，罷去清汴牐口。

四年閏二月，楊琰乞依元豐例，減放洛水入京西界大白龍坑及三十六陂，充水匱以助汴河行運。詔賈種民同琰相度合占頃畝，及所用功力以聞。五月乙亥，都提舉汴河堤岸賈種民言：「元豐改汴口爲洛口，名汴河爲清汴者，凡以取水於洛也。復匱淸水，以備淺澀而助行流。元祐間，却於黃河撥口，分引渾水，令自違上流入洛口，比之淸洛，難以調節。乞依元豐已修狹河身丈尺深淺，檢計物力，以復淸汴，立限修濬，通放洛水。及依舊置洛斗門，通放西河官私舟船。」從之。帝嘗謂知樞密院事曾布曰：「先帝作淸汴，又爲天源河，蓋有深意。元祐中，幾廢。近賈種民奏：『若盡復淸汴，不用濁流，乃當世靈長之慶。』」布對曰：「先帝以天源河爲國姓福地，此衆人所知，何可廢也。」十二月，詔：「京城內汴河兩岸，各留堤面丈有五尺，禁公私侵牟。」

元符三年，徽宗卽位，無大改作，汴渠稍湮則浚之。大觀中，言者論：「胡師文昨爲發運使，創開泗州直河，及築簽堤阻遏汴水，尋復淤澱，遂行廢拆。然後併役數郡兵夫，其間疾苦竄歿，無慮數千，費錢穀累百萬計。狂妄生事，誣奏罔功，官員冒賞至四十五人。」師文由是自知州降充宮觀。

宣和元年五月，都城無故大水，浸城外官寺、民居，遂破汴堤，汴渠將溢，諸門皆城守。起居郎李綱奏：「國家都汴，百有六十餘載，未嘗少有變故。今事起倉猝，遐邇驚駭，誠大異也。臣嘗躬詣郊外，竊見積水之來，自都城以西，漫爲巨浸。東拒汴堤，停蓄深廣，湍悍浚激，東南而流，其勢未艾。然或淹浸旬時〔三〕，因以風雨，不可不慮。夫變不虛發，必有感召之因。願詔廷臣各具所見，擇其可採者施行之。」詔：「都城外積水，緣有司失職，隄防不修，非災異也。」罷綱送吏部，而募人決水下流，由城北注五丈河，下通梁山濼，乃已。

七月壬子，都提舉司言：「近因野水衝蕩沿汴堤岸，及河道淤淺，若止役河清，功力不勝，望俟農隙顧夫開修。」從之。五年十二月庚寅，詔：「沿汴州縣創添欄河鎖栅歲額，公私不以爲便，其遵元豐舊制。」

靖康而後，汴河上流爲盜所決者數處，決口有至百步者，塞久不合，乾涸月餘，綱運不通，南京及京師皆乏糧。責都水使者措置，凡二十餘日而水復舊，綱運沓來，兩京糧始足。又擇使臣八員爲沿汴巡檢，每兩員各將兵五百人，自洛口至西水門，分地防察決溢云。

洛水貫西京，多暴漲，漂壞橋梁。建隆二年，留守向拱重修天津橋成。甃巨石爲脚，高數丈，銳其前以疏水勢，石縱縫以鐵鼓絡之，其制甚固。四月，具圖來上，降詔褒美。開寶九年，郊祀西京，詔發卒五千，自洛城菜市橋鑿渠抵漕口三十五里〔四〕，饋運便之。其後導以通汴。

蔡河貫京師，爲都人所仰，兼閔水、洧水、溵水以通舟。閔水自尉氏歷祥符、開封合于蔡，是爲惠民河。洧水自許田注鄢陵東南，歷扶溝合于蔡。溵水出鄭之大隗山，注臨潁，歷鄢陵、扶溝合于蔡。凡許、鄭諸水合堅白鴈、丈八溝〔五〕，京、索合西河、褚河、湖河、雙河、欒霸河皆會焉。猶以其淺涸，故植木橫棧；棧爲水之節，啓閉以時。

太祖建隆元年四月〔六〕，命中使浚蔡河，設斗門節水，自京距通許鎮。二年，詔發畿甸、陳、許丁夫數萬浚蔡水，南入潁川。乾德二年二月〔七〕，令陳承昭率丁夫數千鑿渠，自長社引溵水至京師，合閔水。溵水本出密縣大隗山，歷許田。會春夏霖雨，則泛溢民田。至是渠成，無水患，閔河益通漕焉。

太宗淳化二年，以潩水汎溢〔八〕，浸許州民田，詔自長葛縣開小河，導潩水，分流二十里，合于惠民河。

眞宗咸平五年七月，京師霖雨，溝洫壅，惠民河溢，泛道路，壞廬舍，知開封府寇準治丁岡古河泄導之。大中祥符元年六月，開封府言：「尉氏縣惠民河決。」遣使督視完塞。二年四月，陳州言：「州地洿下，苦積潦，歲有水患，請自許州長葛縣浚減水河及補棗村舊河，以入蔡河。」從之。九年，知許州石普請於大流堰穿渠，置二斗門，引沙河以漕京師。遣使按視。四月，詔遣中使至惠民河，規畫置壩子，以通舟運。

仁宗天聖二年二月，崇儀副使、巡護惠民河田承說獻議：重修許州合流鎭大流堰〔九〕斗門，創開減水河通漕，省迂路五百里。詔遣使按視以聞。五年八月，都大巡護惠民河王克基言：「先準宣惠民、京、索河水淺小，緣出源西京、鄭許州界，惠民河下合橫溝、白鴈溝，京、索河下合西河、湖河、雙河、欒霸河、丈八溝，各爲民間截水蒔稻灌園，宜令州縣巡察。」七年，王克基言：「按舊制，蔡河斗門棧板須依時啓閉，調停水勢。」嘉祐三年正月，開京城西葛家岡新河，以有司言：「至和中，大水入京城，請自祥符縣界葛家岡開生河，直城南好草陂，北入惠民河，分注魯溝，以紓京城之患。」

神宗熙寧四年七月，程昉請開宋家等堤，畎水以助漕運。八月，三班借職楊琰請增置上下壩牐，蓄水以備淺涸。詔琰掌其事。六年九月戊辰，將作監尙宗儒言：「議者請置蔡河木岸，計功頗大。」詔修固土岸。八年，詔京西運米于河北，於是侯叔獻請因丁字河故道鑿堤置牐，引汴水入于蔡，以通舟運。河成，舟不可行，尋廢。十月，詔都水監展惠民河，欲便修城也。九年七月，提轄修京城所請引霧澤陂水至咸豐門，合京、索河，由京、索簽入副堤河，下合惠民。都水監謂：「不若於順天門外簽直河身，及於染院後簽入護龍河，至咸豐門南復入京、索河，實爲長利。」從之。

徽宗崇寧元年二月，都水監言：惠民河修簽河次下硬堰畢工。詔立捕獲盜泄賞。大觀元年十二月，開潩河入蔡河，從京畿都轉運使吳擇仁之請也。政和元年十月己酉，詔差水官同京畿監司視蔡河隄防及淤淺者，來春併工治之。

廣濟河導菏水，自開封歷陳留、曹、濟、鄆，其廣五丈，歲漕上供米六十二萬石。

太祖建隆二年正月，遣使往定陶規度，發曹、單丁夫數萬浚之。三月，幸新水門觀放水入河。先是，五丈河泥淤，不利行舟。遂詔左監門衞將軍陳承昭於京城之西，夾汴水造斗門，引京、索、蔡河水通城濠入斗門，俾架流汴水之上，東進於五丈河，以便東北漕運。公私咸利。三年正月，遣右龍武統軍陳承昭護修五丈河役，車駕臨視，賜承昭錢二十萬。乾德三年，京師引五丈河造西水磑。

太宗太平興國三年正月，命發近縣丁夫浚廣濟河。

眞宗景德二年六月，開封府言：「京西沿汴萬勝鎮〔一〇〕，先置斗門，以減河水，今汴河分注濁水入廣濟河，堙塞不利。」帝曰：「此斗門本李繼源所造，屢詢利害，以爲始因京、索河遇雨即汎流入汴，遂置斗門，以便通洩。若遽壅塞，復慮決溢。」因令多用巨石，高置斗門，水雖甚大，而餘波亦可減去。三年，內侍趙守倫建議：自京東分廣濟河由定陶至徐州入清河，以達江、湖漕路。役既成，遣使覆視，繪圖來上。帝以地有隆阜，而水勢極淺，雖置堰埭，又歷呂梁灘磧之險，非可漕運，罷之。

仁宗天聖六年七月，尚書駕部員外郎閻貽慶言：「五丈河下接濟州之合蔡鎮，通利梁山濼。近者天河決蕩，溺民田，壞道路，合蔡而下，漫散不通舟，請治五丈河入夾黃河。」因詔貽慶與水官李守忠規度，計功料以聞。

神宗熙寧七年，趙濟言：「河淺廢運，自此物賤傷農，宜議興復，以便公私。」詔張士澄、楊琰修治。八月，都提舉汴河堤岸司言：「欲於通津門汴河岸東城裏三十步內開河，下通廣濟，以便行運。」從之。八年，又遣琰同陳祐甫因汴河置滲水塘，又自孫賈斗門置虛堤八，滲水入西賈陂，由減水河注霧澤陂，皆爲河之上源。九年，詔依元額漕粟京東，仍修壩牐，爲啓閉之節。九年三月，詔遣官修廣濟河壩牐。元豐五年三月癸亥，罷廣濟輦運司，移上供物自淮陽軍界入汴，以淸河輦運司爲名，命張士澄都大提舉。七月，御史王植言：「廣濟安流而上，與淸河泝流入汴，遠近險易較然，廢之非是。」詔監司詳議。七年八月，都大提舉汴河堤岸司言：「京東地富，穀粟可漕，獨患河澀。若因修京城，令役兵近汴穴土，使之成渠，就引河水注之廣濟，則漕舟可通，是一舉而兩利也。」從之。

哲宗元祐元年，詔斥祥符霧澤陂募民承佃，增置水匱。又即宣澤門外仍舊引京、索源河，置槽架水，流入咸豐門。皆以爲廣濟淺澀之備。三月，三省言：「廣濟河輦運，近因言者廢罷，改置淸河輦運，迂遠不便。」詔知棣州王諤措置興復。都水監亦言：「廣濟河以京、索河爲源，轉漕京東歲計。今欲依舊，即令於宣澤門外置槽架水，流入咸豐門裏，由舊河道復廣濟河源〔二〕，以通漕運。」從之。

金水河一名天源，本京水，導自滎陽黃堆山，其源曰祝龍泉。

太祖建隆二年春，命左領軍衞上將軍陳承昭率水工鑿渠，引水過中牟，名曰金水河，凡百餘里，抵都城西，架其水橫絕於汴，設斗門，入浚溝，通城濠，東匯于五丈河。公私利焉。乾德三年，又引貫皇城，歷後苑，內庭池沼，水皆至焉。開寶九年，帝步自左掖，按地勢，命水工引金水由承天門鑿渠，爲大輪激之，南注晉王第。眞宗大中祥符二年九月，詔供備庫使謝德權決金水，自天波門並皇城至乾元門，歷天街東轉，繚太廟入后廟，皆甃以礲甓，植以芳木，車馬所經，又累石爲間梁。作方井〔三〕，官寺、民舍皆得汲用。復引東，由城下水竇入于濠。京師便之。

神宗元豐五年，金水河透水槽阻礙上下汴舟，遣宋用臣按視。請自板橋別爲一河，引水北入于汴，後卒不行，乃由副堤河入于蔡。以源流深遠，與永安青龍河相合，故賜名曰天源。先是，舟至啓槽，頗滯舟行。既導洛通汴，遂自城西超字坊引洛水，由咸豐門立堤，凡三千三十步，水遂入禁中，而槽廢。然舊惟供洒掃，至徽宗政和間，容佐請於七里河開月河一道，分減此水，灌溉內中花竹。命宋昪措置導引，四年十一月，畢工。重和元年六月，復命藍從熙、孟揆等增堤岸，置橋、槽、壩、牐，濬澄水，道水入內。內庭池籞既多，患水不給，又於西南水磨引索河一派，架以石渠絕汴，南北築堤，導入天源河以助之。

白溝無山源，每歲水潦甚則通流，纔勝百斛船，踰月不雨卽竭。至道二年三月，內殿崇班閻光澤、國子博士邢用之上言：「請開白溝，自京師抵彭城呂梁口，凡六百里，以通長淮之漕。」詔發諸州丁夫數萬治之，以光澤護其役。議者非之。會宋州通判王矩上表，極陳其不可，且言：「用之田園在襄邑，歲苦水潦，私幸渠成。」遂罷其役。咸平六年，用之爲度支員外郎，又令自襄邑下流治白溝河，導京師積水，而民田無害。

神宗熙寧六年，都水監丞侯叔獻請儲三十六陂及京、索二水爲源，倣眞、楚州開平河置牐，則四時可行舟，因廢汴渠。帝曰：「白溝功料易耳〔三〕，第汴渠歲運甚廣，河北、陝西資焉。又京畿公私所用良材，皆自汴口而至，何可遽廢。」王安石曰：「此役苟成，亦無窮之利也。當別爲漕河，引黃河一支，乃爲經久。」馮京曰：「若白溝成，與汴、蔡皆通漕，爲利誠大，恐汴終不可廢。」帝然之，詔劉璯同叔獻覆視。八月，都水監言：「白溝自濉河至于淮八百里，乞分三年興修。其廢汴河，俟白溝畢功，別相視。仍請發穀熟淤田司并京東汴河所隸河淸兵赴役。」從之。七年正月，都水監言：「自盟河昳導汴南諸水，近者失於疏浚，爲害甚大。」於是輟夫修治，而白溝之役廢。

初，王安石欲罷白溝、修汴南水利，帝曰：「人多以白溝不可爲，而卿獨見可爲？」安石曰：「果不可爲，罷之誠宜；若可爲，卽俟時爲之，何必計校人言也。」

徽宗政和二年十月，都水監丞孟昌齡言開濬含暉門外白溝河，開堰放水，仍舊通流。

京畿溝洫：汴都地廣平，賴溝渠以行水潦。眞宗景德二年五月，詔開京城濠以通舟楫，毁官水磑三所。三年，分遣入內內侍八人，督京城內外坊里開濬溝渠。先是，京都每歲春濬溝瀆，而勢家豪族，有不卽施工者。帝聞之，遣使分視，自是不復有稽遲者，以至雨潦暴集，無所壅遏，都人賴之。大中祥符三年，遣供備庫使謝德權治溝洫，導太一宮積水抵陳留界，入亳州渦河。五年三月，帝宣示宰臣曰：「京師所開溝渠，雖屢鈐轄，仍令內侍分察吏擾。」

仁宗天聖元年八月，東西八作司與內殿承制、閤門祗候劉永崇等言：「內外八廂創置八字水口，通流兩水入渠甚利，慮所置處豪富及勢要阻抑，乞下令巡察。」從之。二年七月，內殿崇班、閤門祗候張君平等言：「準敕按視開封府界至南京、宿亳諸州溝河形勢，疏決利害凡八事：一、商度地形，高下連屬，開治水勢，依尋古溝洫浚之，州縣計力役均定，置籍以主之。二、施工開治後，按視不如元計狀及水壅不行有害民田者，按官吏之罪，令償其費。三、約束官吏，毋斂取夫衆財貨入己。四、縣令佐、州守倅，有能勸課部民自用工開治不致水害者，敍爲勞績，替日與家便官；功績尤多，別議旌賞。五、民或於古河渠中修築堰堨，截水取魚，漸至澱淤，水潦暴集，河流不通，則致深害，乞嚴禁之。六、開治工畢，按行新舊廣深丈尺，以校工力。以所出土，於溝河岸一步外築爲堤埒。七、凡溝洫上廣一丈，則底廣八尺，其深四尺，地形高處或至五六尺，以此爲率。有廣狹不等處，折計之，則畢工之日，易於覆視。八、古溝洫在民田中，久已淤平，今爲賦籍而須開治者，據所占地步，爲除其賦。」詔令頒行。

神宗熙寧元年三月，都水監言：「畿內溝河至多，而諸縣各役人夫開淘，十纔二三，須二三年方可畢工。請令府界提點司選官，與縣官同定緊慢功料，據合差夫數，以五分夫，役十分工，依年分開淘，提點司通行點校。」從之。二年閏十一月，詔以府界道路積水，妨民輸納，命都水監差官溝畎。元豐五年，詔開在京城濠，闊五十步，深一丈五尺，地脈不及者，至泉止。

徽宗大觀元年七月，以京城霖雨，水浸居民，道路不通，遣官分督疏導。是月又詔：「自京至八角鎭，積水妨行旅。轉運司選官疏導，修治橋梁，毋使病涉。」

白河在唐州，南流入漢。太平興國三年正月，西京轉運使程能獻議，請自南陽下向口置堰，迴水入石塘、沙河，合蔡河達于京師，以通湘潭之漕。詔發唐、鄧、汝、潁、許、蔡、陳、鄭丁夫及諸州兵，凡數萬人，以弓箭庫使王文寶、六宅使李繼隆、內作坊副使李神祐、劉承珪等護其役。塹山堙谷，歷博望、羅渠、少柘山〔四〕，凡百餘里，月餘，抵方城，地勢高，水不能至。能獻復多役人以致水，然不可通漕運。會山水暴漲，石堰壞，河不克就，卒堙廢焉。

端拱元年，供奉官閤門祗候閻文遜、苗忠俱上言：「開荆南城東漕河，至師子口入漢江，可通荆、峽漕路至襄州；又開古白河，可通襄、漢漕路至京。」詔八作使石全振往視之，遂發丁夫治荆南漕河至漢江，可勝二百斛重載，行旅者頗便，而古白河終不可開。

三白渠在京兆涇陽縣。淳化二年秋，縣民杜思淵上書言：「涇河內舊有石翣以堰水入白渠，溉雍、耀田，歲收三萬斛。其後多歷年所，石翣壞，三白渠水少，溉田不足，民頗艱食。乾德中，節度判官施繼業率民用梢穰、笆籬、棧木，截河爲堰，壅水入渠。緣渠之民，頗獲其利。然凡遇暑雨，山水暴至，則堰輒壞。至秋治堰，所用復取於民，民煩數役，終不能固。

乞依古制，調丁夫修疊石堰，可得數十年不撓。所謂暫勞永逸矣。」詔從之，遣將作監丞周約己等董其役，以用功尤大，不能就而止。

至道元年正月，度支判官梁鼎、陳堯叟上鄭白渠利害：「按舊史，鄭渠元引涇水，自仲山西抵瓠口，並北山東注洛，三百餘里，溉田四萬頃，畝收一鍾。白渠亦引涇水，起谷口，入櫟陽，注渭水，長二百餘里，溉田四千五百頃。兩渠溉田凡四萬四千五百頃，今所存者不及二千頃，皆近代改修渠堰，浸隳舊防，繇是灌溉之利，絕少於古矣。鄭渠難爲興工，今請遣使先詣三白渠行視，復修舊迹。」於是詔大理寺丞皇甫選、光祿寺丞何亮乘傳經度。

選等使還，言：

周覽鄭渠之制，用功最大。並仲山而東，鑿斷岡阜，首尾三百餘里，連亙山足，岸壁頹壞，堙廢已久。度其制置之始，涇河平淺，直入渠口。暨年代浸遠，涇河陡深，水勢漸下，與渠口相懸，水不能至。峻崖之處，渠岸摧毀，荒廢歲久，實難致力。其三白渠溉涇陽、櫟陽、高陵、雲陽、三原、富平六縣田三千八百五十餘頃，此渠衣食之源也，望令增築堤堰，以固護之。舊設節水斗門一百七十有六，皆壞，請悉繕完。渠口舊有六石門，謂之「洪門」，今亦隤圮，若復議興置，則其功甚大，且欲就近度其岸勢，別開渠口，以通水道。歲令渠官行視，岸之缺薄，水之淤塡，卽時浚治。嚴豪民盜水之禁。

涇河中舊有石堰，修廣皆百步，捍水雄壯，謂之「將軍翣」，廢壞已久。杜思淵嘗請興修，而功不克就。其後止造木堰，凡用梢椿萬一千三百餘數，歲出於緣渠之民。涉夏水潦，木堰遽壞，漂流散失，至秋，復率民以葺之，數斂重困，無有止息。欲令自今溉田既畢，命水工拆堰木寘於岸側，可充二三歲修堰之用。所役緣渠之民，計田出丁，凡調萬三千人。疏渠造堰，各獲其利，固不憚其勞也。選能吏司其事，置署於涇陽縣側，以時行視，往復甚便。

又言：

鄧、許、陳、潁、蔡、宿、亳七州之地，有公私閑田，凡三百五十一處，合二十二萬餘頃，民力不能盡耕。皆漢、魏以來，召信臣、杜詩、杜預、任峻、司馬宣王、鄧艾等立制墾闢之地。內南陽界鑿山開道，疏通河水，散入唐、鄧、襄三州以溉田。又諸處陂塘防埭，大者長三十里至五十里，闊五丈至八丈，高一丈五尺至二丈。其溝渠，大者長五十里至百里，闊三丈至五丈，深一丈至一丈五尺，可行小舟。臣等周行歷覽，若皆增築陂堰，勞費頗甚，欲隄防未壞可興水利者，先耕二萬餘頃，他處漸圖建置。時著作佐郎孫冕總監三白渠，詔冕依選等奏行之。後自仲山之南，移治涇陽縣。其七州之田，令選於鄧州募民耕墾，皆免賦入。復令選等舉一人，與鄧州通判同掌其事。選與亮分路按察，未幾而罷。

景德三年，鹽鐵副使林特、度支副使馬景盛陳關中河渠之利，請遣官行鄭、白渠，興修古制。乃詔太常博士尚賓乘傳經度，率丁夫治之。賓言：「鄭渠久廢不可復，今自介公廟迴白渠洪口直東南，合舊渠以畎涇河，灌富平、櫟陽、高陵等縣，經久可以不竭。」工既畢而水利饒足，民獲數倍。

校勘記

〔一〕房家黃家孟家三陂　「孟家」，宋會要方域一六之一二、長編卷二九七都作「孟王」。

〔二〕乞狹河六十里　「六十里」，宋會要方域一六之一五、長編卷三〇二都作「六百里」。

〔三〕然或淹浸旬時　「然」字原脫，據粱溪先生文集卷四〇論水災事乞對奏狀補。

〔四〕鑿渠抵漕口三十五里　宋會要方域一七之一、長編卷一七都作「二十五里」。疑「三」爲「二」之誤。

〔五〕凡許鄭諸水合堅白鴈丈八溝　按下文和宋會要方域一六之二四記惠民河合白鴈溝事，「白鴈」前都無「堅」字，疑此處「堅」字衍或爲訛字。

〔六〕建隆元年四月　「元年」原作「二年」，與下文「二年」重出。宋會要方域一六之二一、長編卷一玉海卷二二都繫此事于建隆元年，據改。

〔七〕乾德二年二月　「二年」原作「三年」，宋會要方域一六之二一、長編卷五、玉海卷二二都繫此事于乾德二年，據改。

〔八〕以潩水汎溢　「潩水」原作「汜水」，據宋會要方域一六之二二、長編卷三四、玉海卷二二改。

〔九〕大流堰　「大流堰」，原作「大河堰」，據上文和宋會要方域一六之二三改。

〔一〇〕京西沿汴萬勝鎮　「京西」原作「西京」。按九域志卷一，東京開封府中牟縣有萬勝鎮。通鑑卷二七四胡三省注：「萬勝鎮在中牟縣，東距大梁不過數十里耳。」則中牟縣萬勝鎮在東京開封府之西，不在西京，據改。

〔一一〕廣濟河源　「濟」，原作「澤」，據上文和長編卷三七五改。

〔一二〕又累石爲間梁作方井　長編卷七二、玉海卷二二都作「累石爲梁。間作方井」。

〔一三〕白溝功料易耳　宋會要方域一七之一七、食貨六一之一〇一、長編卷二四六都作「叔獻開白溝河，功料未易辦」。

〔一四〕少柘山　宋會要方域一七之一作「小柘山」，長編卷一九作「小祏山」。

宋史卷九十五

志第四十八

河渠五

漳河　滹沱河　御河　塘濼緣邊諸水　河北諸水　岷江

漳河源於西山，由磁、洺州南入冀州新河鎮，與胡盧河合流，其後變徙，入于大河。

神宗熙寧三年，詔程昉同河北提點刑獄王廣廉相視。四年，開修，役兵萬人，袤一百六十里。帝因與大臣論財用，文彥博曰：「足財用在乎安百姓，安百姓在乎省力役。且河久不開，不出於東，則出於西，利害一也。今發夫開治，徙東從西，何利之有？」王安石曰：「使漳河不由地中行，則或東或西，爲害一也。治之使行地中，則有利而無害。勞民，先王所謹，然以佚道使民，雖勞不可不勉。」會京東、河北大風，三月，詔曰：「風變異常，當安靜以應天災。漳河之役妨農，來歲爲之未晚。」中書格詔不下。尋有旨權令罷役，程昉憤恚，遂請休退。朝廷令以都水丞領淤田事於河上。

五月，御史劉摯言：「昉等開修漳河，凡用九萬夫。物料本不預備，官私應急，勞費百倍。逼人夫夜役，踐蹂田苗，發掘墳墓，殘壞桑柘，不知其數。愁怨之聲，流播道路，而昉等妄奏民間樂於工役。河北廂軍，劃刷都盡，而昉等仍乞於洺州調急夫，又欲令役兵不分番次，其急切擾攘，至於如此。乞重行貶竄，以謝疲民。」中丞楊繪亦以爲言。王安石爲昉辨說甚力，後卒開之。五年，工畢，昉與大理寺丞李宜之、知洺州黃秉推恩有差。

七年六月，知冀州王慶民言：「州有小漳河，向爲黃河北流所壅，今河已東，乞開濬。」詔外都水監相度而已。

滹沱河源於西山，由眞定、深州、乾寧，與御河合流。

神宗熙寧元年，河水漲溢，詔都水監、河北轉運司疏治。六年，深州祁州、永寧軍修新河。八年正月，發夫五千人，幷胡盧河增治之。

元豐四年正月，北外都水丞陳祐甫言：「滹沱自熙寧八年以後，汎濫深州諸邑，爲患甚大。諸司累相度不決，謂其下流舊入邊吳、宜子淀，最爲便順。而屯田司懼塡淤塘濼，煩文往復，無所適從。昨差官計之，若障入胡盧河，約用工千六百萬，若治程昉新河，約用工六百萬，若依舊入邊吳等淀，約用工二十九萬，其工費固已相遠。乞嚴立期會，定歸一策。」詔河北屯田轉運司同北外都水丞司相視。

五年八月癸酉，前河北轉運副使周革言：「熙寧中，程昉於眞定府中渡創繫浮梁，增費數倍。旣非形勢控扼，請歲八九月易以版橋，至四五月防河卽拆去，權用船渡。」從之。

御河源出衞州共城縣百門泉，自通利、乾寧入界河，達于海。

神宗熙寧二年九月，劉彝、程昉言：「二股河北流今已閉塞，然御河水由冀州下流，尙當疏導，以絕河患。」先是，議者欲於恩州武城縣開御河約二十里，入黃河北流故道，下五股河，故命彝、昉相度。而通判冀州王庠謂，第開見行流處，下接胡盧河，尤便近。彝等又奏：「如庠言，雖於河流爲順，然其間漫淺沮洳，費工猶多，不若開烏欄堤東北至大、小流港，橫截黃河，入五股河，復故道，尤便。」遂命河北提舉糴便糧草皮公弼、提舉常平王廣廉按視，二人議協，詔調鎭、趙、邢、洺、磁、相州兵夫六萬濬之，以寒食後入役。

三年正月，韓琦言：「河朔累經災傷，雖得去年夏秋一稔，瘡痍未復。而六州之人，奔走河役，遠者十一二程，近者不下七八程，比常歲勞費過倍。緣鎮、趙兩州，舊以次邊，未嘗差夫，一旦調發，人心不安。又於寒食後入役，比滿一月，正妨農務。」詔河北都轉運使劉庠相度，如可就寒食前入役，即亟興工，仍相度最遠州縣，量減差夫，而輟修塘堤兵千人代其役。二月，琦又奏：「御河漕運通流，不宜減大河夫役。」於是止令樞密院調兵三千，并都水監卒二千。三月，又益發壯城兵三千，仍詔提舉官程昉等促迫功限。六月，河成，詔昉赴闕，遷宮苑副使。四年，命昉爲都大提舉黃、御等河。

八年，昉與劉璯言：「衞州沙河湮沒，宜自王供埽開濬，引大河水注之御河，以通江、淮漕運。仍置斗門，以時啓閉。其利有五：王供危急，免河勢變移而別開口地，一也。漕舟出汴，橫絕沙河，免大河風濤之患，二也。沙河引水入于御河，大河漲溢，沙河自有限節，三也。御河漲溢，有斗門啓閉，無衝注淤塞之弊，四也。德、博舟運，免數百里大河之險，五也。一舉而五利附焉。請發卒萬人，一月可成。」從之。

九年秋，昉奏畢功。中書欲論賞，帝令河北監司案視保明，大名安撫使文彥博覆實。十月，彥博言：

去秋開舊沙河，取黃河行運，欲通江、淮舟檝，徹於河北極邊。自今春開口放水，後來漲落不定，所行舟栰皆輕載，有害無利，枉費功料極多。今御河上源，止是百門泉水，其勢壯猛，至衞州以下，可勝三四百斛之舟，四時行運，未嘗阻滯。隄防不至高厚，亦無水患。今乃取黃河水以益之，大即不能吞納，必致決溢；小則緩漫淺澀，必致淤澱。凡上下千餘里，必難歲歲開濬。況此河穿北京城中，利害易覩。今始初冬，已見阻滯，恐年歲間，反壞久來行運。儻謂通江、淮之漕，即尤不然。自江、浙、淮、汴入黃河，順流而下，又合於御河，大約歲不過一百萬斛。若自汴順流徑入黃河，達于北京，自北京和雇車乘，陸行入倉，約用錢五六千緡，却於御河裝載赴邊城，其省工役、物料及河淸衣糧之費，不可勝計。

又去冬，外監丞欲於北京黃河新堤開置水口，以通行運，其策尤疏。此乃熙寧四年秋黃河下注御河之處，當時朝廷選差近臣，督役修塞，所費不貲。大名、恩冀之人，至今瘡痍未平，今奈何反欲開口導水耶？都水監雖令所屬相視，而官吏恐忤建謀之官，止作遷延，回報謂俟修固御河堤防，方議開置河口。況御河堤道，僅如蔡河之類，若欲吞納河水，須如汴岸增修，猶恐不能制蓄。乞別委淸彊官相視利害，并議可否。

又言：「今之水官，尤爲不職，容易建言，僥倖恩賞。朝廷便爲主張，中外莫敢異議，事若不效，都無譴罰。臣謂更當選擇其人，不宜令狂妄輩橫費生民膏血。」

已而都水監言，運河乞置雙牐，例放舟船實便，與彥博所言不同。十二月，命知制誥熊本與都水監、河北轉運司官相視。本奏：

河北州軍賞給茶貨，以至應接沿邊榷場要用之物，並自黃河運至黎陽出卸，轉入御河，費用止於客軍數百人添支而已。向者，朝廷曾賜米河北，亦於黎陽或馬陵道口下卸，倒裝轉致，費亦不多。昨因程昉等擘畫，於衞州西南，循沙河故迹決口置牐，鑿堤引河，以通江、淮舟檝，而實邊郡倉廩。自興役至畢，凡用錢米、功料二百萬有奇。今後每歲用物料一百一十六萬，廂軍一千七百餘人，約費錢五萬七千餘緡。開河行水，纔百餘日，所過船栰六百二十五，而衞州界御河淤淺，已及三萬八千餘步；沙河左右民田，渰浸者幾千頃，所免租稅二千貫石有餘。有費無利，誠如議者所論。

然尚有大者，衞州居御河上游，而西南當王供向著之會，所以捍黃河之患者，一堤而已。今穴堤引河，而置牐之地，纔及隄身之半。詢之土人云，自慶曆八年後，大水七至，方其盛時，游波有平堤者。今河流安順三年矣，設復釁水暴漲，則河身乃在牐口之上。以湍悍之勢而無隄防之阻，泛濫衝溢，下合御河，臣恐墊溺之禍，不特在乎衞州，而瀕御河郡縣，皆罹其患矣。

夫此河之興，一歲所濟船栰，其數止此，而萌每歲不測之患，積無窮不貲之費，豈陛下所以垂世裕民之意哉！臣博采衆論，究極利病，咸以謂葺故堤，堰新口，存新牐而勿治，庶可以銷淤澱決溢之患，而省無窮之費。萬一他日欲由此河轉粟塞下，則暫開亟止，或可紓飛輓之勞。

未幾，河果決衞州。

元豐五年，提舉河北黃河堤防司言：「御河狹隘，堤防不固，不足容大河分水，乞令綱運轉入大河，而閉截徐曲。」既從之矣。明年，戶部侍郎蹇周輔復請開撥，以通漕運，及令商旅舟船至邊。是時，每有一議，朝廷輒下水官相度，或作或輟，迄莫能定。大抵自小吳埽決，大河北流，御河數爲漲水所冒，亦或湮沒。哲宗紹聖三年四月，河北都轉運使吳安持始奏，大河東流，御河復出。詔委前都水丞李仲提舉開導。

徽宗崇寧元年冬，詔侯臨同北外都水丞司開臨淸縣壩子口，增修御河西堤，高三尺，幷計度西堤開置斗門，決北京、恩冀滄州、永靜軍積水入御河枯源。明年秋，黃河漲入御河，行流浸大名府館陶縣，敗廬舍，復用夫七千，役二十一萬餘工修西堤，三月始畢，漲水復壞之。

政和五年閏正月，詔於恩州北增修御河東堤，爲治水隄防，令京西路差借來年分溝河夫千人赴役。於是都水使者孟揆移撥十八埽官兵，分地步修築，又取棗彊上埽水口以下舊堤所管楡柳爲椿木。

塘濼，緣邊諸水所聚，因以限遼。河北屯田司、緣邊安撫司皆掌之，而以河北轉運使兼都大制置。凡水之淺深，屯田司季申工部。其水東起滄州界，拒海岸黑龍港，西至乾寧軍，沿永濟河合破船淀、灰淀、方淀爲一水，衡廣一百二十里，縱九十里至一百三十里，其深五尺。東起乾寧軍、西信安軍永濟渠爲一水，西合鵜巢淀、陳人淀、燕丹淀、大光淀、孟宗淀爲一水，衡廣一百二十里，縱三十里或五十里，其深丈餘或六尺。東起信安軍永濟渠，西至霸州莫金口，合水汶淀、得勝淀、下光淀、小蘭淀、李子淀、大蘭淀爲一水，衡廣七十里，或十五里或六里〔一〕，其深六尺或七尺。東北起霸州莫金口，西南保定軍父母砦，合糧料淀、迴淀爲一水，衡廣二十七里，縱八里，其深六尺。霸州至保定軍並塘岸水最淺，故咸平、景德中，契丹南牧，以霸州、信安軍爲歸路。東南起保安軍，西北雄州，合百世淀、黑羊淀、小蓮花淀爲一水，衡廣六十里，縱二十五里或十里，其深八尺或九尺。東起雄州，西至順安軍，合大蓮花淀、洛陽淀、牛横淀、康池淀、疇淀、白羊淀爲一水，衡廣七十里，縱三十里或四十五里，其深一丈或六尺或七尺。東起順安軍，西邊吳淀至保州，合齊女淀〔三〕、勞淀爲一水，衡廣三十餘里，縱百五十里，其深一丈三尺或一丈。起安肅、廣信軍之南，保州西北，畜沈苑河爲塘，衡廣二十里，縱十里，其深五尺，淺或三尺，曰沈苑泊。自保州西合鷄距泉、尙泉爲稻田、方田，衡廣十里，其深五尺至三尺，曰西塘泊。自何承矩以黃懋爲判官，始開置屯田，築堤儲水爲阻固，其後益增廣之。凡並邊諸河，若滹沱、胡盧、永濟等河，皆匯于塘。

天聖以後，相循而不廢，仍領于沿邊屯田司。而當職之吏，各從其所見，或曰：「有兵將在，契丹來，云無所事塘。自邊吳淀西望長城口，尙百餘里，皆山阜高仰，水不能至，契丹騎馳突，得此路足矣，塘雖距海，亦無所用。夫以無用之塘，而廢可耕之田，則邊穀貴，自困之道也。不如勿廣，以息民爲根本。」或者則曰：「河朔幅員二千里，地平夷無險阻。契丹從西方入，放兵大掠，由東方而歸，我嬰城之不暇，其何以禦之？自邊吳淀至泥姑海口，綿亙七州軍，屈曲九百里，深不可以舟行，淺不可以徒涉，雖有勁兵，不能度也。東有所阻，則甲兵之備，可以專力于其西矣。孰謂無益？」論者自是分爲兩歧，而朝廷以契丹出沒無常，阻固終不可以廢也。

仁宗明道二年，劉平自雄州徙知成德軍，奏曰：「臣嚮爲沿邊安撫使，與安撫都監劉志嘗陳備邊之略。臣今徙眞定路，由順安安肅、保定州界，自邊吳淀望趙曠川、長城口，乃契丹出入要害之地，東西不及一百五十里。臣竊恨聖朝七十餘年，守邊之臣，何可勝數，皆不能爲朝廷預設深溝高壘，以爲扼塞。臣聞太宗朝，嘗有建請置方田者。今契丹國多事，兵荒相繼，我乘此以引水植稻爲名，開方田，隨田塍四面穿溝渠，縱廣一丈，深二丈，鱗次交錯，兩溝間屈曲爲徑路，才令通步兵。引曹河、鮑河、徐河、鷄距泉分注溝中，地高則用水車汲引，灌溉甚便。願以劉志知廣信軍，與楊懷敏共主其事，數年之後，必有成績。」帝遂密敕平與懷敏漸建方田。侍禁劉宗言又奏請種木于西山之麓，以法榆塞，云可以限契丹也。後劉平去眞定，懷敏猶領屯田司。塘日益廣，至呑沒民田，蕩溺丘墓，百姓始告病，乃有盜決以免水患者，懷敏奏立法依盜決堤防律。

景祐二年，懷敏知雄州〔三〕，又請立木爲水則，以限盈縮。寶元元年十一月己未，河北屯田司言：「欲於石塚口導永濟河水，以注緣邊塘泊，請免所經民田稅。」從之。時歲旱，塘水涸，懷敏慮契丹使至，測知其廣深，乃壅界河水注之，塘復如故。

慶曆二年三月己巳，契丹遣使致書，求關南十縣。且曰：「營築長堤，塡塞隘路，開決塘水，添置邊軍，旣潛稔於猜嫌，慮難敦於信睦。」四月庚辰，復書曰：「營築堤埭，開決陂塘，昨緣霖潦之餘，大爲衍溢之患，旣非疏導，當稍繕防，豈蘊猜嫌，以虧信睦。」遼使劉六符嘗謂賈昌朝曰：「南朝塘濼何爲者哉？一葦可杭，投箠可平。不然，決其堤，十萬土囊，遂可踰矣。」時議者亦請涸其地以養兵。帝問王拱辰，對曰：「兵事尙詭，彼誠有謀，不應以語敵，此六符誇言爾。設險守國，先王不廢，且祖宗所以限遼騎也。」帝深然之。

七月，契丹復議和好，約兩界河淀已前開畎者並依舊外，自今已後，各不添展。其見堤堰水口，逐時決洩壅塞，量差兵夫，取便修疊疏導。非時霖潦，別至大段漲溢，並不在關報之限。是歲，劉宗言知順安軍，上言：「屯田司濬塘水，漂招賢鄉六千戶。」

五年七月，初與契丹約，罷廣兩界塘淀。約既定，朝廷重生事，自是每邊臣言利害，雖聽許，必戒之以毋張皇，使契丹有詞。而楊懷敏獨治塘益急〔四〕，是月，懷敏密奏曰：「前轉運使沈邈開七級口泄塘水，臣已亟塞之。知順安軍劉宗言閉五門幞頭港、下赤大渦柳林口滹河水，不使入塘，臣已復通之，令注白羊淀矣。邈、宗言朋黨沮事如此，不譴誅無以懲後。」詔從懷敏奏，自今有妄乞改水口者，重責之。

嘉祐中，御史中丞韓絳言：「宣祖已上，本籍保州，懷敏廣塘水，侵皇朝遠祖墳。近聞詔旨以錢二百千，賜本宗使易葬，此虧薄國體尤甚，物論駭嘆，願請州縣屛水患而已。」知雄州趙滋言：「屯田司當徐河間築堤斷水，塘堤具存，可覆視也。宜開水竇六十尺，修石限以節之。」咸可其奏。八年，河北提點刑獄張問言：「視八州軍塘，出土爲堤，以畜西山之水，涉夏河溢，而民田無患。」亦施行焉。

神宗熙寧元年正月，復汾州西河濼。濼舊在城東，圍四十里，歲旱以溉民田，雨以瀦水，又有蒲魚、茭芡之利，可給貧民。前轉運使王沿廢爲田，人不以爲便。至是，知雜御史劉述請復之。是歲，又遣程昉諭邊臣營治諸濼，以備守禦。

五年，東頭供奉官趙忠政言：「界河以南至滄州凡二百里，夏秋可徒涉，遇冬則冰合，無異平地。請自滄州東接海，西抵西山，植榆柳、桑棗，數年之間，可限契丹。然後施力耕種，益出租賦，以助邊儲。」詔程昉察視利害以聞。

六年五月，帝與王安石論王公設險守國，安石曰：「周官亦有掌固之官，但多侵民田，恃以爲國，亦非計也。太祖時未有塘泊，然契丹莫敢侵軼。」他日，樞密院官言：「程昉放滹沱水，大懼塡淤塘濼，失險固之利。」安石謂：「滹沱舊入邊吳淀，新入洪城淀，均塘濼也。何昔不言而今言乎？」蓋安石方主昉等，故其論如此。

六年十二月癸酉，命河北同提點制置屯田使閻士良專興修樸樁口，增灌東塘淀濼。先是，滄州北三堂等塘濼，爲黃河所注，其後河改而濼塞。程昉嘗請開琵琶灣引河水，而功不成。至是，士良請堰水絕御河，引西塘水灌之，故有是命。

七年六月丁丑，河北沿邊安撫司上制置沿邊淺陂塘築堤道條式圖，請付邊郡屯田司。又言於沿邊軍城植柳蒔麻，以備邊用。並從之。

九年六月，高陽關言：「信安、乾寧塘濼，昨因不收獨流決口〔五〕，至今乾涸。」於是命河北東、西路分遣監司，視廣狹淺深，具圖本上。十年正月甲子，詔：「比修築河北破缺塘堤，收匱水勢。其信安軍等處因塘水減涸，退出田土，已召人耕佃者復取之。」

元豐三年，詔諭邊臣曰：「比者契丹出沒不常，不可全恃信約以爲萬世之安。況河朔地勢坦平，略無險阻，殆非前世之比。惟是塘水實爲礙塞，卿等當體朕意，協力增修，自非地勢高仰，人力所不可施者，皆在滋廣，用謹邊防。蓋功利近在目前而不爲，良可惜也。」六年十二月，定州路安撫使韓絳言：「定州界西自山麓，東接塘淀，綿地百餘里，可瀦水設險。」詔以引水灌田陂爲名。哲宗元祐中，大臣欲回河東流者，皆以北流壞塘濼爲言，事見前篇。

徽宗大觀二年十二月，詔曰：「瀦水爲塘，以備汎濫，留屯營田，以實塞下，國家設官置吏，專總其事。州縣習玩，歲久隳壞。其令屯田司循祖宗以來塘堤故迹修治之，毋得增益生事。」大抵河北塘濼，東距海，西抵廣信、安肅，深不可涉，淺不可舟，故指爲險固之地。其後淤澱乾涸，不復開濬，官司利於稻田，往往洩去積水，自是堤防壞矣。

河北諸水，有通轉餉者，有爲方田限遼人者。太宗太平興國六年正月，遣八作使郝守濬分行河道，抵于遼境者，皆疏導之。又於淸苑界開徐河、鷄距河五十里入白河。自是關南之漕，悉通濟焉。端拱二年，以左諫議大夫陳恕爲河北東路招置營田使，魏羽爲副使；右諫議大夫樊知古爲河北西路招置營田使，索湘爲副使，欲大興營田也。

先是，自雄州東際于海，多積水，契丹患之，未嘗敢由此路入，每歲，數擾順安軍。議者以爲宜度地形高下，因水陸之便，建阡陌，濬溝洫，益樹五稼，所以實邊廩而限契丹。雍熙後，數用兵，岐溝、君子館敗衄之後，河朔之民，農桑失業，多閑田，且戍兵增倍，故遣恕等經營之。恕密奏：「戍卒皆墮游，仰食縣官，一旦使冬被甲兵，春執耒耜，恐變生不測。」乃詔止令葺營堡，營田之議遂寢。

淳化二年，從河北轉運使請，自深州新砦鎭開新河，導胡盧河，分爲一派，凡二百里抵常山，以通漕運。胡盧河源於西山，始自冀州新河鎭入深州武彊縣，與滹沱河合流，其後變徙，入大河。至神宗熙寧中，內侍程昉請開決引水入新河故道，詔本路遣官按視。永靜軍判官林伸、東光縣令張言舉言：「新河地形高仰，恐害民田。」昉言：「地勢最順，宜無不便。」乃復遣劉璯、李直躬考實，而璯等卒如昉言，伸等坐貶官。

四年春，詔六宅使何承矩等督戍兵萬八千人，自霸州界引滹沱水灌稻爲屯田，用實軍廩，且爲備禦焉。初，臨津令黄懋上封事，盛稱水田之利，乃以承矩泊內供奉官閤承翰、殿直張從古同制置河北緣邊屯田事，仍以懋爲大理寺丞，充屯田判官，其所經畫，悉如懋奏。

眞宗咸平四年，知靜戎軍王能請自姜女廟東決鮑河水，北入閤臺淀，又自靜戎之東，引北注三臺、小李村，其水溢入長城口而南，又壅使北流而東入于雄州。五年，順安軍兵馬都監馬濟復請自靜戎軍東，擁鮑河開渠入順安軍，又自順安軍之西引入威虜軍，置水陸營田於渠側。濟等言：「役成，可以達糧漕，隔遼騎。」帝許之，獨鹽臺淀稍高，恐決引非便，不從其議。因詔莫州部署石普幷護其役。踰年功畢，帝曰：「普引軍壁馬村以西，開鑿深廣，足以張大軍勢。若邊城壕溝悉如此，則遼人倉卒難馳突而易追襲矣。」其年，河北轉運使耿望開鎭州常山鎭南河水入洨河至趙州，有詔褒之。三月，西京左藏庫使舒知白請於泥姑海口、章口復置海作務造舟，令民入海捕魚，因偵平州機事；異日王師征討，亦可由此進兵，以分敵勢。先是，置船務，以近海之民與遼人往還，遼人嘗泛舟直入千乘縣，亦疑有鄉導之者，故廢務。至是，令轉運使條上利害。既而以爲非便，罷之。

景德元年，北面都鈐轄閤承翰，自嘉山東引唐河三十二里至定州，釃而爲渠，直蒲陰縣東六十二里會沙河，徑邊吳泊，遂入于界河，以達方舟之漕。又引保州趙彬堰徐河水入鷄距泉，以息挽舟之役。自是朔方之民，灌溉饒益，大蒙其利矣。八月，詔滄州、乾寧軍謹視斗門水口，壅潮水入御河東塘堰，以廣溉蔭。四年五月，知雄州李允則決渠爲水田，帝以渠接界河，罷之。因下詔曰：「頃修國好，聽其盟約，不欲生事，姑務息民。自今邊城止可修葺城壕，其餘河道，不得輒有濬治。」

大中祥符七年四月，涇原都鈐轄曹瑋言：「渭北有古池，連帶山麓，今濬爲渠，令民導以溉田。」六月，知永興軍陳堯咨導龍首渠入城，民庶便之。並詔嘉獎。天禧末，諸州屯田總四千二百餘頃，而河北屯田歲收二萬九千四百餘石，保州最多，逾其半焉。江、淮、兩浙承僞制，皆有屯田，克復後，多賦與民輸租，第存其名。在河北者雖有其實，而歲入無幾，利在畜水以限遼騎而已。

仁宗天聖四年閏五月，陝西轉運使王博文等言：「準敕相度開治解州安邑縣至白家場永豐渠，行舟運鹽，經久不至勞民。按此渠自後魏正始二年，都水校尉元清引平坑水西入黃河以運鹽，故號永豐渠。周、齊之間，渠遂廢絕。隋大業中，都水監姚暹決堰濬渠，自陝郊西入解縣，民賴其利。及唐末至五代亂離，迄今湮沒，水甚淺涸，舟檝不行。」詔三司相度以聞。

神宗卽位，志在富國，故以劭農爲先。熙寧元年六月，詔諸路監司：「比歲所在陂塘堙沒，瀕江圩埠浸壞，沃壤不得耕，宜訪其可興者，勸民興之，具所增田畝稅賦以聞。」二年十月，權三司使吳充言：「前宜城令朱紘，治平間修復木渠，不費公家束薪斗粟，而民樂趨之。渠成，溉田六千餘頃，數邑蒙其利。」詔遷紘大理寺丞，知比陽縣。或云紘之木渠，繞山度溪以行水，數勸民而終無功。

十一月，制置三司條例司具農田利害條約，詔頒諸路：「凡有能知土地所宜種植之法，及修復陂湖河港，或元無陂塘、圩埠、堤堰、溝洫而可以創修，或水利可及衆而爲人所擅有，或田去河港不遠，爲地界所隔，可以均濟流通者；縣有廢田曠土，可糾合興修，大川溝瀆淺塞荒穢，合行濬導，及陂塘堰埭可以取水灌溉，若廢壞可興治者：各述所見，編爲圖籍，上之有司。其土田迫大川，數經水害，或地勢汙下，雨潦所鍾，要在修築圩埠、堤防之類，以障水澇，或疏導溝洫、畎澮，以泄積水。縣不能辦，州爲遣官，事關數州，具奏取旨。民修水利，許貸常平錢穀給用。」初，條例司奏遣劉彝等八人行天下，相視農田水利，又下諸路轉運司各條上利害，又詔諸路各置相度農田水利官。至是，以條約頒焉。

祕書丞侯叔獻言：「汴岸沃壤千里，而夾河公私廢田，略計二萬餘頃，多用牧馬。計馬而牧，不過用地之半，則是萬有餘頃常爲不耕之地。觀其地勢，利於行水。欲於汴河兩岸置斗門，泄其餘水，分爲支渠，及引京、索河幷三十六陂，以灌溉田。」詔叔獻提舉開封府界常平，使行之，而以著作佐郎楊汲同提舉。叔獻又引汴水淤田，而祥符、中牟之民大被水患，都水監或以爲非。

三年三月，帝謂王安石、韓絳曰：「都水沮壞淤田者，以侵其職事爾。」安石曰：「必欲任屬，當以楊汲爲都水監。今每事稟於沈立、張鞏，何能辦集。」七月，帝聞淤田多浸民田稼、屋宇，令內侍馮宗道往視，宗道以說者爲妄。八月，叔獻、汲並權都水監丞、提舉沿汴淤田。

九月戊申，遣殿中丞陳世修乘驛經度陳、潁州八丈溝故迹。初，世修言：「陳州項城縣界蔡河東岸有八丈溝，或斷或續，迤邐東去，由潁及壽，綿亘三百五十餘里，乞因其故道，量加濬治。興復大江、次河、射虎、流龍、百尺等陂塘，導水行溝中，棊布灌溉，俾數百里復爲稻田，則其利百倍。」繪圖來上，帝意向之。王安石曰：「世修言引水事即可試，八丈溝新河則不然。昔鄧艾不賴蔡河漕運，故能幷水東下，大興水田。厥後既分水以注蔡河，又有新修牐以限之，與昔不同。惟無所用水，即水可幷而溝可復矣。」故先命世修相度。

四年三月，帝語侍臣：「中人視麥者，言淤田甚佳，有未淤不可耕之地，一望數百里。獨樞密院以淤田無益，謂其薄如餅。」安石曰：「就令薄，固可再淤，厚而後止。」是月，帝以慶州軍亂，召執政對資政殿。馮京曰：「府界既淤田，又行免役，作保甲，人極勞弊。」帝曰：「淤田於百姓何苦？聞土細如麵。」王安石曰：「慶卒之變，陛下旰食。大臣宜於此時共圖消弭，乃合爲浮議，歸咎淤田、保甲，了不相關，此非待至明而後察也。」十月，前知襄州光祿卿史炤言：「開修古淳河一百六里，灌田六千六百餘頃，修治陂堰，民已獲利，慮州縣遽欲增稅。」詔三司應興修水利，墾開荒梗，毋增稅。

五年二月，侯叔獻等言：「民願買官淤田者七十餘戶，已分赤淤、花淤等，及定其直各有差，仍於次年起稅。若願增錢者，不以投狀先後給之。」五月，御史張商英言：「嘗聞獻議者請開鄧州穰縣永國渠，引湍河水灌溉民田，失邵信臣故道，鑿焦家莊，地勢偏仰，水不通流。」詔京西路覆實，遣程昉領其事。昉剗河去疏土，築爲巨堰。水行再歲，會霖雨，谿谷合流大漲，堰下土疏惡，莫能禦，由此廢不復治。閏七月，程昉奏引漳、洺河淤地，凡二千四百餘頃。帝曰：「灌溉之利，農事大本，但陝西、河東民素不習此，苟享其利，後必樂趨。三白渠爲利尤大，有舊跡，可極力修治。凡疏積水，須自下流開導，則畎澮易治。書所謂『濬畎澮距川』是也。」

時人人爭言水利。提舉京西常平陳世修乞於唐州引淮水入東西邵渠，灌注九子等十五陂，溉田二百里。提舉陝西常平沈披乞復京兆府武功縣古迹六門堰，於石渠南二百步傍爲土洞，以木爲門，回改河流，溉田三百四十里。大抵迂闊少效。披坐前爲兩浙提舉，開常州五瀉堰不當，法寺論之，至是，降一官。十一月，陝西提舉常平楊蟠議修鄭、白渠，詔都水丞周良孺相視。乃自石門堰涇水開新渠，至三限口以合白渠。王安石請捐常平息錢，助民興作，帝曰：「縱用內帑錢，亦何惜也。」

六年三月，程昉言：「得共城縣舊河槽，若疏導入三渡河，可灌西垙稻田。」從之。五月，詔：「諸創置水磑碾碓妨灌溉民田者，以違制論。」命贊善大夫蔡朦修永興軍白渠。八月，程昉欲引水淤漳旁地，王安石以爲長利，須及冬乃可經畫。九月丙辰，賜侯叔獻、楊汲府界淤田各十頃。十月，命叔獻理提點刑獄資序，周良孺與升一任，皆賞淤田之勞也。陽武縣民邢晏等三百六十四戶言：「田沙鹹瘠薄，乞淤溉，候淤深一尺，計畝輸錢，以助興修。」詔與淤溉，勿輸錢。

十二月，河北提舉常平韓宗師論程昉十六罪，盛陶亦言昉。帝以問安石，安石請令昉、宗師及京東轉運司各差官同考實以聞。還奏得良田萬頃，又淤四千餘頃。於是進呈。宗師疏至言：「昉奏百姓乞淤田，實未嘗乞。」帝曰：「此小失，何罪，但不知淤田如何爾？」安石曰：「今檢到好田萬頃，又淤田四千餘頃，陛下以爲不知，臣實未喻。」帝曰：「昉修漳河，漳河歲決；修滹沱，又無下尾。」安石力爲辨說。已而宗師與昉皆放罪。他日，帝論唐太宗能受諫，安石因言：「陛下判功罪不及太宗。如程昉開閉四河，除漳河、黃河外，尚有溉淤及退出田四萬餘頃。自秦以來，水利之功，未有及此。止轉一官，又令與韓宗師同放罪，臣恐後世有以議聖德。」安石佑昉，大率類此。

是時，原武等縣民因淤田壞廬舍墳墓，妨秋稼，相率詣闕訴。使者聞之，急責縣令追呼，將杖之。民謬云：「詣闕謝耳。」使者因爲民謝表，遣二吏詣鼓院投之，安石大喜。久之，帝始知雍丘等縣淤田淸水頗害民田，詔提舉常平官視民耕地，蠲稅一料。樞密院奏：「淤田役兵多死，每一指揮，僅存軍員數人。」下提點司密究其事，提點司言：「死事者數不及三釐。」

七年正月，程昉言：「滄州增修西流河堤，引黃河水淤田種稻，增灌塘泊，幷深州開引滹沱水淤田，及開回胡盧河，幷回滹沱河下尾。」六月，金州西城縣民葛德出私財修長樂堰，引水灌溉鄉戶土田，授本州司士參軍。八月甲戌，詔司農寺具所興修農田水利次第。九月，又詔：「籍所興水利，自今遣使體訪，其不實不當者，案驗以聞。」從侍御史張琥請也。十一月壬寅，知諫院鄧潤甫言：「淤田司引河水淤酸棗、陽武縣田，已役夫四五十萬，後以地下難淤而止。相度官吏初不審議，妄興夫役，乞加絀罰。」詔開封劾元檢計按覆官。丁未，同知諫院范百祿言：「向者都水監丞王孝先獻議，於同州朝邑縣界畎黃河，淤安昌等處鹻地。及放河水，而鹹地高原不能及，乃灌注朝邑縣長豐鄉永豐等十社千九百戶秋苗田三百六十餘頃。」詔蠲被水戶夏稅。是歲，知耀州閻充國募流民治漆水堤。

八年正月，程昉言：「開滹沱、胡盧河直河淤田等部役官吏勞績，別爲三等，乞推恩。」從之。三月庚戌，發京東常平米，募饑民修水利。四月，管轄京東淤田李孝寬言：「礬山漲水甚濁，乞開四斗門，引以淤田，權罷漕運再旬。」從之。深州靜安令任迪，乞俟來年刈麥畢，全放滹沱、胡盧兩河，又引永靜軍雙陵口河水，淤溉南北岸田二萬七千餘頃；河北安撫副使沈披，請治保州東南沿邊陸地爲水田：皆從之。閏四月丁未，提點秦鳳等路刑獄鄭民憲，請於熙州南關以南開渠堰，堰引洮水並東山直北通下至北關，并自通遠軍熟羊砦導渭河至軍溉田。詔民憲經度，如可作陂，卽募京西、江南陂匠以往。

五月乙酉，右班殿直、幹當修內司楊琰言：「開封、陳留、咸平三縣種稻，乞於陳留界舊汴河下口，因新舊二堤之間修築水塘，用碎甓築虛堤五步以來，取汴河淸水入塘灌溉。」從之。七月，江寧府上元縣主薄韓宗厚，引水溉田二千七百餘頃，遷光祿寺丞。太原府草澤史守一，修晉祠水利，溉田六百餘頃。八月，知河中府陸經奏，管下淤官私田約二千餘頃，下司農覆實。九月癸未，提舉出賣解鹽張景溫言：「陳留等八縣鹻地，可引黃、汴河水淤溉。」詔次年差夫。十二月癸丑，侯叔獻言：「劉瑾相度淮南合興修水利，僅十萬餘頃，皆並運河，乞候開河畢工，以水利司錢募民修築圩埠。」

九年八月，程師孟言：「河東多土山高下，旁有川谷，每春夏大雨，衆水合流，濁如黃河礬山水，俗謂之天河水，可以淤田。絳州正平縣南董村旁有馬壁谷水，嘗誘民置地開渠，淤瘠田五百餘頃。其餘州縣有天河水及泉源處，亦開渠築堰。凡九州二十六縣，新舊之田，皆爲沃壤。嘉祐五年畢功，纘成水利圖經二卷，迨今十七年矣。聞南董村田畝舊直三兩千，收穀五七斗。自灌淤後，其直三倍，所收至三兩石。今臣權領都水淤田，竊見累歲淤京東、西鹹鹵之地，盡成膏腴，爲利極大。尙慮河東猶有荒瘠之田，可引天河淤溉者。」於是遣都水監丞耿琬淤河東路田。

十年六月，師孟、琬引河水淤京東、西沿汴田九千餘頃；七月，前權提點開封府界劉淑奏淤田八千七百餘頃；三人皆減磨勘年以賞之。九月，入內內侍省都知張茂則言：「河北東、西路夏秋霖雨，諸河決溢，占壓民田。」詔委官開畎。

元豐元年二月，都大提舉淤田司言：「京東、西淤官私瘠地五千八百餘頃，乞差使臣管幹。」許之。四月，詔：「闢廢田、興水利、建立堤防、修貼圩埠之類，民力不給者，許貸常平錢穀。」六月，京東路體量安撫黃廉言：「梁山、張澤兩濼，十數年來淤澱，每歲汎浸近城民田，乞自張澤濼下流濬至濱州，可泄壅滯。」從之。十二月壬申，二府奏事，語及淤田之利。帝曰：「大河源深流長，皆山川膏腴滲漉，故灌溉民田，可以變斥鹵而爲肥沃。殴取淤土親嘗，極爲潤膩。」二年，導洛通汴。六月，罷沿汴淤田司。十二月辛酉，置提舉定州路水利司。三年，知濰州楊采開白浪河。

哲宗元祐以後，朝廷方務省事，水利亦寖緩矣。四年二月甲辰，詔：「瀕河州縣，積水占田，在任官能爲民溝畎疏導，退出良田百頃至千頃以上者，遞賞之，功利大者取特旨。」四年六月乙丑，知陳州胡宗愈言：「本州地勢卑下，秋夏之間，許蔡汝鄧、西京及開封諸處大雨，則諸河之水，並由陳州沙河、蔡河同入潁河，不能容受，故境內瀦爲陂澤。今沙河合入潁河處，有古八丈溝，可以開濬，分決蔡河之水，自爲一支，由潁、壽界直入于淮，則沙河之水雖甚洶湧，不能壅遏。」詔可。

徽宗建中靖國元年十一月庚辰，赦書略曰：「熙寧、元豐中，諸路專置提舉官，兼領農田水利，應民田堤防灌溉之利，莫不修舉。近多因循廢弛，慮歲久日更隳壞，命典者以時檢舉推行。」

崇寧二年三月，宰臣蔡京言：「熙寧初，修水土之政，元祐例多廢弛。紹復先烈，當在今日。如荒閑可耕，瘠鹵可腴，陸可爲水，水可爲陸，陂塘可修，灌溉可復，積潦可洩，圩埠可興，許民具陳利害。或官爲借貸，或自備工力，或從官辦集。如能興修，依格酬獎，事功顯著，優與推恩。」從之。

三年十月，臣僚言：「元豐官制，水之政令，詳立法之意，非徒爲穿塞開導、修舉目前而已，凡天下水利，皆在所掌。在今尤急者，如浙右積水，比連震澤，未有歸宿，此最宜講明而未之及者也。願推廣元豐修明水政，條具以聞。」從之。

岷江水發源處古導江，今爲永康軍，漢史所謂秦蜀守李冰始鑿離堆，辟沫水之害，是也。

沫水出蜀西徼外，今陽山江、大皂江皆爲沫水，入于西川。始，嘉、眉、蜀、益閒，夏潦洋溢，必有潰暴衝決可畏之患。自鑿離堆以分其勢，一派南流于成都以合岷江，一派由永康至瀘州以合大江，一派入東川，而後西川沫水之害減，而耕桑之利博矣。

皂江支流迤北曰都江口，置大堰，疏北流爲三：曰外應，溉永康之導江、成都之新繁，而達于懷安之金堂；東北曰三石洞，溉導江與彭之九隴、崇寧、濛陽，而達于漢之雒；東南曰馬騎，溉導江與彭之崇寧、成都之郫温江新都新繁成都華陽。三流而下，派別支分，不可悉紀，其大者十有四：自外應而分，曰保堂，曰倉門；自三石洞曰將軍橋，曰灌田，曰雒源；自馬騎曰石址，曰鼓㲋，曰道溪，曰東穴，曰投龍，曰北，曰樽下，曰玉徒。而石渠之水，則自離堆別而東，與上下馬騎、乾溪合。凡爲堰九：曰李光，曰膺村，曰百丈，曰石門，曰廣濟，曰顏上，曰弱水，曰濟，曰導，皆以隄攝北流，注之東而防其決。離堆之南，實支流故道，以竹籠石爲大隄，凡七壘，如象鼻狀以捍之。離堆之趾，舊鑱石爲水則，則盈一尺，至十而止。水及六則，流始足用，過則從侍郎堰減水河泄而歸于江。歲作侍郎堰，必以竹爲繩，自北引而南，準水則第四以爲高下之度。江道既分，水復湍暴，沙石塡委，多成灘磧。歲暮水落，築隄壅水上流，春正月則役工濬治，謂之「穿淘」。

元祐間，差憲臣提舉，守臣提督，通判提轄。縣各置籍，凡堰高下、闊狹、淺深，以至灌溉頃畝、夫役工料及監臨官吏，皆注於籍，歲終計效，賞如格。政和四年，又因臣僚之請，檢計修作不能如式以致決壞者，罰亦如之。大觀二年七月，詔曰：「蜀江之利，置堰溉田，旱則引灌，澇則疏導，故無水旱。然歲計修堰之費，敷調於民，工作之人，並緣爲姦，濱江之民，困於騷動。自今如敢妄有檢計，大爲工費，所剩坐贓論，入己準自盜法，許人告。」

興元府褒斜谷口，古有六堰，澆溉民田，頃畝浩瀚。每春首，隨食水戶田畝多寡，均出夫力修葺。後經靖康之亂，民力不足，夏月暴水，衝損堰身。紹興二十二年，利州東路帥臣楊庚奏謂：「若全資水戶修理，農忙之時，恐致重困。欲過夏月，於見屯將兵內差不入隊人，併力修治，庶幾便民。」從之。

興元府山河堰灌溉甚廣，世傳爲漢蕭何所作。嘉祐中，提舉常平史炤奏上堰法，獲降敕書，刻石堰上〔六〕。中興以來，戶口凋疎，堰事荒廢，累嘗修葺，旋卽決壞。乾道七年，遂委御前諸軍統制吳拱〔七〕經理，發卒萬人助役，盡修六堰，濬大小渠六十五，復見古跡，並用水工準法修定。凡溉南鄭、褒城田二十三萬餘畝，昔之瘠薄，今爲膏腴。四川宣撫王炎，表稱拱宣力最多，詔書褒美焉。

校勘記

〔一〕或十五里或六里　長編卷一一二作「縱五十里或六十里」，武經總要前集卷一六作「南北約十五里至六里」。按「南北」與「縱」同義，上下文亦「衡廣」與「縱」對稱，「或」疑爲「縱」之誤。

〔二〕齊女淀　長編卷一一二、長編紀事本末卷四六作「齊安淀」。

〔三〕懷敏知雄州　據本書卷二八九葛懷敏傳和長編卷一一七、一二二，景祐間知雄州的是葛懷敏，下文所記兩事，也都是葛懷敏所爲，此處當脫「葛」字。

〔四〕而楊懷敏獨治塘益急　「楊懷敏」原作「葛懷敏」。按本書卷一一仁宗紀，葛懷敏死於慶曆二年；長編卷一五六記此事作「楊懷敏」，沈括夢溪筆談卷一三也說：「慶曆中，內侍楊懷敏復踵爲之。」據改。

〔五〕昨因不收獨流決口　「收」，宋會要方域一七之八、長編卷二七六都作「修」。

〔六〕刻石堰上　句下原衍「詔」字，本書卷一七三食貨志、宋會要食貨八之四〇、玉海卷二三都無「詔」字，據刪。

〔七〕吳拱　原作「吳珙」，據本書卷一七三食貨志、玉海卷二三改。下同。

宋史卷九十六

志第四十九

河渠六

東南諸水上

開寶間，議征江南。詔用京西轉運使李符之策，發和州丁夫及鄉兵凡數萬人，鑿橫江渠於歷陽，令符督其役。渠成，以通漕運，而軍用無闕。

八年，知瓊州李易上言：「州南五里有度靈塘，開修渠堰，溉水田三百餘頃，居民賴之。」

初，楚州北山陽灣尤迅急，多有沈溺之患。雍熙中，轉運使劉蟠議開沙河，以避淮水之險，未克而受代。喬維岳繼之，開河自楚州至淮陰，凡六十里，舟行便之。

天禧元年，知昇州丁謂言：「城北有後湖，往時歲旱水竭，給爲民田，凡七十六頃，出租錢數百萬，蔭溉之利遂廢。令欲改田除租〔一〕，迹舊制，復治岸畔，疏爲塘陂以畜水，使負郭無旱歲，廣植蒲芡，養魚鼈，縱貧民漁采。」又明州請免濠池及慈溪、鄞縣陂湖年課，許民射利。詔並從之。

二年，江、淮發運使賈宗言：「諸路歲漕，自眞、揚入淮、汴〔二〕，歷堰者五，糧載煩於剝卸，民力罷於牽挽，官私船艦，由此速壞。今議開揚州古河，繚城南接運渠，毀龍舟、新興、茱萸三堰，鑿近堰漕路，以均水勢。歲省官費十數萬，功利甚厚。」詔屯田郎中梁楚、閤門祇候李居中按視，以爲當然。明年，役既成，而水注新河，與三堰平，漕船無阻，公私大便。

四年，淮南勸農使王貫之導海州石闥堰水入漣水軍，溉民田；知定遠縣江澤、知江陰軍崔立率民修廢塘，濬古港，以灌高仰之地。並賜詔獎焉。

神宗熙寧元年十月，詔：「杭之長安、秀之杉青、常之望亭三堰，監護使臣並以『管幹河塘』繫銜，常同所屬令佐，巡視修固，以時啓閉。」從提舉兩浙開修河渠胡淮之請也。

二年三月甲申，先是，凌民瞻建議廢呂城堰，又卽望亭堰置牐而不用。及因濬河，隳敗古涇函、石牐、石碰，河流益阻，百姓勞弊。至是，民瞻等貶降有差。

六年五月，杭州於潛縣令郟亶言：「蘇州環湖地卑多水，沿海地高多旱，故古人治水之迹，縱則有浦，橫則有塘，又有門堰、涇瀝而棊布之。今總二百六十餘所。欲略循古人之法，七里爲一縱浦，十里爲一橫塘，又因出土，以爲堤岸，度用夫二十萬。水治高田，旱治下澤，不過三年，蘇之田畢治矣。」十一月，命亶興修水利。然措置乖方，民多愁怨，僅及一年，遂罷兩浙工役。又數月，中書檢正沈括復言：「淛西涇浜淺涸，當濬；淛東堤防川瀆堙沒，當修。請下司農貸緡募役。」從之，仍命括相度兩浙水利。

九年正月壬午，劉瑾言：「揚州江都縣古鹽河、高郵縣陳公塘等湖、天長縣白馬塘沛塘、楚州寶應縣泥港射馬港、山陽縣渡塘溝龍興浦、淮陰縣青州澗、宿州虹縣萬安湖小河、壽州安豐縣芍陂等，可興置，欲令逐路轉運司選官覆按。」從之。

元豐五年九月，淮南監司言：「舒州近城有大澤，出灊山，注北門外。比者，暴水漂居民，知州楊希元築捍水堤千一百五十丈，置洩水斗門二，遂免淫潦入城之患。」並璽書獎諭。

六年正月戊辰，開龜山運河，二月乙未告成，長五十七里，闊十五丈，深一丈五尺。初，發運使許元自淮陰開新河，屬之洪澤，避長淮之險，凡四十九里。久而淺澀，熙寧四年，皮公弼請復濬治，起十一月壬寅，盡明年正月丁酉而畢，人便之。至是，發運使羅拯復欲自洪澤而上，鑿龜山裏河以達于淮，帝深然之。會發運使蔣之奇入對，建言：「上有淸汴，下有洪澤，而風浪之險止百里淮，邇歲溺公私之載不可計。凡諸道轉輸，涉湖行江，已數千里，而覆敗於此百里間，良爲可惜。宜自龜山蛇浦下屬洪澤，鑿左肋爲複河，取淮爲源，不置堰牐，可免風濤覆溺之患。」帝遣都水監丞陳祐甫經度。祐甫言：「往年田棐任淮南提刑，嘗言開河之利。其後淮陰至洪澤，竟開新河，獨洪澤以上，未克興役。今既不用牐蓄水，惟隨淮面高下，開深河底，引淮通流，形勢爲便。但工費浩大。」帝曰：「費雖大，利亦博矣。」祐甫曰：「異時，淮中歲失百七十艘。若捐數年所損之費，足濟此役。」帝曰：「損費尚小，如人命何。」乃調夫十萬開治，既成，命之奇撰記，刻石龜山。後至建中靖國初，之奇同知樞密院奏：「淮水浸淫，衝刷堤岸，漸成墊缺，請下發運司及時修築。」自是，歲以爲常。

是年，將作監主簿李湜言：「鼎、澧等州，宜開溝洫，置斗門，以便民田。」詔措置以聞。

七年十月，濬眞、楚運河。

哲宗元祐四年，知潤州林希奏復呂城堰，置上下牐，以時啓閉。其後，京口、瓜洲、犇牛皆置牐。是歲，知杭州蘇軾濬茆山、鹽橋二河，分受江潮及西湖水，造堰牐，以時啓閉。初，杭近海，患水泉鹹苦，唐刺史李泌始導西湖，作六井，民以足用。及白居易復濬西湖，引水入運河，復引溉田千頃。湖水多葑，自唐及錢氏後廢而不理。至是，葑積二十五萬餘丈，而水無幾。運河失湖水之利，取給於江潮，潮水淤河，泛溢闤闠，三年一濬，爲市井大患，故六井亦幾廢。軾既濬二河，復以餘力全六井，民獲其利。

十二月，京東轉運司言：「淸河與江、浙、淮南諸路相通，因徐州呂梁、百步兩洪湍淺險惡，多壞舟楫，由是水手、牛驢、牽戶、盤剝人等，邀阻百端，商賈不行。朝廷已委齊州通判滕希靖、知常州晉陵縣趙竦度地勢穿鑿。今若開修月河石堤，上下置牐，以時開閉，通放舟船，實爲長利。乞遣使監督興修。」從之。

紹聖二年，詔「武進、丹陽、丹徒縣界沿河堤岸及石礎、石木溝，並委令佐檢察修護，勸誘食利人戶修葺。任滿，稽其勤惰而賞罰之。」從工部之請也。

四年四月，水部員外郎趙竦請濬十八里河，令賈種民相度呂梁、百步洪，添移水磨。詔發運幷轉運司同視利害以聞。

元符元年正月，知潤州王愈建言：「呂城牐常宜車水入澳，灌注牐身以濟舟。若舟沓至而力不給，許量差牽駕兵卒，併力爲之。監官任滿，水無走泄者賞，水未應而輒開牐者罰，守貳、令佐，常覺察之。」詔可。

三月甲寅，工部言：「淮南開河所開修楚州支家河，導漣水與淮通。」賜名通漣河。

二年閏九月，潤州京口、常州犇牛澳牐畢工。先是，兩浙轉運判官曾孝蘊獻澳牐利害，因命孝蘊提舉興修，仍相度立啓閉日限之法。

三年二月，詔：「蘇、湖、秀州，凡開治運河、港浦、溝瀆，修疊堤岸，開置斗門、水堰等，許役開江兵卒。」

徽宗崇寧元年十二月，置提舉淮、浙澳牐司官一員，掌杭州至揚州瓜洲澳牐，凡常、潤、杭、秀、揚州新舊等牐，通治之。

崇寧二年初，通直郎陳仲方別議濬吳松江，自大通浦入海，計工二百二十二萬七千有奇，爲緡錢、糧斛十八萬三千六百，乞置幹當官十員。朝廷下兩浙監司詳議，監司以爲可行。時又開青龍江，役夫不勝其勞，而提舉常平徐確謂：「三州開江兵卒千四百人，使臣二人，請就令護察已開之江，遇潮沙淤澱，隨即開淘；若他役者，以違制論。」確與監司往往被賞，人以爲濫。

十二月，詔淮南開修遇明河，自眞州宣化鎭江口至泗州淮河口，五年畢工。

明年三月，詔曰：「昨二浙水災，委官調夫開江，而總領無法，役人暴露，飲食失所，疾病死亡者衆。水仍爲害，未嘗究實按罪，反蒙推賞，何以厭塞百姓怨咨。」乃下本路提刑司體量。提刑司言：「開濬吳松、青龍江，役夫五萬，死者千一百六十二人，費錢米十六萬九千三百四十一貫石，積水至今未退。」於是元相度官轉運副使劉何等皆坐貶降。

四年正月，以倉部員外郎沈延嗣提舉開修青草、洞庭直河。

大觀元年五月，中書舍人許光凝奏：「臣向在姑蘇，徧詢民吏，皆謂欲去水患，莫若開江濬浦。蓋太湖在諸郡間，必導之海，然後水有所歸。自太湖距海，有三江，有諸浦，能疏滌江、浦，除水患猶反掌耳。今境內積水，視去歲損二尺，視前歲損四尺，良由初開吳松江，繼濬八浦之力也。吳人謂開一江有一江之利，濬一浦有一浦之利。願委本路監司，與諳曉水勢精彊之吏，徧詣江、浦，詳究利害，假以歲月，先爲之備。然後興夫調役，可使公無費財，而歲供常足；人不告勞，而民食不匱，是一舉而獲萬世之利也。」詔吳擇仁相度以聞，開江之議復興矣。

十一月，詔曰：「禹貢：『三江既導，震澤底定。』今三江之名，既失其所，水不趨海，故蘇、湖被患。其委本路監司，選擇能臣，檢按古迹，循導使之趨下，并相度圩岸以聞。」於是復詔陳仲方爲發運司屬官，再相度蘇州積水。

二年八月，詔：「常、潤歲旱河淺，留滯運船，監司督責濬治。」三年，兩浙監司言：「承詔案古迹，導積水，今請開淘吳松江，復置十二牐。其餘浦牐、溝港、運河之類，以次增修。若田被水圍，勸民自行修治。」章下工部，工部謂：「今所具三江，或非禹迹；又吳松江散漫，不可開淘泄水。」遂命諸司再相度以聞。

四年八月，臣僚言：「有司以練湖賜茅山道觀，緣潤州田多高仰，及運渠、夾岡水淺易涸，賴湖以濟，請別用天荒江漲沙田賜之，仍令提舉常平官考求前人規畫修築。」從之。十月，戶部言：「乞如兩浙常平司奏，專委守、令籍古瀦水之地，立堤防之限，俾公私毋得侵占。凡民田不近水者，略倣周官遂人、稻人溝防之制，使合衆力而爲之。」詔可。

政和元年，知陳州霍端友言：「陳地汙下，久雨則積潦害稼。比疏新河八百里，而去淮尚遠，水不時洩。請益開二百里，起西華，循宛丘，入項城，以達于淮。」從之。

政和元年十月，詔蘇、湖、秀三州治水，創立圩岸，其工費許給越州鑑湖租賦。已而升蘇州爲平江府，潤州爲鎭江府。

二年七月，兵部尚書張閣言：「臣昨守杭州，聞錢塘江自元豐六年泛溢之後，潮汛往來，率無寧歲。而比年水勢稍改，自海門過赭山，卽回薄巖門、白石一帶北岸，壞民田及鹽亭、監地，東西三十餘里，南北二十餘里。江東距仁和監止及三里，北趣赤岸瓩口二十里。運河正出臨平下塘，西入蘇、秀，若失障禦，恐他日數十里膏腴平陸，皆潰于江，下塘田廬，莫能自保，運河中絕，有害漕運。」詔亟修築之。

四年二月，工部言：「前太平州判官盧宗原請開修自江州至眞州古來河道湮塞者凡七處，以成運河，入浙西一百五十里，可避一千六百里大江風濤之患；又可就土興築自古江水浸沒膏腴田，自三百頃至萬頃者凡九所，計四萬二千餘頃，其三百頃以下者又過之。乞依宗原任太平州判官日已興政和圩田例，召人戶自備財力興修。」詔沈鏻等相度措置。

六年閏正月，知杭州李偃言：「湯村、巖門、白石等處並錢塘江通大海，日受兩潮，漸致侵齧。乞依六和寺岸，用石砌疊。」乃命劉既濟修治。

八月，詔：「鎭江府傍臨大江，無港澳以容舟楫，三年間覆溺五百餘艘。聞西有舊河，可避風濤，歲久湮廢，宜令發運司濬治。」

是年，詔曰：「聞平江三十六浦內，自昔置牐，隨潮啓閉，歲久堙塞，致積水爲患。其令守臣莊徽專委戶曹趙霖講究利害，導歸江海，依舊置牐。」於是，發運副使應安道言：「凡港浦非要切者，皆可徐議。惟當先開崑山縣界茜涇塘等六所；秀之華亭縣，欲並循古法，盡去諸堰，各置小斗門；常州、鎭江府、望亭鎭，仍舊置牐。」八月，詔戶曹趙霖相度役興，而兩浙擾甚。七年四月己未，尙書省言：「盧宗原濬江，慮成搔擾。」詔權罷其役，趙霖別與差遣。

重和元年二月，前發運副使柳庭俊言：「眞揚楚泗、高郵運河堤岸，舊有斗門水牐等七十九座，限則水勢，常得其平，比多損壞。」詔檢計修復。六月，詔：「兩浙霖雨，積水多浸民田，平江尤甚，由未濬港浦故也。其復以趙霖爲提舉常平，措置救護民田，振恤人戶，毋令流移失所。」八月，詔加霖直秘閣。

宣和元年二月，臣僚言：「江、淮、荆、漢間，荒瘠彌望，率古人一畝十鍾之地，其堤閼、水門、溝澮之跡猶存。近絳州民呂平等詣御史臺訴，乞開濬熙寧舊渠，以廣浸灌，願加稅一等。則是近世陂池之利且廢矣，何暇復古哉。願詔常平官，有興修水利功効明白者，亟以名聞，特與褒除，以勵能者。」從之。

八月，提舉專切措置水利農田所奏：「㴩西諸縣各有陂湖、溝港、涇浜、湖濼，自來蓄水灌溉，及通舟檝，望令打量官按其地名、丈尺、四至，並鐫之石。」從之。

三月，趙霖坐增修水利不當，降兩官。六月，詔曰：「趙霖興修水利，能募被水艱食之民，凡役工二百七十八萬二千四百有奇，開一江、一港、四浦、五十八瀆，已見成績，進直徽猷閣，仍復所降兩官。」

宣和二年九月，以眞、揚等州運河淺澀，委陳亨伯措置。三年春，詔發運副使趙億以車畎水運河，限三月中三十綱到京。宦者李琮言：「眞州乃外江綱運會集要口，以運河淺澀，故不能速發。按南岸有泄水斗門八，去江不滿一里。欲開斗門河身，去江十丈築軟壩，引江潮入河，然後倍用人工車畎，以助運水。」從之。

四月，詔曰：「江、淮漕運尙矣。春秋時，吳穿邗溝，東北通射陽湖，西北至末口。漢吳王濞開邗溝，通運海陵。隋開邗溝，自山陽至揚子入江。雍熙中，轉運使劉蟠以山陽灣迅急，始開沙河以避險阻。天禧中，發運使賈宗始開揚州古河，繚城南接運渠，毀三堰以均水勢。今運河歲淺澀，當詢訪故道，及今河形勢與陂塘瀦水之地，講究措置悠久之利，以濟不通。可令發運使陳亨伯、內侍譚稹條具措置以聞。」

六月，臣僚言：「比緣淮南運河水澀逾半歲，禁綱舟篙工附載私物，今河水增漲，其令如舊。」

初，淮南連歲旱，漕運不通，揚州尤甚，詔中使按視，欲濬運河與江、淮平。會兩浙有方臘之亂，內侍童貫爲宣撫使，譚稹爲制置使，貫欲海運陸輦，稹欲開一河，自盱眙出宣化〔三〕。朝廷下發運司相度，陳亨伯遣其屬向子諲視之。子諲曰：「運河高江、淮數丈，自江至淮，凡數百里，人力難濬。昔唐李吉甫廢閘置堰，治陂塘，泄有餘，防不足，漕運通流。發運使曾孝蘊嚴三日一啓之制，復作歸水澳，惜水如金。比年行直達之法，走茶鹽之利，且應奉權倖，朝夕經由，或啓或閉，不暇歸水。又頃毀朝宗閘，自洪澤至召伯數百里，不爲之節，故山陽上下不通。欲救其弊，宜於眞州太子港作一壩，以復懷子河故道；於瓜洲河口作一壩，以復龍舟堰；於海陵河口作一壩，以復茱萸、待賢堰，使諸塘水不爲瓜洲、眞、泰三河所分；於北神相近作一壩〔四〕，權閉滿浦閘，復朝宗閘，則上下無壅矣。」亨伯用其言，是後滯舟皆通利云。

三年二月，詔：「越之鑑湖，明之廣德湖，自措置爲田，下流堙塞，有妨灌溉，致失常賦，又多爲權勢所占，兩州被害，民以流徙。宜令陳亨伯究實，如租稅過重，即裁爲中制；應妨下流灌溉者，並弛以予民。」

五年三月，詔：「呂城至鎭江運河淺澀狹隘，監司坐視，無所施設。兩淛專委王復，淮南專委向子諲，同發運使呂淙措置車水，通濟舟運。」

四月，又命王仲閎同廉訪劉仲元、漕臣孟庾，專往來措置常、潤運河。又詔：「東南六路諸牐，啓閉有時。比聞綱舟及命官妄稱專承指揮，抑令非時啓版，走泄河水，妨滯綱運，誤中都歲計，其禁止之。」

五月，詔：「以運河淺涸，官吏互執所見，州縣莫知所從。其令發運司提舉等官同廉訪使者，參訂經久利便列奏。」是月，臣僚言：「鎭江府練湖，與新豐塘地理相接，八百餘頃，灌溉四縣民田。又湖水一寸，益漕河一尺，其來久矣。今堤岸損缺，不能貯水，乞候農隙次第補葺。」詔本路漕臣幷本州縣官詳度利害，檢計工料以聞。

六年九月，盧宗原復言：「池州大江，乃上流綱運所經，其東岸皆暗石，多至二十餘處；西岸則沙洲，廣二百餘里。諺云『拆船灣』，言舟至此，必毁拆也。今東岸有車軸河口沙地四百餘里〔五〕，若開通入杜湖，使舟經平水，徑池口，可避二百里風濤拆船之險，請措置開修。」從之。

七年九月丙子，又詔宗原措置開濬江東古河，自蕪湖由宣溪、溧水至鎭江，渡揚子，趨淮、汴，免六百里江行之險，並從之。

靖康元年三月丁卯，臣僚言：「東南瀕江海，水易泄而多旱，歷代皆有陂湖蓄水。祥符、慶曆間，民始盜陂湖爲田，後復田爲湖。近年以來，復廢爲田，雨則澇，旱則涸。民久承佃，所收租稅，無計可脫，悉歸御前，而漕司之常賦有虧，民之失業無算。可乞盡括東南廢湖爲田者，復以爲湖，庶幾凋瘵之民，稍復故業。」詔相度利害聞奏。

八月辛丑，戶部言：「命官在任興修農田水利，依元豐賞格，千頃以上，該第一等，轉一官，下至百頃，皆等第酬奬；紹聖亦如之。緣政和續附常平格，千頃增立轉兩官，減磨勘三年，實爲太優。」詔依元豐、紹聖舊格。

校勘記

〔一〕令欲改田除租　按宋會要食貨七之五、六一之九一：「今請依前畜水種植菱蓮，或遇亢旱，決以溉田，仍用蒲魚之利旁濟飢民，望量遣軍士開修，其租錢特與減放。」長編卷九〇同。「令」字當爲「今」字之訛。

〔二〕諸路歲漕自眞揚入淮汴　「眞揚」原作「眞陽」。按「眞陽」是蔡州的屬縣，地處汝水與淮水之間，不是宋代江、淮漕運所經。且下文又說：「議開揚州古河」，則「眞、揚」係指眞州和揚州，地當運河入長江之口，「陽」乃「揚」之訛，據改。

〔三〕自盱眙出宣化　「盱眙」二字原倒。本書卷八八地理志：盱眙本楚州屬縣，宋初隸泗州，建炎三年升爲招信軍。據改。

〔四〕於北神相近作一堰　「北神」原作「牝神」，據宋會要食貨八之四一、胡宏五峯集卷三向子諲行狀改。

〔五〕今東岸有車軸河口沙地四百餘里　宋會要方域一七之一五作「沙地四里餘」。

宋史卷九十七

志第五十

河渠七

東南諸水下

淮郡諸水：紹興初，以金兵蹂踐淮南，猶未退師，四年，詔燒毀揚州灣頭港口牐、泰州姜堰、通州白莆堰，其餘諸堰，並令守臣開決焚毀，務要不通敵船；又詔宣撫司毀拆眞、揚〔一〕堰牐及眞州陳公塘，無令走入運河，以資敵用。五年正月，詔淮南宣撫司，募民開濬瓜洲至淮口運河淺澀之處。

乾道二年，以和州守臣言，開鑿姥下河，東接大江，防捍敵人，檢制盜賊。六年，淮東提舉徐子寅言：「淮東鹽課，全仰河流通快。近運河淺澀，自揚州灣頭港口至鎭西山光寺前橋梁頭，計四百八十五丈，乞發五千餘卒開濬。」從之。七年二月，詔令淮南漕臣，自洪澤至龜山淺澀之處，如法開撩。

淳熙三年四月，詔築泰州月堰，以遏潮水。從守臣張子正請也。八年，提舉淮南東路常平茶鹽趙伯昌言：「通州、楚州沿海，舊有捍海堰，東距大海，北接鹽城，袤一百四十二里。始自唐黜陟使李承實所建，遮護民田，屏蔽鹽竈，其功甚大。歷時既久，頹圮不存。至本朝天聖改元，范仲淹爲泰州西溪鹽官日，風潮泛溢，渰沒田產，毀壞亭竈，有請于朝，調四萬餘夫修築，三旬畢工。遂使海瀕沮洳舄鹵之地，化爲良田，民得奠居，至今賴之。自後寖失修治，纔遇風潮怒盛，即有衝決之患。自宣和、紹興以來，屢被其害。阡陌洗蕩，廬舍漂流，人畜喪亡，不可勝數。每一修築，必請朝廷大興工役，然後可辦。望令淮東常平茶鹽司，今後捍海堰如有塌損，隨時修葺，務要堅固，可以經久。」從之。

九年，淮南漕臣錢沖之言：「眞州之東二十里，有陳公塘，乃漢陳登濬源爲塘，用救旱饑。大中祥符間，江、淮制置發運置司眞州，歲藉此塘灌注長河，流通漕運。其塘周回百里，東、西、北三面，倚山爲岸，其南帶東，則係前人築疊成堤，以受啓閉。廢壞歲久，見有古來基趾，可以修築，爲旱乾溉田之備。凡諸場鹽綱、糧食漕運、使命往還，舟艦皆仰之以通濟，其利甚博。本司自發卒貼築周回塘岸，建置斗門、石磋各一所。乞於揚子縣尉階銜內帶「兼主管陳公塘」六字，或有損壞，隨時補築，庶幾久遠，責有所歸。」

十二年，和州守臣請於千秋澗置斗門，以防麻澧湖水洩入大江，遇歲旱灌漑田疇，實爲民利。十四年，揚州守臣熊飛言：「揚州運河，惟藉瓜洲、眞州兩牐瀦積。今河水走泄，緣瓜洲上、中二牐久不修治，獨潮牐一坐，轉運、提鹽及本州共行修整，然迫近江潮，水勢衝激，易致損壞；眞州二牐，亦復損漏。令有司葺理上、下二牐，以防走泄。」從之。

紹熙五年，淮東提舉陳損之言：「高郵、楚州之間，陂湖渺漫，茭葑彌滿，宜創立堤堰，以爲瀦泄，庶幾水不至於泛溢，旱不至於乾涸。乞興築自揚州江都縣至楚州淮陰縣三百六十里，又自高郵、興化至鹽城縣二百四十里，其隄岸傍開一新河，以通舟船。仍存舊堤以捍風浪，栽柳十餘萬株，數年後隄岸亦牢，其木亦可備修補之用。兼揚州柴墟鎭〔三〕舊有隄牐，乃泰州泄水之處，其牐壞久，亦於此創立斗門。西引盱眙、天長以來衆湖之水，起自揚州江都，經由高郵及楚州寶應、山陽，北至淮陰，西達于淮；又自高郵入興化，東至鹽城而極於海；又泰州海陵南至揚州泰興而徹于江：共爲石䃮十三，斗門七。乞以紹熙堰爲名，鑱諸堅石。」淮田多沮洳，因損之築隄捍之，得良田數百萬頃。奏聞，除直秘閣、淮東轉運判官。

浙江通大海，日受兩潮。梁開平中，錢武肅王始築捍海塘，在候潮門外。潮水晝夜衝激，版築不就，因命彊弩數百以射潮頭，又致禱胥山祠。既而潮避錢塘，東擊西陵，遂造竹器，積巨石，植以大木。堤岸既固，民居乃奠。

逮宋大中祥符五年，杭州言浙江擊西北岸益壞，稍逼州城，居民危之。卽遣使者同知杭州戚綸、轉運使陳堯佐畫防捍之策。綸等因率兵力，籍梢楗以護其衝。七年，綸等既罷去，發運使李溥、內供奉官盧守懃經度，以爲非便。請復用錢氏舊法，實石於竹籠，倚疊爲岸，固以椿木，環亙可七里。斬材役工，凡數百萬，踰年乃成；而鉤末壁立，以捍潮勢，雖湍湧數丈，不能爲害。

至景祐中，以浙江石塘積久不治，人患墊溺，工部郎中張夏出使，因置捍江兵士五指揮，專採石修塘，隨損隨治，衆賴以安。邦人爲之立祠，朝廷嘉其功，封寧江侯。

及高宗紹興末，以錢塘石岸毀裂，潮水漂漲，民不安居，令轉運司同臨安府修築。孝宗乾道九年，錢塘廟子灣一帶石岸，復毀於怒潮。詔令臨安府築塡江岸，增砌石塘。淳熙改元，復令有司：「自今江岸衝損，以乾道修治爲法。」

理宗寶祐二年十二月，監察御史兼崇政殿說書陳大方言：「江潮侵齧堤岸，乞戒飭殿、步兩司帥臣，同天府守臣措置修築，留心任責，或有潰決，咎有攸歸。」

三年十一月，監察御史兼崇政殿說書李衢言：「國家駐蹕錢塘，今踰十紀。惟是淛江東接海門，胥濤澎湃，稍越故道，則衝齧堤岸，蕩析民居，前後不知其幾。慶曆中，造捍江五指揮，兵士每指揮以四百人爲額。今所管纔三百人，乞下臨安府拘收，不許占破。及從本府收買樁石，沿江置場樁管，不得移易他用。仍選武臣一人習於修江者，隨其資格，或以副將，或以路分鈐轄繫銜，專一鈐束修江軍兵，値有摧損，隨卽修補；或不勝任，以致江潮衝損堤岸，卽與責罰。」

臨安西湖周回三十里，源出於武林泉。錢氏有國，始置撩湖兵士千人，專一開濬。至宋以來，稍廢不治，水涸草生，漸成葑田。

元祐中，知杭州蘇軾奏謂：「杭之爲州，本江海故地，水泉鹹苦，居民零落。自唐李泌始引湖水作六井，然後民足於水，井邑日富，百萬生聚，待此而食。今湖狹水淺，六井盡壞，若二十年後，盡爲葑田，則舉城之人，復飮鹹水，其勢必耗散。又放水漑田，瀕湖千頃，可無凶歲。今雖不及千頃，而下湖數十里間，茭菱穀米，所獲不貲。又西湖深闊，則運河可以取足於湖水，若湖水不足，則必取足於江潮〔三〕。潮之所過，泥沙渾濁，一石五斗，不出三載，輒調兵夫十餘萬開濬。又天下酒官之盛，如杭歲課二十餘萬緡，而水泉之用，仰給於湖。若湖漸淺狹，少不應溝，則當勞人遠取山泉，歲不下二十萬工。」因請降度牒減價出賣，募民開治。禁自今不得請射、侵占、種植及蠻葑爲界。以新舊菱蕩課利錢送錢塘縣收掌，謂之開湖司公使庫，以備逐年雇人開葑撩淺。縣尉以「管勾開湖司公事」繫銜。軾既開湖，因積葑草爲堤，相去數里，橫跨南、北兩山，夾道植柳，林希榜曰「蘇公堤」，行人便之，因爲軾立祠堤上。

紹興九年，以張澄奏請，命臨安府招置廂軍兵士二百人，委錢塘縣尉兼領其事，專一濬湖；若包占種田，沃以糞土，重寘于法。十九年，守臣湯鵬舉奏請重開。乾道五年，守臣周淙言：「西湖水面唯務深闊，不容塡溢，并引入城內諸井，一城汲用，尤在涓潔。舊招軍士止有三十餘人，今宜增置撩湖軍兵，以百人爲額，專一開撩。或有種植茭菱，因而包占，增疊堤岸，坐以違制。」

九年〔四〕，臨安守臣言：「西湖冒佃侵多，葑菱蔓延，西南一帶，已成平陸。而瀕湖之民，每以葑草圍裹，種植荷花，駸駸不已。恐數十年後，西湖遂廢，將如越之鑑湖，不可復矣。乞一切芟除，務令淨盡，禁約居民，不得再有圍裹。」從之。

臨安運河在城中者，日納潮水，沙泥渾濁，一汛一淤，比屋之民，委棄草壤，因循塡塞。元祐中，守臣蘇軾奏謂：「熙寧中，通判杭州時，父老皆云苦運河淤塞，率三五年常一開濬。不獨勞役兵民，而運河自州前至北郭，穿闤闠中蓋十四五里，每將興工，市肆洶動，公私騷然。自胥吏、壕砦兵級等，皆能恐喝人戶，或云當於某處置土、某處過泥水，則居者皆有失業之憂。既得重賂，又轉而之他。及工役既畢，則房廊、邸舍，作踐狼籍，園圃隙地，例成丘阜，積雨蕩濯，復入河中，居民患厭，未易悉數。若三五年失開，則公私壅滯，以尺寸水行數百斛舟，人牛力盡，跬步千里，雖監司使命，有數日不能出郭者。詢其所以頻開屢塞之由，皆云龍山浙江兩閘〔三〕，泥沙渾濁，積日稍久，便及四五尺，其勢當然，不足怪也。尋劃刷捍江兵士及諸色廂軍，得一千人，七月之間，開濬茆山、鹽橋二河，各十餘里，皆有水八尺。自是公私舟船通利，三十年以來，開河未有若此深快者。然潮水日至，淤塞猶昔，則三五年間，前功復棄。今於鈐轄司前置一牐，每遇潮上，則暫閉此牐，候潮平水清復開，則河過闤闠中者，永無潮水淤塞、開淘騷擾之患。」詔從其請，民甚便之。

紹興三年十一月，宰臣奏開修運河淺澀，帝曰：「可發旁郡廂軍、壯城、捍江之兵，至於廩給之費，則不當吝。」宰臣朱勝非等曰：「開河非今急務，而餽餉艱難，爲害甚大。時方盛塞，役者良苦；臨流居人，侵塞河道者，悉當遷避；至於畚牐所經，沙泥所積，當預空其處，則居人及富家以僦屋取貲者皆非便，恐議者以爲言。」帝曰：「禹卑宮室而盡力於溝洫，浮言何恤焉！」八年，又命守臣張澄發廂軍、壯城兵千人，開濬運河堙塞，以通往來舟楫。

隆興二年，守臣吳芾言：「城裏運河，先已措置北梅家橋、仁和倉、斜橋三所作壩，取西湖六處水口通流灌入。府河積水，至望仙橋以南至都亭驛一帶，河道地勢，自昔高峻。今欲先於望仙橋城外保安牐兩頭作壩，却於竹車門河南開掘水道，車戽運水，引入保安門通流入城，遂自望仙橋以南開至都亭驛橋，可以通徹積水，以備緩急。計用工四萬。」從之。

乾道三年六月，知荆南府王炎言：「臨安居民繁夥，河港堙塞，雖屢開導，緣裁減工費，不能迄功。臣嘗措置開河錢十萬緡，乞候農暇，特詔有司，用此專充開河支費，庶幾河渠復通，公私爲利。」上俞其請。四年，守臣周淙出公帑錢招集游民，開濬城內外河，疏通淤塞，人以治辦稱之。

淳熙二年，兩浙漕臣趙磻老言：「臨安府長安牐至許村巡檢司一帶，漕河淺澀，請出錢米，發兩岸人戶出力開濬。」又言：「欲於通江橋置板牐，遇城中河水淺涸，啓板納潮，繼即下板，固護水勢，不得通舟；若河水不乏，即收牐板，聽舟楫往還爲便。」

七年，守臣吳淵言：「萬松嶺兩旁古渠，多被權勢及百司公吏之家造屋侵占，及內砦前石橋、都亭驛橋南北河道，居民多拋糞土瓦礫，以致塡塞，流水不通。今欲分委兩通判監督，地分廂巡，逐時點檢，勿令侵占幷拋颺糞土。秩滿，若不淤塞，各減一年磨勘；違，展一年：以示勸懲。」

十四年七月，不雨，臣僚言：「竊見奉口至北新橋三十六里，斷港絕潢，莫此爲甚。今宜開濬，使通客船，以平穀直。」從之。

鹽官海水：嘉定十二年，臣僚言：「鹽官去海三十餘里，舊無海患，縣以鹽竈頗盛，課利易登。去歲海水泛漲，湍激橫衝，沙岸每一潰裂，常數十丈。日復一日，浸入鹵地，蘆洲港瀆，蕩爲一壑。今聞潮勢深入，逼近居民。萬一春水驟漲，怒濤奔湧，海風佐之，則呼吸蕩出，百里之民，寧不俱葬魚腹乎？況京畿赤縣，密邇都城。內有二十五里塘，直通長安牐，上徹臨平，下接崇德，漕運往來，客船絡繹，兩岸田畝，無非沃壤〔六〕。若海水徑入于塘，不惟民田有鹹水渰沒之患，而裏河堤岸，亦將有潰裂之憂。乞下浙西諸司，條具築捺之策，務使捍堤堅壯，土脈充實，不爲怒潮所衝。」從之。

十五年，都省言：「鹽官縣海塘衝決，命浙西提舉劉垕專任其事。既而垕言：

縣東接海鹽，西距仁和，北抵崇德、德淸，境連平江、嘉興、湖州；南瀕大海，元與縣治相去四十餘里。數年以來，水失故道，早晚兩潮，奔衝向北，遂致縣南四十餘里盡淪爲海。近縣之南，元有捍海古塘亙二十里。今東西兩段，並已淪毀，侵入縣兩旁又各三四里，止存中間古塘十餘里。萬一水勢衝激不已，不惟鹽官一縣不可復存，而向北地勢卑下，所慮鹹流入蘇、秀、湖三州等處，則田畝不可種植，大爲利害。

詳今日之患，大概有二：一曰陸地淪毀，二曰鹹潮泛溢。陸地淪毀者，固無力可施；鹹潮泛溢者，乃因捍海古塘衝損，遇大潮必盤越流注北向，宜築土塘以捍鹹潮。所築塘基址，南北各有兩處：在縣東近南則爲六十里鹹塘，近北則爲袁花塘；在縣西近南亦曰鹹塘，近北則爲淡塘。

亦嘗驗兩處土色虛實，則袁花塘、淡塘差勝鹹塘，且各近裏，未至與海潮爲敵。勢當東就袁花塘、西就淡塘修築，則可以禦縣東鹹潮盤溢之患。其縣西一帶淡塘，連縣治左右，共五十餘里，合先修築。兼縣南去海一里餘，幸而古塘尙存，縣治民居，盡在其中，未可棄之度外。今將見管樁石，就古塘稍加工築疊一里許，爲防護縣治之計。其縣東民戶，日築六十里鹹塘。萬一又爲海潮衝損，當計用樁木修築袁花塘以捍之。

上以爲然。

明州水：紹興五年，明州守臣李光奏：「明、越陂湖，專溉農田。自慶曆中，始有盜湖爲田者，三司使切責漕臣，嚴立法禁。宣和以來，王仲薿守越，樓异守明，創爲應奉〔七〕，始廢湖爲田，自是歲有水旱之患。乞行廢罷，盡復爲湖。如江東、西之圩田，蘇、秀之圍田，皆當講究興復。」詔逐路轉運司相度聞奏。

乾道五年，守臣張津言：「東錢湖容受七十二溪，方圓廣闊八百頃，傍山爲固，疊石爲塘八十里。自唐天寶三年，縣令陸南金開廣之。國朝天禧元年，郡守李夷庚重修之。中有四牐七堰，凡遇旱涸，開牐放水，溉田五十萬畝。比因豪民於湖塘淺岸漸次包占，種植菱荷，障塞湖水。紹興十八年，雖曾檢舉約束，盡罷請佃。歲久菱根蔓延，滲塞水脈，致妨蓄水；兼塘岸間有低塌處，若不淘濬修築，不惟寖失水利，兼恐塘埂相繼摧毀。乞候農隙趁時開鑿，因得土修治埂岸，實爲兩便。」從之。

鄞縣水：嘉定十四年，慶元府言：「鄞縣水自四明諸山溪澗會至他山〔八〕，置堰小溪，下江入河。所入上河之水，專溉民田，其利甚博。比因淤塞，堰上山觜少有溪水流入上河。自春徂夏不雨，令官吏發卒開淘沙觜及濬港汊，又於堰上壘疊沙石，逼使溪流盡入上河。其他山水入府城南門一帶，有碶牐三所：曰烏金，曰積瀆，曰行春。烏金碶又名上水碶，昔因倒損，遂捺爲壩，以致淤沙在河，或遇溪流聚湧，時復衝倒所捺壩，走泄水源。行春橋又名南石碶，碶面石板之下，歲久損壞空虛，每受潮水，演溢奔突，出於石縫，以致鹹潮衮入上河。其縣東管有道士堰，至白鶴橋一帶，河港堙塞；又有朱賴堰，與行春等碶相連，堰下江流通徹大海。今春闕雨，上河乾淺，堰身塌損，以致鹹潮透入上河，使農民不敢車注溉田。乞修砌上水、烏金諸處壩堰，仍選清彊能幹職官，專一提督。」

潤州水：紹興七年，兩浙轉運使向子諲言：「鎮江府呂城、夾岡，形勢高仰，因春夏不雨，官漕艱勤。尋遣官屬李澗詢究練湖本末，始知此湖在唐永泰間已廢而復興。今堤岸弛禁，致有侵佃冒決，故湖水不能瀦蓄，舟楫不通，公私告病。若夏秋霖潦，則丹陽、金壇、延陵一帶良田，亦被渰沒。臣已令丹陽知縣朱穆等增置二斗門、一石礎，及修補隄防，盡復舊蹟，庶爲永久之利。」

乾道七年，以臣僚言：「丹陽練湖幅員四十里，納長山諸水，漕渠資之，故古語云：『湖水寸，渠水尺。』在唐之禁甚嚴，盜決者罪比殺人。本朝寖緩其禁以惠民，然修築嚴甚。春夏多雨之際，瀦蓄盈滿，雖秋無雨，漕渠或淺，但泄湖水一寸，則爲河一尺矣。兵變以後，多廢不治，堤岸圮闕，不能貯水；彊家因而專利，耕以爲田，遂致淤澱。歲月既久，其害滋廣。望責長吏濬治堙塞，立爲盜決侵耕之法，著於令。庶幾練湖漸復其舊，民田獲灌溉之利，漕渠無淺涸之患。」詔兩浙漕臣沈度專一措置修築。

慶元五年，兩浙轉運、浙西提舉言：「以鎮江府守臣重修呂城兩牐畢，再造一新牐以固隄防，庶爲便利。」從之。

浙西運河，自臨安府北郭務至鎮江江口牐，六百四十一里。淳熙七年，帝因輔臣奏金使往來事，曰：「運河有淺狹處，可令守臣以漸開濬，庶不擾民。」至十一年冬，臣僚言：「運河之濬，自北關至秀州杉青，各有堰牐，自可瀦水。惟沿河上塘有小堰數處，積久低陷，無以防遏水勢，當以時加修治。兼沿河下岸涇港極多，其水入長水塘、海鹽塘、華亭塘，由六里堰下，私港散漫，悉入江湖，以私港深、運河淺也。若修固運河下岸一帶涇港，自無走泄。又自秀州杉青至平江府盤門，在太湖之際，與湖水相連；而平江閶門至常州，有楓橋、許墅、烏角溪、新安溪、將軍堰，亦各通太湖。如遇西風，湖水由港而入，皆不必濬。惟無錫五瀉牐損壞累年，常是開堰，徹底放舟；更江陰軍河港勢低，水易走泄。若從舊修築，不獨瀦水可以通舟，而無錫、晉陵間所有陽湖〔九〕，亦當積水，而四傍田畝，皆無旱暵之患。獨自常州至丹陽縣，地勢高仰，雖有犇牛、呂城二牐，別無湖港瀦水；自丹陽至鎭江，地形尤高，雖有練湖，緣湖水日淺，不能濟遠，雨晴未幾，便覺乾涸。運河淺狹，莫此爲甚，所當先濬。」上以爲然。

至嘉定間，臣僚又言：「國家駐蹕錢塘，綱運糧餉，仰給諸道，所繫不輕。水運之程，自大江而下至鎭江則入牐，經行運河，如履平地，川、廣巨艦，直抵都城，蓋甚便也。比年以來，鎭江牐口河道淤塞，不復通舟，乞令漕臣同淮東總領及本府守臣，公共措置開撩。」

越州水：鑑湖之廣，周迴三百五十八里，環山三十六源。自漢永和五年，會稽太守馬臻始築塘，溉田九千餘頃，至宋初八百年間，民受其利。歲月寖遠，濬治不時，日久堙廢。瀕湖之民，侵耕爲田，熙寧中，盜爲田九百餘頃。嘗遣廬州觀察推官江衍經度其宜，凡爲湖田者兩存之，立碑石爲界，內者爲田，外者爲湖。政和末，爲郡守者務爲進奉之計，遂廢湖爲田，賦輸京師。自時姦民私占，爲田益衆，湖之存者亡幾矣。紹興二十九年十月，帝諭樞密院事王綸曰：「往年宰執嘗欲盡乾鑑湖，云可得十萬斛米。朕謂若遇歲旱，無湖水引灌，則所損未必不過之。凡事須遠慮可也。」

隆興元年，紹興府守臣吳芾言：「鑑湖自江衍所立碑石之外，今爲民田者，又一百六十五頃，湖盡堙廢。今欲發四百九十萬工，於農隙接續開鑿。又移壯城百人，以備撩漉濬治，差彊幹使臣一人，以『巡轄鑑湖隄岸』爲名。」

二年，芾又言：「修鑑湖，全藉斗門、堰牐蓄水，都泗堰牐尤爲要害。凡遇綱運及監司使命舟船經過，堰兵避免車拽，必欲開牐通放，以致啓閉無時，失泄湖水。且都泗堰因高麗使往來，宣和間方置牐，今乞廢罷。」其後芾爲刑部侍郎，復奏：「自開鑑湖，溉廢田二百七十頃，復湖之舊。又修治斗門、堰牐十三所。夏秋以來，時雨雖多，亦無泛溢之患，民田九千餘頃，悉獲倍收，其爲利較然可見。乞將江衍原立禁牌，別定界至，則隄岸自然牢固，永無盜決之虞。」

紹興初，高宗次越，以上虞縣梁湖堰東運河淺澀，令發六千五百餘工，委本縣令、佐監督濬治。既而都省言，餘姚縣境內運河淺澀，壩牐隳壞，阻滯綱運，遂命漕臣發一萬七千餘卒，自都泗堰至曹娥塔橋，開撩河身、夾塘，詔漕司給錢米。蕭山縣西興鎭通江兩牐，近爲江沙壅塞，舟楫不通。乾道三年，守臣言：「募人自西興至大江，疏沙河二十里，并濬牐裏運河十三里，通便綱運，民旅皆利。復恐潮水不定，復有塡淤，且通江六堰，綱運至多，宜差注指使一人，專以『開撩西興沙河』繫銜，及發捍江兵士五十名，專充開撩沙浦，不得雜役，仍從本府起立營屋居之。」

常州水：隆興二年，常州守臣劉唐稽言：「申、利二港，上自運河發流，經營回復，至下流析爲二道，一自利港，一自申港，以達于江。緣江口每日潮汐帶沙塡塞，上流游泥淤積，流洩不通；而申港又以江陰軍釘立標楬，拘攔稅船，每潮來，則沙泥爲木標所壅，淤塞益甚。今若相度開此二河，但下流申、利二港，並隸江陰軍，若議定深闊丈尺，各於本界開淘，庶協力皆辦。又孟瀆一港在犇牛鎭西，唐孟簡所開，并宜興縣界沿湖舊百瀆，皆通宜興之水，藉以疏洩。近歲阻於吳江石塘，流行不快，而沿湖河港所謂百瀆，存者無幾。今若開通，委爲公私之便。」至乾道二年，以漕臣姜詵等請，造蔡涇牐及開申港上流橫石，次濬利港以洩水勢。

六年三月，又命兩浙運副劉敏士、浙西提舉芮輝於新涇塘置牐堰，以捍海潮；楊家港東開河置牐，通行鹽船。仍差牐官一人，兵級十五人，以時啓閉挑撩。五月，又以兩浙轉運司并常州守臣言，塡築五瀉上、下兩牐，及修築牐裏堤岸。仍於郭瀆港口舜郎廟側水聚會處，築捺硬壩，以防走泄運水。委無錫知縣主掌鑰匣，遇水深六尺，方許開牐，通放客舟。

淳熙五年，以漕臣陳峴言，於十月募工開濬無錫縣以西橫林、小井及犇牛、呂城一帶地高水淺之處，以通漕舟。

九年，知常州章沖奏：

常州東北曰深港、利港、黃田港、夏港、五斗港，其西曰竈子港、孟瀆、泰伯瀆、烈塘，江陰之東曰趙港、白沙港、石頭港、陳港、蔡港、私港、令節港，皆古人開導以爲溉田無窮之利者也；今所在堙塞，不能灌溉。

臣嘗講求其說，抑欲不勞民，不費財，而漕渠旱不乾，水不溢，用力省而見功速，可以爲悠久之利者：在州之西南曰白鶴溪，自金壇縣洮湖而下，今淺狹特七十餘里，若用工濬治，則漕渠一帶，無乾涸之患；其南曰西蠡河，自宜興太湖而下，止開濬二十餘里，若更令深遠，則太湖水來，漕渠一百七十餘里，可免濬治之擾。至若望亭堰牐，置於唐之至德，而徹於本朝之嘉祐；至元祐七年復置，未幾又毀之。臣謂設此堰牐，有三利焉：陽羨諸瀆之水犇趨而下，有以節之，則當潦歲，平江三邑必無下流淫溢之患，一也。自常州至望亭一百三十五里，運河一有所節，則沿河之田，旱歲資以灌漑，二也。每歲冬春之交，重綱及使命往來，多苦淺涸；今啓閉以時，足通舟楫，後免車畝灌注之勞，三也。

詔令相度開濬。

嘉泰元年，守臣李珏言：

州境北邊揚子大江，南並太湖，東連震澤，西據滆湖，而漕渠界乎其間。漕渠兩傍，曰白鶴溪、西蠡河、南戚氏、北戚氏、直湖州港，通于二湖；曰利浦、孟瀆、烈塘、橫河、五瀉諸港，通于大江，而中間又各自爲支溝斷汊，曲繞參錯，不以數計。水利之源，多於他郡，而常苦易旱之患，何哉？

臣嘗詢訪其故：漕渠東起望亭，西上呂城，一百八十餘里，形勢西高東下。加以歲久淺淤，自河岸至底，其深不滿四五尺。常年春雨連綿、江湖泛漲之時，河流忽盈驟減；連歲雨澤愆闕，江湖退縮，渠形尤亢；間雖得雨，水無所受，旋卽走泄，南入于湖，北歸大江，東徑注于吳江；晴未旬日，又復乾涸，此其易旱一也。至若兩傍諸港，如白鶴溪、西蠡河、直湖、烈塘、五瀉堰，日爲沙土淤漲，遇潮高水泛之時，尚可通行舟楫；若值小汐久晴，則俱不能通。應自餘支溝別港，皆已堙塞，故雖有江湖之浸，不見其利，此其易旱二也。況漕渠一帶，綱運於是經由，使客于此往返。每遇水涸，綱運便阻；一入冬月，津送使客，作堰車水，科役百姓，不堪其擾；豈特溉田缺事而已。望委轉運、提舉常平官同本州相視漕渠，并徹江湖之處，如法濬治，盡還昔人遺跡，及於望亭修建上、下二牐，固護水源。」從之。

昇州水：乾道五年，建康守臣張孝祥言：「秦淮之水流入府城，別爲兩派：正河自鎮淮新橋直注大江；其爲青溪，自天津橋出柵砦門，亦入於江。緣柵砦門地，近爲有力者所得，遂築斷青溪水口，創爲花圃。每水流暴至，則泛溢浸蕩，城內居民，尤被其害。若訪古而求，使青溪直道大江，則建康永無水患矣。」既而汪澈奏於西園依異時河道開濬，使水通柵門入。從之。

先是，孝祥又言：「秦淮水三源，一自華山由句容，一自廬山由溧水，一自溧水由赤山湖，至府城東南，合而爲一，縈迴綿亙三百餘里，溪、港、溝、澮之水盡歸焉。流上水門，由府城入大江。舊上、下水門展闊，自兵變後，砌疊稍狹，雖便於一時防守，實遏水源，流通不快。兼兩岸居民塡築河岸，添造屋宇。若禁民不許侵占，秦淮既復故道，則水不泛溢矣。又府東門號陳二渡，有順聖河，正分秦淮之水，每遇春夏天雨連綿，上源犇湧，則分一派之水，自南門外直入於江，故秦淮無泛濫之患。今一半淤塞爲田，水流不通，若不惜數畝之田，疏導之以復古跡，則其利尤倍。」

其後汪澈言：「水潦之害，大抵緣建康地勢稍低，秦淮既泛，又大江湍漲，其勢溢溢，非由水門窄狹、居民侵築所致。且上水門砌疊處正不可闊，闊則春水入城益多。自今指定上、下水門砌疊處不動，夾河居民之屋亦不毀除，止去兩岸積壞，使河流通快。況城中繫行宮東南王方，不宜開鑿。」從之。

嘉定五年，守臣黃度言：「府境北據大江，是爲天險。上自采石，下達瓜步，千有餘里，共置六渡：一曰烈山渡，籍于常平司，歲有河渡錢額；五日南浦渡、龍灣渡、東陽渡、大城堽渡、岡沙渡，籍于府司，亦有河渡錢額。六渡歲爲錢萬餘緡。歷時最久，舟楫廢壞，官吏、篙工，初無廩給，民始病濟，而官漫不省。遂至姦豪冒法，別置私渡，左右旁午。由是官渡濟者絕少，乃聽吏卒苛取以充課。徒手者猶憚往來，而車檐牛馬幾不敢行，甚者扼之中流，以邀索錢物。竊以爲南北津渡，務在利涉，不容簡忽而但求征課。臣已爲之繕治舟艦，選募篙梢，使遠處巡檢兼監渡官。於諸渡月解錢則例，量江面闊狹，計物貨重輕，斟酌裁減，率三之一或四之一；自人車牛馬，皆有定數，雕牓約束，不得過收邀阻。乞覓裒一歲之入，除烈山渡常平錢如額解逡，其餘諸渡，以二分充修船之費，而以其餘給官吏、篙梢、水手食錢。令監渡官逐月照數支散，有餘則解逡府司，然後盡絕私渡，不使姦民踰禁。」從之。

秀州水：秀州境內有四湖：一曰柘湖，二曰澱山湖，三曰當湖，四曰陳湖。東南則柘湖，自金山浦、小官浦入于海。西南則澱山湖，自蘆瀝浦入于海。西北則陳湖，自大姚港、朱里浦入于吳松江。其南則當湖，自月河、南浦口、澉浦口亦達于海。支港相貫。乾道二年，守臣孫大雅奏請，於諸港浦分作牐或斗門，及張涇堰兩岸創築月河〔一〇〕，置一牐，其兩柱金口基址，並以石爲之，啓閉以時，民賴其利。

十三年〔一一〕，兩浙轉運副使張叔獻言：「華亭東南枕海，西連太湖，北接松江，江北復控大海。地形東南最高，西北稍下。柘湖十有八港，正在其南，故古來築堰以禦鹹潮。元祐中，於新涇塘置牐，後因沙淤廢毁。今除十五處築堰及置石䃮外，獨有新涇塘、招賢港、徐浦塘三處，見有鹹潮奔衝，渰塞民田。今依新涇塘置牐一所，又於兩旁貼築鹹塘，以防海潮透入民田。其相近徐浦塘，元係小派，自合築堰。又欲於招賢港更置一石䃮。兼楊湖〔三〕歲久，今稍淺澀，自當開濬。」上曰：「此牐須當爲之。方今邊事寧息，惟當以民事爲急。民事以農爲重，朕觀漢文帝詔書，多爲農而下。今置牐，其利久遠，不可憚一時之勞。」

十五年，以兩浙路轉運判官吳坰奏請，命浙西常平司措置錢穀，勸諭人戶，於農隙併力開濬華亭等處沿海三十六浦堙塞，決泄水勢，爲永久利。

乾道七年，秀州守臣丘崈奏：「華亭縣東南大海，古有十八堰，捍禦鹹潮。其十七久皆捺斷，不通裏河；獨有新涇塘一所不曾築捺，海水往來，遂害一縣民田。緣新涇舊堰迫近大海，潮勢湍急，其港面闊，難以施工，設或築捺，決不經久。運港在涇塘向裏二十里，比之新涇，水勢稍緩。若就此築堰，決可永久，堰外凡管民田，皆無鹹潮之害。其運港止可捺堰，不可置牐。不惟瀕海土性虛燥，難以建置；兼一日兩潮，通放鹽運，不減數十百艘，先後不齊，比至通放盡絕，勢必晝夜啓而不閉，則鹹潮無緣斷絕。運港堰外別有港汊大小十六，亦合興修。」從之。

八年，崈又言：「興築捍海塘堰，今已畢工，地理闊遠，全藉人力固護。乞令本縣知、佐兼帶「主管塘堰職事」繫銜，秩滿，視有無損壞以爲殿最。仍令巡尉據地分巡察。」詔特轉丘密左承議郎，令所築華亭捍海塘堰，趁時栽種蘆葦，不許樵採。

九年，又命華亭縣作監牐官，招收土軍五十人，巡邏堤堰，專一禁戢，將卑薄處時加修捺。令知縣、縣尉並帶「主管堰事」，則上下協心，不致廢壞。

淳熙九年，又命守臣趙善悉發一萬工，修治海鹽縣常豐牐及八十一堰壩，務令高牢，以固護水勢，遇旱可以瀦積。十年，以浙西提舉司言，命秀州發卒濬治華亭鄉魚祈塘，使接松江太湖之水；遇旱，即開西牐堰放水入泖湖，爲一縣之利。

蘇州水：乾道初，平江守臣沈度、兩浙漕臣陳彌作言：「疏濬崑山、常熟縣界白茆等十浦，約用三百萬餘工。其所開港浦，並通徹大海。遇潮，則海內細沙，隨泛以入；潮退，則沙泥沉墜，漸致淤塞。今依舊招置闕額開江兵卒，次第開濬，不數月，諸浦可以漸次通徹。又用兵卒駕船，遇潮退，搖蕩隨之，常使沙泥隨潮退落，不致停積，實爲久利。」從之。淳熙元年，詔平江府守臣與許浦駐劄戚世明，同措置開濬許浦港〔三〕。三旬訖工。

黄巖縣水：淳熙十二年，浙東提舉勾昌泰言：「黄巖縣舊有官河，自縣前至温嶺，凡九十里。其支流九百三十六處，皆以溉田。元有五牐，久廢不修。今欲建一牐，約費二萬餘緡，乞詔兩浙運司於窠名錢內支撥。」明年六月，昌泰復言：「黄巖縣東地名東浦，紹興中開鑿，置常豐牐。名爲決水入江，其實縣道欲令舟船取徑通過，每船納錢，以充官費。一日兩潮，一潮一淤，纔遇旱乾，更無灌溉之備。已將此牐築爲平陸，乞戒自今永不得開鑿放入江湖，庶絕後患。」

荆、襄諸水：紹興二十八年，監察御史都民望言：「荆南江陵縣東三十里，沿江北岸古隄一處，地名黄潭。建炎間，邑官開決，放入江水，設以爲險阻以禦盜。既而夏潦漲溢，荆南、復州千餘里，皆被其害。去年因民訴，始塞之。乞令知縣遇農隙隨力修補，勿致損壞。」從之。

淳熙八年，襄陽府守臣郭杲言：「本府有木渠，在中廬縣界，擁激水東流四十五里，入宜城縣。後漢南郡太守王寵，嘗鑿之以引蠻水，謂之木里溝，可溉田六千餘頃。歲久堙塞，乞行修治。」既而杲又修護城隄以捍江流，繼築救生堤爲二牐，一通于江，一達于濠。當水涸時，導之入濠；水漲時，放之于江。自是水雖至隄，無湍悍泛濫之患焉。十年五月，詔疏木渠，以渠傍地爲屯田。尋詔民間侵耕者就給之，毋復取。

慶元二年，襄陽守臣程九萬言：「募工修作鄧城永豐堰，可防金兵衝突之患，且爲農田灌溉之利。」三年，臣僚言：「江陵府去城十餘里，有沙市鎮，據水陸之衝，熙寧中，鄭獬作守，始築長隄捍水。緣地本沙渚，當蜀江下流，每遇漲潦奔衝，沙水相蕩，摧圮動輒數十丈，見存民屋，岌岌危懼。乞下江陵府同駐箚副都統制司發卒修築，庶幾遠民安堵，免被墊溺。」從之。

廣西水：靈渠源卽離水，在桂州興安縣之北，經縣郭而南。其初乃秦史祿所鑿，以下兵於南越者。至漢，歸義侯嚴出零陵離水，卽此渠也；馬伏波南征之師，饟道亦出於此。唐寶曆初，觀察使李渤立斗門以通漕舟。宋初，計使邊詡始修之。嘉祐四年，提刑李師中領河渠事重闢，發近縣夫千四百人，作三十四日，乃成。

紹興二十九年，臣僚言：「廣西舊有靈渠，抵接全州大江，其渠近百餘里，自靜江府經靈川、興安兩縣。昔年並令兩知縣繫銜『兼管靈渠』，遇堙塞以時疏導，秩滿無闕，例減舉員。兵興以來，縣道苟且，不加之意；吏部差注，亦不復繫銜，渠日淺澀，不勝重載。乞令廣西轉運司措置修復，俾通漕運，仍俾兩邑令繫銜兼管，務要修治。」從之。

校勘記

〔一〕眞揚　原作「眞陽」，今改，見本書卷九六河渠志校記〔三〕。

〔二〕柴墟鎭　「柴」字原脫，按本書卷八八地理志、輿地紀勝卷三七都載有柴墟鎭，原隸泰州，紹興二十九年改隸揚州，與本文所說「舊有隄牐，乃泰州泄水之處」，地理位置悉合。「墟鎭」當爲「柴墟鎭」之誤，今補。

〔三〕江潮　原作「江湖」。蘇東坡集奏議集卷七乞開杭州西湖狀作「江潮」，和下文「潮之所過」文義相接。「潮」、「湖」形近而訛，據改。

〔四〕九年　原作「二十九年」。按此處繫於乾道五年之後，而乾道只有九年；宋會要食貨八之三二繫此事於乾道九年，「二十」當衍，據刪。

〔五〕龍山淛江兩閘　「兩閘」，原作「兩間」。蘇東坡集奏議集卷七申三省起開湖六條狀、咸淳臨安志卷三五都作「兩閘」，據改。

〔六〕兩岸田畝無非沃壤　「沃壤」原作「泱壞」，與上文文義不合。宋會要食貨六一之一四九作「沃壤」，據改。

〔七〕宣和以來王仲嶷守越樓异守明創爲應奉　按本書卷一七三食貨志：「政和以來，創爲應奉」；宋會要食貨七之四一：「自政和以來，樓异知明州，王仲嶷知越州，內交權臣，專務應奉。」又嘉泰會稽志卷二載王知越州，乾道四明圖經卷一二載樓知明州，都在政和。此處「宣和」當作「政和」。

〔八〕他山　按乾道四明圖經、寶慶四明志、四明它水水利備覽諸書都作「它山」。

〔九〕陽湖　原作「楊湖」。按無錫、晉陵間的陽湖，「陽」字從「阜」不從「木」，見寰宇記卷九二、輿地紀勝卷六，據改。

〔一〇〕及張涇堰兩岸創築月河　「張」原作「漲」，「岸」字原脫。按宋會要食貨八之四二：「於張涇堰傍兩岸創築月河，置閘一所。」今改補。

〔一一〕十三年　按「十三年」及下文「十五年」所記，據繫年要錄卷一四八、一五四和宋會要方域一七之二二均爲紹興年間事，此處失書紀元，並誤置於乾道二年之後。

〔一二〕楊湖　按上文秀州境內四湖，無「楊湖」之名；陽湖，又在常州的晉陵、無錫縣界，疑此是「柘湖」之誤。

〔一三〕同措置開濬許浦港　「措置」二字原倒。按「措置」常語，上下文用以敍述同類事件者數見，據改。